English-Greek
Greek-English

Word to Word® Bilingual Dictionary

Compiled by:
C. Sesma, M.A.

Translated & Edited by:
Dimitris Mantas

Bilingual Dictionaries, Inc.

Greek Word to Word® Bilingual Dictionary
1st Edition © Copyright 2013

All rights reserved. No part of this book may be reproduced or transmitted in any form or by any means.

Published in the United States by:

Bilingual Dictionaries, Inc.
PO Box 1154
Murrieta, CA 92564
T: (951) 296-2445 • F: (951) 296-9911
www.BilingualDictionaries.com

ISBN13: 978-0-933146-60-0
ISBN: 0-933146-60-4

Table of Contents

Preface	4
Word to Word®	5
List of Irregular Verbs	7-10
English - Greek	11-194
Greek - English	195-355
Order/Contact Information	356-358

Preface

Bilingual Dictionaries, Inc. is committed to providing schools, libraries and educators with a great selection of bilingual materials for students. Along with bilingual dictionaries we also provide ESL materials, children's bilingual stories and children's bilingual picture dictionaries.

Sesma's Greek Word to Word® Bilingual Dictionary was created specifically with students in mind to be used for reference and testing. This dictionary contains approximately 19,500 entries targeting common words used in the English language.

Word to Word®

Bilingual Dictionaries, Inc. is the publisher of the Word to Word® bilingual dictionary series with over 30 languages that are 100% Word to Word®. The Word to Word® series provides ELL students with standardized bilingual dictionaries approved for state testing. Students with different backgrounds can now use dictionaries from the same series that are specifically designed to create an equal resource that strictly adheres to the guidelines set by districts and states.

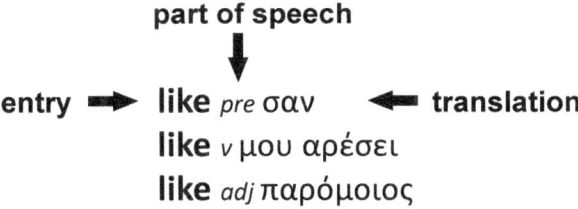

entry: our selection of English vocabulary includes common words found in school usage and everyday conversation.

part of speech: part of speech is necessary to ensure the translation is appropriate. Entries can be spelled the same but have different translations and meanings depending on the part of speech.

translation: our translation is Word to Word® meaning no definitions or explanations. Purely the most simple common accurate translation.

List of Irregular Verbs

present - past - past participle

arise - arose - arisen
awake - awoke - awoken, awaked
be - was - been
bear - bore - borne
beat - beat - beaten
become - became - become
begin - began - begun
behold - beheld - beheld
bend - bent - bent
beseech - besought - besought
bet - bet - betted
bid - bade (bid) - bidden (bid)
bind - bound - bound
bite - bit - bitten
bleed - bled - bled
blow - blew - blown
break - broke - broken
breed - bred - bred
bring - brought - brought
build - built - built
burn - burnt - burnt *
burst - burst - burst
buy - bought - bought
cast - cast - cast
catch - caught - caught
choose - chose - chosen
cling - clung - clung
come - came - come
cost - cost - cost
creep - crept - crept
cut - cut - cut
deal - dealt - dealt

dig - dug - dug
do - did - done
draw - drew - drawn
dream - dreamt - dreamed
drink - drank - drunk
drive - drove - driven
dwell - dwelt - dwelt
eat - ate - eaten
fall - fell - fallen
feed - fed - fed
feel - felt - felt
fight - fought - fought
find - found - found
flee - fled - fled
fling - flung - flung
fly - flew - flown
forebear - forbore - forborne
forbid - forbade - forbidden
forecast - forecast - forecast
forget - forgot - forgotten
forgive - forgave - forgiven
forego - forewent - foregone
foresee - foresaw - foreseen
foretell - foretold - foretold
forget - forgot - forgotten
forsake - forsook - forsaken
freeze - froze - frozen
get - got - gotten
give - gave - given
go - went - gone
grind - ground - ground
grow - grew - grown
hang - hung * - hung *
have - had - had

hear - heard - heard	**ring** - rang - rung
hide - hid - hidden	**rise** - rose - risen
hit - hit - hit	**run** - ran - run
hold - held - held	**saw** - sawed - sawn
hurt - hurt - hurt	**say** - said - said
hit - hit - hit	**see** - saw - seen
hold - held - held	**seek** - sought - sought
keep - kept - kept	**sell** - sold - sold
kneel - knelt * - knelt *	**send** - sent - sent
know - knew - known	**set** - set - set
lay - laid - laid	**sew** - sewed - sewn
lead - led - led	**shake** - shook - shaken
lean - leant * - leant *	**shear** - sheared - shorn
leap - lept * - lept *	**shed** - shed - shed
learn - learnt * - learnt *	**shine** - shone - shone
leave - left - left	**shoot** - shot - shot
lend - lent - lent	**show** - showed - shown
let - let - let	**shrink** - shrank - shrunk
lie - lay - lain	**shut** - shut - shut
light - lit * - lit *	**sing** - sang - sung
lose - lost - lost	**sink** - sank - sunk
make - made - made	**sit** - sat - sat
mean - meant - meant	**slay** - slew - slain
meet - met - met	**sleep** - sleep - slept
mistake - mistook - mistaken	**slide** - slid - slid
must - had to - had to	**sling** - slung - slung
pay - paid - paid	**smell** - smelt * - smelt *
plead - pleaded - pled	**sow** - sowed - sown *
prove - proved - proven	**speak** - spoke - spoken
put - put - put	**speed** - sped * - sped *
quit - quit * - quit *	**spell** - spelt * - spelt *
read - read - read	**spend** - spent - spent
rid - rid - rid	**spill** - spilt * - spilt *
ride - rode - ridden	**spin** - spun - spun

spit - spat - spat	**tell** - told - told
split - split - split	**think** - thought - thought
spread - spread - spread	**throw** - threw - thrown
spring - sprang - sprung	**thrust** - thrust - thrust
stand - stood - stood	**tread** - trod - trodden
steal - stole - stolen	**wake** - woke - woken
stick - stuck - stuck	**wear** - wore - worn
sting - stung - stung	**weave** - wove * - woven *
stink - stank - stunk	**wed** - wed * - wed *
stride - strode - stridden	**weep** - wept - wept
strike - struck - struck (stricken)	**win** - won - won
strive - strove - striven	**wind** - wound - wound
swear - swore - sworn	**wring** - wrung - wrung
sweep - swept - swept	**write** - wrote - written
swell - swelled - swollen *	
swim - swam - swum	
take - took - taken	**Those tenses with an * also have regular forms.**
teach - taught - taught	
tear - tore - torn	

English-Greek

Bilingual Dictionaries, Inc.

Abbreviations

a - article
n - noun
e - exclamation
pro - pronoun
adj - adjective
adv - adverb
v - verb
iv - irregular verb
pre - preposition
c - conjunction

acceptance

a *a* ένα, ένας
abandon *v* εγκαταλείπω
abandonment *n* εγκατάλειψη
abbey *n* μονή
abbot *n* ηγούμενος
abbreviate *v* συγκόπτω
abbreviation *n* συντομογραφία
abdicate *v* παραιτούμαι
abdication *n* παραίτηση
abdomen *n* κοιλιά
abduct *v* απάγω
abduction *n* απαγωγή
aberration *n* παρέκκλιση
abhor *v* απεχθάνομαι
abide by *v* συμμορφώνομαι με
ability *n* ικανότητα
ablaze *adj* φλεγόμενος
able *adj* ικανός
abnormal *adj* αφύσικος, ανώμαλος
abnormality *n* ανωμαλία
aboard *adv* σε επιβίβαση
abolish *v* καταργώ
abort *v* αποβάλλω; ματαιώνω
abortion *n* έκτρωση
abound *v* αφθονώ
about *pre* για
about *adv* περίπου
above *pre* πάνω από
abreast *adv* στοιχηδόν; ενήμερος
abridge *v* συντομεύω
abroad *adv* στο εξωτερικό
abrogate *v* καταργώ
abruptly *adv* απότομα
absence *n* απουσία
absent *adj* απών
absolute *adj* απόλυτος
absolution *n* αθώωση
absolve *v* αθωώνω, απαλλάσσω
absorb *v* απορροφώ
absorbent *adj* απορροφητικός
abstain *v* απέχω
abstinence *n* αποχή
abstract *adj* αφηρημένος
absurd *adj* παράλογος
abundance *n* αφθονία
abundant *adj* άφθονος
abuse *v* καταχρώμαι; κακοποιώ
abuse *n* κατάχρηση; κακοποίηση
abusive *adj* βάναυσος, προσβλητικός
abysmal *adj* αβυσσαλέος
abyss *n* άβυσσος
academic *adj* ακαδημαϊκός
academy *n* ακαδημία
accelerate *v* επιταχύνω
accelerator *n* επιταχυντής, γκάζι
accent *n* προφορά
accept *v* αποδέχομαι
acceptable *adj* αποδεκτός
acceptance *n* αποδοχή

access

access *n* πρόσβαση
accessible *adj* προσιτός
accident *n* ατύχημα
accidental *adj* τυχαίος
acclaim *v* αναγορεύω; επευφημώ
acclimatize *v* εγκλιματίζω
accommodate *v* φιλοξενώ; προσαρμόζω
accompany *v* συνοδεύω
accomplice *n* συνένοχος
accomplish *v* ολοκληρώνω
accomplishment *n* εκπλήρωση
accord *n* συμφωνία
according to *pre* σύμφωνα με
accordion *n* ακορντεόν
account *n* λογαριασμός
account for *v* αντιπροσωπεύουν
accountable *adj* υπεύθυνος
accountant *n* λογιστής
accumulate *v* συσσωρεύω
accuracy *n* ακρίβεια
accurate *adj* ακριβής
accusation *n* κατηγορία
accuse *v* κατηγορώ
accustom *v* συνηθίζω
ace *n* άσσος
ache *n* πόνος
achieve *v* επιτυγχάνω
achievement *n* κατόρθωμα
acid *n* οξύ

acidity *n* οξύτητα
acknowledge *v* αναγνωρίζω
acorn *n* βελανίδι
acoustic *adj* ακουστικός
acquaint *v* εξοικειώνω; συστήνω
acquaintance *n* γνωριμία
acquire *v* αποκτώ
acquisition *n* απόκτηση
acquit *v* αθωώνω; εξοφλώ
acquittal *n* αθώωση
acre *n* έικρ; χωράφι
acrobat *n* ακροβάτης
across *pre* απέναντι
act *n* πράξη; νόμος
act *v* ενεργώ; υποκρίνομαι; υποδύομαι
action *n* δράση
activate *v* ενεργοποιώ
activation *n* ενεργοποίηση
active *adj* ενεργός
activity *n* δραστηριότητα
actor *n* ηθοποιός
actress *n* γυναίκα ηθοποιός
actual *adj* πραγματικός
actually *adv* πραγματικά
acute *adj* οξύς
adamant *adj* αδιάλλακτος
adapt *v* προσαρμόζομαι
adaptable *adj* προσαρμόσιμος
adaptation *n* προσαρμογή
adapter *n* προσαρμογέας
add *v* προσθέτω

addicted *adj* εθισμένος
addiction *n* εθισμός
addictive *adj* εθιστικός
addition *n* πρόσθεση
additional *adj* πρόσθετος
address *n* διεύθυνση; προσφώνηση; παρουσιαστικό
address *v* απευθύνω; καταπιάνομαι
addressee *n* παραλήπτης
adequate *adj* επαρκής
adhere *v* τηρώ
adhesive *adj* κολλητικός
adjacent *adj* παρακείμενος
adjective *n* επίθετο
adjoin *v* γειτονεύω
adjoining *adj* παρακείμενος
adjourn *v* διακόπτω
adjust *v* προσαρμόζω
adjustable *adj* ρυθμιζόμενος
adjustment *n* προσαρμογή
administer *v* διοικώ; χορηγώ
admirable *adj* θαυμαστός
admiral *n* ναύαρχος
admiration *n* θαυμασμός
admire *v* θαυμάζω
admirer *n* θαυμαστής
admissible *adj* παραδεκτός
admission *n* εισδοχή
admit *v* παραδέχομαι
admittance *n* είσοδος
admonish *v* νουθετώ, συνιστώ
admonition *n* νουθεσία, προειδοποίηση
adolescence *n* εφηβεία
adolescent *n* έφηβος
adopt *v* υιοθετώ; ενστερνίζομαι
adoption *n* υιοθεσία
adoptive *adj* θετός
adorable *adj* αξιολάτρευτος
adoration *n* λατρεία
adore *v* λατρεύω
adorn *v* διακοσμώ, στολίζω
adrift *adv* χωρίς έλεγχο της πορείας
adulation *n* κολακεία
adult *n* ενήλικας
adulterate *v* νοθεύω
adultery *n* μοιχεία
advance *v* προχωρώ; προκαταβάλλω
advance *n* πρόοδος; προκαταβολή
advantage *n* πλεονέκτημα
Advent *n* Νηστεία
adventure *n* περιπέτεια
adverb *n* επίρρημα
adversary *n* αντίπαλος
adverse *adj* δυσμενής
adversity *n* αντιξοότητα
advertise *v* διαφημίζω
advertising *n* διαφήμιση
advice *n* συμβουλή
advisable *adj* ενδεδειγμένος

advise

advise *v* συμβουλεύω
adviser *n* σύμβουλος
advocate *v* συνήγορος
aesthetic *adj* αισθητικός
afar *adv* μακριά
affable *adj* καταδεκτικός
affair *n* υπόθεση; ερωτική σχέση
affect *v* επηρεάζω
affection *n* στοργή
affectionate *adj* στοργικός
affiliate *v* εντάσσω, προσχωρώ
affiliation *n* ένταξη
affinity *n* συγγένεια
affirm *v* βεβαιώνω
affirmative *adj* καταφατικός
affix *v* επικολλώ
afflict *v* πλήττω, ταλαιπωρώ
affliction *n* δοκιμασία; αναπηρία
affluence *n* αφθονία
affluent *adj* πλούσιος, άφθονος
afford *v* έχω τη δυνατότητα
affordable *adj* οικονομικά προσιτός
affront *v* προσβάλλω
affront *n* προσβολή
afloat *adv* σε επίπλευση
afraid *adj* φοβισμένος
afresh *adv* εκ νέου
after *pre* μετά
afternoon *n* απόγευμα
afterwards *adv* κατόπιν
again *adv* πάλι

against *pre* κατά
age *n* ηλικία
agency *n* πρακτορείο
agenda *n* ημερήσια διάταξη
agent *n* πράκτορας, αντιπρόσωπος
agglomerate *v* υφίσταμαι συσσωμάτωση
aggravate *v* επιδεινώνω
aggravation *n* επιδείνωση
aggregate *v* συναθροίζω
aggression *n* επίθεση
aggressive *adj* επιθετικός
aggressor *n* επιτιθέμενος, επιδρομέας
aghast *adj* εμβρόντητος
agile *adj* ευκίνητος
agitator *n* ταραχοποιός
agnostic *n* αγνωστικιστής
agonize *v* βασανίζομαι
agonizing *adj* αγωνιώδης
agony *n* αγωνία
agree *v* συμφωνώ
agreeable *adj* ευχάριστος; σύμφωνος
agreement *n* συμφωνία
agricultural *adj* γεωργικός
agriculture *n* γεωργία
ahead *pre* εμπρός
aid *n* βοήθεια, βοήθημα
aid *v* βοηθώ
aide *n* βοηθός

almighty

ailing *adj* πάσχων
ailment *n* ασθένεια
aim *v* σκοπός
aimless *adj* άσκοπος
air *n* αέρας
air *v* αερίζω; εκθέτω δημοσίως
aircraft *n* αεροσκάφος
airfare *n* αεροπορικός ναύλος
airfield *n* αεροδρόμιο χωρίς σταθμό επιβατών
airline *n* αερογραμμή
airliner *n* επιβατικό αεροπλάνο
airmail *n* αεροπορικό ταχυδρομείο
airplane *n* αεροπλάνο
airport *n* αεροδρόμιο
airspace *n* εναέριος χώρος
airstrip *n* διάδρομος τροχοδρόμησης
airtight *adj* αεροστεγής
aisle *n* διάδρομος
ajar *adj* μισάνοιχτος
akin *adj* συγγενής
alarm *n* συναγερμός
alarm clock *n* ξυπνητήρι
alarming *adj* ανησυχητικός
alcoholic *adj* αλκοολικός
alcoholism *n* αλκοολισμός
alert *n* συναγερμός, εγρήγορση
alert *adj* άγρυπνος
alert *v* ειδοποιώ
algebra *n* άλγεβρα

alien *n* αλλοδαπός; εξωγήινος
alight *adv* αναμμένος
align *v* ευθυγραμμίζω
alignment *n* ευθυγράμμιση
alike *adj* παρόμοιος
alive *adj* ζωντανός
all *adj* όλος
allegation *n* ισχυρισμός
allege *v* ισχυρίζομαι
allegedly *adv* κατ' ισχυρισμό
allegiance *n* υποταγή
allegory *n* αλληγορία
allergic *adj* αλλεργικός
allergy *n* αλλεργία
alleviate *v* ανακουφίζω
alley *n* δρομάκι
alliance *n* συμμαχία
allied *adj* συμμαχικός
alligator *n* αλιγάτορας
allocate *v* προορίζω; αναθέτω
allot *v* καταμερίζω
allotment *n* καταμερισμός
allow *v* επιτρέπω
allowance *n* επίδομα
alloy *n* κράμα
allure *n* γοητεία
alluring *adj* γοητευτικός
allusion *n* νύξη
ally *n* σύμμαχος
ally *v* συμμαχώ
almanac *n* αλμανάκ
almighty *adj* παντοδύναμος

A almond

almond *n* αμύγδαλο
almost *adv* σχεδόν
alms *n* ελεημοσύνη
alone *adj* μόνος
along *pre* κατά μήκος
alongside *pre* παράλληλα
aloof *adj* απόμακρος
aloud *adv* φωναχτά
alphabet *n* αλφάβητο
already *adv* ήδη
alright *adv* καλώς, εντάξει
also *adv* επίσης
altar *n* βωμός
alter *v* μεταβάλλω
alteration *n* μεταβολή
altercation *n* λογομαχία
alternate *v* εναλλάσσω
alternate *adj* εναλλασσόμενος
alternative *n* εναλλακτική λύση
although *c* παρόλο
altitude *n* υψόμετρο
altogether *adj* εντελώς
aluminum *n* αλουμίνιο
always *adv* πάντοτε
amass *v* συσσωρεύω
amateur *adj* ερασιτέχνης
amaze *v* καταπλήσσω
amazement *n* κατάπληξη
amazing *adj* καταπληκτικός
ambassador *n* πρεσβευτής
ambiguous *adj* ασαφής
ambition *n* φιλοδοξία

ambitious *adj* φιλόδοξος
ambivalent *adj* αμφίθυμος, αμφίσημος
ambulance *n* ασθενοφόρο
ambush *v* παγιδεύω σε ενέδρα
amenable *adj* επιδεκτικός
amend *v* τροποποιώ
amendment *n* τροποποίηση
amenities *n* παροχές
American *adj* Αμερικανός
amiable *adj* συμπαθής
amicable *adj* φιλικός
amid *pre* εν μέσω
ammonia *n* αμμωνία
ammunition *n* πυρομαχικά
amnesia *n* αμνησία
amnesty *n* αμνηστία
among *pre* μεταξύ
amoral *adj* άσχετος με την ηθική
amorphous *adj* άμορφος
amortize *v* εξοφλώ με χρεολύσιο
amount *n* ποσό
amount to *v* ανέρχομαι σε
amphibious *adj* αμφίβιος
amphitheater *n* αμφιθέατρο
ample *adj* άφθονος
amplifier *n* ενισχυτής
amplify *v* ενισχύω
amputate *v* ακρωτηριάζω
amputation *n* ακρωτηριασμός
amuse *v* διασκεδάζω
amusement *n* διασκέδαση

anthem

amusing *adj* διασκεδαστικός
an *a* ένας, ένα
analogy *n* αναλογία
analysis *n* ανάλυση
analyze *v* αναλύω
anarchist *n* αναρχικός
anarchy *n* αναρχία
anatomy *n* ανατομία
ancestor *n* πρόγονος
ancestry *n* καταγωγή
anchor *n* άγκυρα
anchovy *n* αντσούγια
ancient *adj* αρχαίος
and *c* και
anecdote *n* ανέκδοτο
anemia *n* αναιμία
anemic *adj* αναιμικός
anesthesia *n* αναισθησία
anew *adv* εκ νέου
angel *n* άγγελος
angelic *adj* αγγελικός
anger *v* εξοργίζω
anger *n* θυμός
angina *n* κυνάγχη
angle *n* γωνία
angle *v* γωνιάζω
Anglican *adj* Αγγλικανός
angry *adj* θυμωμένος
anguish *n* αγωνία
animal *n* ζώο
animate *v* ζωντανεύω, εμψυχώνω

animation *n* ζωντάνια; απεικόνιση σε κινούμενο σχέδιο
animosity *n* εχθρότητα
ankle *n* αστράγαλος
annex *n* παράρτημα
annexation *n* προσάρτηση
annihilate *v* εξολοθρεύω
annihilation *n* εξολόθρευση
anniversary *n* επέτειος
annotate *v* σχολιάζω
annotation *n* σχόλιο
announce *v* ανακοινώνω
announcement *n* ανακοίνωση
announcer *n* εκφωνητής
annoy *v* ενοχλώ
annoying *adj* ενοχλητικός
annual *adj* ετήσιος
annul *v* ακυρώνω
annulment *n* ακύρωση
anoint *v* επαλείφω
anonymity *n* ανωνυμία
anonymous *adj* ανώνυμος
another *adj* άλλος
answer *v* απαντώ
answer *n* απάντηση
ant *n* μυρμήγκι
antagonize *v* αντιπαρατίθεμαι
antecedent *n* προηγούμενος
antecedents *n* πρόγονοι
antelope *n* αντιλόπη
antenna *n* κεραία
anthem *n* ύμνος

antibiotic

antibiotic *n* αντιβιοτικό
anticipate *v* προσδοκώ
anticipation *n* πρόβλεψη, πρόνοια
antidote *n* αντίδοτο
antipathy *n* αντιπάθεια
antiquated *adj* απαρχαιωμένος
antiquity *n* αρχαιότητα
anvil *n* αμόνι
anxiety *n* ανησυχία
anxious *adj* ανήσυχος
any *adj* κάθε
anybody *pro* οποιοσδήποτε
anyhow *pro* οπωσδήποτε
anyone *pro* κάποιος
anything *pro* κάτι
apart *adv* χώρια
apartment *n* διαμέρισμα
apathy *n* απάθεια
ape *n* πίθηκος
aperitif *n* απεριτίφ
apex *n* κορυφή
aphrodisiac *adj* αφροδισιακός
apiece *adv* καθένας, έκαστος
apocalypse *n* αποκάλυψη
apologize *v* απολογούμαι
apology *n* απολογία
apostle *n* απόστολος
apostolic *adj* αποστολικός
apostrophe *n* απόστροφος
appall *v* τρομοκρατώ, εμπνέω φρίκη

appalling *adj* αποκρουστικός
apparel *n* ενδυμασία
apparent *adj* φαινομενικός
apparently *adv* προφανώς
apparition *n* οπτασία
appeal *n* έκκληση; προσφυγή; έφεση
appeal *v* επικαλούμαι; εφεσιβάλλω
appealing *adj* ελκυστικός
appear *v* εμφανίζομαι
appearance *n* εμφάνιση
appease *v* κατευνάζω
appeasement *v* κατευνασμός
appendicitis *n* σκωληκοειδίτιδα
appendix *n* παράρτημα; απόφυση
appetite *n* όρεξη
appetizer *n* ορεκτικό
applaud *v* χειροκροτώ
applause *n* χειροκρότημα
apple *n* μήλο
appliance *n* συσκευή
applicable *adj* εφαρμόσιμος
applicant *n* αιτών
application *n* εφαρμογή; αίτηση
apply *v* εφαρμόζω; αιτούμαι
apply for *v* υποβάλλω αίτηση για
appoint *v* διορίζω
appointment *n* ραντεβού
appraisal *n* αξιολόγηση
appraise *v* αξιολογώ

appreciate v εκτιμώ
appreciation n εκτίμηση
apprehend v αντιλαμβάνομαι
apprehensive adj θορυβημένος
apprentice n μαθητευόμενος
approach v προσεγγίζω
approach n προσέγγιση
approachable adj προσιτός
approbation n επιδοκιμασία
appropriate adj κατάλληλος
approval n έγκριση
approve v εγκρίνω
approximate adj κατά προσέγγιση
apricot n βερίκοκο
April n Απρίλιος
apron n ποδιά
aptitude n επιδεξιότητα, ικανότητα
aquarium n ενυδρείο
aquatic adj υδρόβιος
aqueduct n υδραγωγείο
Arabic adj Αραβικός
arable adj καλλιεργήσιμος
arbiter n κριτικός; διαιτητής
arbitrary adj αυθαίρετος
arbitrate v διαιτητεύω
arbitration n διαιτησία
arc n τόξο
arch n αψίδα
archaeology n αρχαιολογία
archaic adj αρχαϊκός

archbishop n αρχιεπίσκοπος
architect n αρχιτέκτων
architecture n αρχιτεκτονική
archive n αρχείο
arctic adj αρκτικός
ardent adj διακαής
ardor n ζήλος
arduous adj επίπονος
area n περιοχή; έκταση
arena n αρένα
argue v διατυπώνω απόψεις; λογομαχώ
argument n επιχείρημα; λογομαχία
arid adj άγονος; ξερός
arise iv προκύπτω
aristocracy n αριστοκρατία
aristocrat n αριστοκράτης
arithmetic n αριθμητική
ark n κιβωτός
arm n μπράτσο
arm v εξοπλίζω
armaments n εξοπλισμός
armchair n πολυθρόνα
armed adj οπλισμένος
armistice n ανακωχή
armor n πανοπλία
armpit n μασχάλη
army n στρατός
aromatic adj αρωματικός
around pro γύρω
arouse v διεγείρω

arrange v διευθετώ
arrangement n διευθέτηση
array n παράταξη
arrest v συλλαμβάνω; σταματώ
arrest n σύλληψη; αναστολή
arrival n άφιξη
arrive v φτάνω
arrogance n αλαζονεία
arrogant adj αλαζονικός
arrow n βέλος
arsenal n οπλοστάσιο
arsenic n αρσενικό
arson n εμπρησμός
arsonist n εμπρηστής
art n τέχνη
artery n αρτηρία
arthritis n αρθρίτιδα
artichoke n αγκινάρα
article n άρθρο; αντικείμενο
articulate v αρθρώνω
articulation n άρθρωση
artificial adj τεχνητός
artillery n πυροβολικό
artisan n τεχνίτης
artist n καλλιτέχνης
artistic adj καλλιτεχνικός
artwork n έργο τέχνης
as c σαν; ως; όπως; όσο
as adv όπως; εξίσου
ascend v ανεβαίνω
ascendancy n υπεροχή
ascertain v εξακριβώνω

ascetic adj ασκητικός
ash n στάχτη
ashamed adj ντροπιασμένος
ashore adv στην ξηρά
ashtray n τασάκι
aside adv κατά μέρος
aside from adv εκτός από
ask v ρωτώ; ζητώ
asleep adj κοιμισμένος
asparagus n σπαράγγι
aspect n άποψη
asphalt n άσφαλτος
asphyxiate v προκαλώ ασφυξία
asphyxiation n ασφυξία
aspiration n εισπνοή; φιλοδοξία
aspire v προσβλέπω
aspirin n ασπιρίνη
assail v επιτίθεμαι
assailant n επιτιθέμενος
assassin n δολοφόνος
assassinate v δολοφονώ
assassination n δολοφονία
assault n επίθεση, βιαιοπραγία
assault v επιτίθεμαι
assemble v συναρμολογώ
assembly n συνέλευση; συναρμολόγηση
assent v συγκατατίθεμαι
assert v διεκδικώ; βεβαιώνω
assertion n ισχυρισμός; διεκδίκηση
assess v αξιολογώ

assessment *n* αξιολόγηση
asset *n* προσόν
assets *r* περιουσιακά στοιχεία
assign *v* αναθέτω
assignment *n* ανάθεση
assimilate *v* αφομοιώνω
assimilation *n* αφομοίωση
assist *v* βοηθώ
assistance *n* βοήθεια
associate *v* συσχετίζω
association *n* συνάφεια; σύλλογος
assorted *adj* ανάμικτος
assortment *n* συλλογή
assume *v* υποθέτω
assumption *n* υπόθεση
assurance *n* διαβεβαίωση
assure *v* διαβεβαιώνω
asterisk *n* αστερίσκος
asteroid *n* αστεροειδής
asthma *n* άσθμα
asthmatic *adj* ασθματικός
astonish *v* εκπλήσσω
astonishing *adj* εκπληκτικός
astound *v* καταπλήσσω
astounding *adj* καταπληκτικός
astray *adv* έξω από το σωστό δρόμο
astrologer *n* αστρολόγος
astrology *n* αστρολογία
astronaut *n* αστροναύτης
astronomer *n* αστρονόμος

astronomic *adj* αστρονομικός
astronomy *n* αστρονομία
astute *adj* πανέξυπνος
asunder *adv* χωριστά
asylum *n* άσυλο
at *pre* σε; στο; προς
atheism *n* αθεϊσμός
atheist *n* αθεϊστής
athlete *n* αθλητής
athletic *adj* αθλητικός
atmosphere *n* ατμόσφαιρα
atmospheric *adj* ατμοσφαιρικός
atom *n* άτομο
atomic *adj* ατομικός
atone *v* εξιλεώνομαι
atonement *n* εξιλέωση
atrocious *adj* φρικτός
atrocity *n* θηριωδία
atrophy *v* ατροφία
attach *v* επισυνάπτω; προσδίδω
attached *adj* προσηλωμένος
attachment *n* εξάρτημα; συμπάθεια; συνημμένο
attack *n* επίθεση
attack *v* επιτίθεμαι
attacker *n* επιτιθέμενος
attain *v* κατορθώνω
attainable *adj* εφικτός
attainment *n* επίτευξη
attempt *v* επιχειρώ
attempt *n* απόπειρα
attend *v* παρίσταμαι; δίνω προσοχή

attendance

attendance *n* παρουσία
attendant *n* συνοδός
attention *n* προσοχή
attentive *adj* προσεκτικός
attenuate *v* μετριάζω
attenuating *adj* ελαφρυντικός
attest *v* αποδεικνύω, επιβεβαιώνω
attic *n* σοφίτα
attitude *n* συμπεριφορά, στάση
attorney *n* δικηγόρος
attract *v* προσελκύω
attraction *n* έλξη; θέλγητρο
attractive *adj* ελκυστικός
attribute *v* αποδίδω
auction *n* δημοπρασία
auction *v* δημοπρατώ
auctioneer *n* δημοπράτης
audacious *adj* θρασύς
audacity *n* θράσος
audible *adj* που μπορεί να ακουστεί
audience *n* ακροατήριο
audit *v* έλεγχος
auditorium *n* αίθουσα
augment *v* επαυξάνω
August *n* Αύγουστος
aunt *n* θεία
auspicious *adj* ευοίωνος
austere *adj* λιτός
austerity *n* λιτότητα
authentic *adj* αυθεντικός

authenticate *v* πιστοποιώ
authenticity *n* αυθεντικότητα
author *n* συγγραφέας
authoritarian *adj* απολυταρχικός
authority *n* εξουσία; δημόσιος οργανισμός
authorization *n* εξουσιοδότηση
authorize *v* εξουσιοδοτώ
auto *n* αμάξι
autograph *n* αυτόγραφο
automatic *adj* αυτόματος
automobile *n* αυτοκίνητο
autonomous *adj* αυτόνομος
autonomy *n* αυτονομία
autopsy *n* αυτοψία
autumn *n* φθινόπωρο
auxiliary *adj* βοηθητικός
avail *v* επωφελούμαι
availability *n* διαθεσιμότητα
available *adj* διαθέσιμος
avalanche *n* χιονοστιβάδα
avarice *n* πλεονεξία
avaricious *adj* πλεονέκτης
avenge *v* εκδικούμαι
avenue *n* λεωφόρος
average *n* μέσος όρος
averse *adj* αντίθετος; ενάντιος
aversion *n* αποστροφή
avert *v* αποτρέπω
aviation *n* αεροπορία
aviator *n* αεροπόρος
avid *adj* ενθουσιώδης; άπληστος

avoid *v* αποφεύγω
avoidable *adj* αποφεύξιμος
avoidance *n* αποφυγή
avowed *adj* δεδηλωμένος
await *v* αναμένω
awake *iv* αφυπνίζομαι
awake *adj* ξύπνιος, αφυπνισμένος
awakening *n* αφύπνιση
award *v* επιδικάζω; απονέμω
award *n* βραβείο; κατακύρωση
aware *adj* ενήμερος
awareness *n* επίγνωση
away *adv* μακριά
awe *n* δέος
awesome *adj* φοβερός
awful *adj* απαίσιος
awkward *adj* αδέξιος
awning *n* τέντα
ax *n* τσεκούρι
axiom *n* αξίωμα
axis *n* άξονας
axle *n* άξονας τροχού

babble *v* φλυαρώ
baby *n* μωρό
babysitter *n* μπέιμπι-σίτερ
bachelor *n* εργένης
back *n* πλάτη
back *adv* πίσω
back *v* υποστηρίζω; οπισθοχωρώ
back down *v* υποχωρώ
back up *v* προκαλώ συσσώρευση; δημιουργώ αντίγραφα ασφαλείας
backbone *n* ραχοκοκαλιά
backdoor *n* κερκόπορτα
backfire *v* καταλήγω σε φιάσκο
background *n* φόντο
backing *n* υποστήριξη
backlash *n* αντιδράσεις
backlog *n* αδιεκπεραίωτες εργασίες
backpack *n* σακίδιο
backup *n* εφεδρεία; δημιουργία αντιγράφων ασφαλείας
backward *adj* πίσω
backwards *adv* προς τα πίσω
backyard *n* πίσω αυλή
bacon *n* μπέικον
bacteria *n* βακτήρια
bad *adj* κακός
badge *n* σήμα

badly

badly *adv* κακώς
baffle *v* μπερδεύω
bag *n* τσάντα
bag *v* τοποθετώ σε τσάντα; κλέβω
baggage *n* αποσκευές
baggy *adj* ξεχειλωμένος
baguette *n* μπαγκέτα
bail *n* εγγύηση
bail out *v* διασώζω; κάνω κοπάνα
bailiff *n* δικαστικός κλητήρας
bait *n* δόλωμα
bake *v* ψήνω
baker *n* αρτοποιός
bakery *n* αρτοποιείο
balance *v* ισορροπώ
balance *n* ισορροπία
balcony *n* μπαλκόνι
bald *adj* φαλακρός
bale *n* μπάλα, δέμα
ball *n* μπάλα; χοροεσπερίδα
balloon *n* μπαλόνι
ballot *n* ψηφοφορία
ballroom *n* αίθουσα χορού
balm *n* βάλσαμο
balmy *adj* γλυκός
bamboo *n* μπαμπού
ban *n* απαγόρευση
ban *v* απαγορεύω
banality *n* κοινοτοπία
banana *n* μπανάνα
band *n* μουσικό συγκρότημα; ταινία; ζώνη

bandage *n* επίδεσμος
bandage *v* επιδένω
bandit *n* ληστής
bang *v* κτύπημα
bangs *n* φράντζα
banish *v* εξορίζω
banishment *n* εξορία
bank *n* τράπεζα; όχθη
bankrupt *v* πτωχεύω
bankrupt *adj* χρεοκοπημένος
bankruptcy *n* πτώχευση
banner *n* πανό, λάβαρο
banquet *n* συμπόσιο
baptism *n* βάπτισμα
baptize *v* βαπτίζω
bar *n* μπαρ; ράβδος
bar *v* εμποδίζω, αποκλείω
barbarian *n* βάρβαρος
barbaric *adj* βαρβαρικός
barbarism *n* βαρβαρισμός
barbecue *n* ψησταριά
barber *n* κουρέας
bare *adj* γυμνός
barefoot *adj* ξυπόλυτος
barely *adv* μόλις
bargain *n* κοψοχρονιά; διαπραγμάτευση
bargain *v* διαπραγματεύομαι
bargaining *n* διαπραγμάτευση
barge *n* φορτηγίδα
bark *v* γαυγίζω
bark *n* φλοιός

beaten

barley n κριθάρι
barmaid n μπαργούμαν
barman n μπάρμαν
barn n σιταποθήκη
barometer n βαρόμετρο
barracks n στρατώνες
barrage n καταιγισμός
barrel n βαρέλι
barren adj άγονος
barricade n οδόφραγμα
barrier n εμπόδιο
barring pre εκτός από
bartender n μπάρμαν
barter v ανταλλάσσω
base n βάση
base v βασίζω
baseball n μπέιζμπολ
baseless adj αβάσιμος
basement n υπόγειο
bashful adj ντροπαλός
basic adj βασικός
basics n βασικά
basin n λεκάνη
basis n βάση
bask v απολαμβάνω
basket n καλάθι
basketball n μπάσκετ
bass n μπάσο; είδος πέρκας
bastard n εξώγαμο τέκνο; μπάσταρδος
bat n ρόπαλο; νυχτερίδα
batch n παρτίδα

bath n λουτρό
bathe v λούζω; κολυμπώ
bathrobe n μπουρνούζι
bathroom n τουαλέτα
bathtub n μπανιέρα
baton n γκλομπ
battalion n τάγμα
batter v κουρκούτι; χτύπημα
battery n μπαταρία; βιαιοπραγία
battle n μάχη
battle v μάχομαι
battleship n θωρηκτό
bay n κόλπος
bayonet n ξιφολόγχη
bazaar n παζάρι
be iv τελώ, είμαι
be born v γεννιέμαι
beach n παραλία
beacon n φάρος
beak n ράμφος
beam n δέσμη
bean n φασόλι
bear n αρκούδα
bear iv φέρω
bearable adj υποφερτός
beard n γενειάδα
bearded adj γενειοφόρος
bearer n κομιστής
beast n θηρίο
beat iv νικώ
beat n κτύπος
beaten adj χτυπημένος

beating n ξυλοδαρμός; ήττα
beautiful adj όμορφος
beautify v καλλωπίζω
beauty n ομορφιά
beaver n κάστορας
because c επειδή
because of pre εξαιτίας
beckon v γνέφω
become iv καθίσταμαι, γίνομαι
bed n κρεβάτι
bedding n κλινοσκεπάσματα
bedroom n υπνοδωμάτιο
bedspread n κάλυμμα κρεβατιού
bee n μέλισσα
beef n βοδινό κρέας
beef up v ενισχύω
beehive n κυψέλη
beer n μπύρα
beet n τεύτλο
beetle n σκαθάρι
before adv προτού, πριν από
before pre ενώπιον, μπροστά
beforehand adv εκ των προτέρων
befriend v συναναστρέφομαι
beg v ικετεύω
beggar n ζητιάνος
begin iv αρχίζω
beginner n αρχάριος
beginning n αρχή
beguile v σαγηνεύω
behalf (on) adv εκ μέρους
behave v συμπεριφέρομαι

behavior n συμπεριφορά
behead v αποκεφαλίζω
behind pre πίσω
behold iv ατενίζω; ιδού
being n ύπαρξη
belated adj καθυστερημένος
belch v ρεύομαι
belch n ρέψιμο
belfry n καμπαναριό
Belgian adj Βέλγος
Belgium n Βέλγιο
belief n πίστη
believable adj πιστευτός
believe v πιστεύω
believer n πιστός
belittle v υποτιμώ
bell n κουδούνι
bell pepper n πιπεριά
belligerent adj εμπόλεμος
belly n κοιλιά
belly button n αφαλός
belong v ανήκω
belongings n υπάρχοντα
beloved adj αγαπητός
below adv από κάτω, κάτωθεν
below pre κάτω από
belt n ζώνη
bench n πάγκος
bend iv λυγίζω
bend down v σκύβω
beneath pre κάτω από
benediction n αγιασμός

benefactor *n* ευεργέτης
beneficial *adj* ευεργετικός
beneficiary *n* δικαιούχος
benefit *n* όφελος
benefit *v* ωφελώ
benevolence *n* καλοσύνη
benevolent *adj* φιλάνθρωπος
benign *adj* καλοήθης
bequeath *v* κληροδοτώ
bereaved *adj* τεθλιμμένος
bereavement *n* πένθος
beret *n* μπερές
berserk *adv* έξαλλος
berth *n* κουκέτα; αγκυροβόλιο
beseech *iv* εκλιπαρώ
beset *iv* ταλανίζω; περιστοιχίζω
beside *pre* δίπλα
besides *pre* εκτός
besiege *iv* πολιορκώ
best *adj* άριστος, καλύτερος
best man *n* κουμπάρος
bestial *adj* κτηνώδης
bestiality *n* κτηνωδία
bestow *v* παραχωρώ
bet *iv* στοιχηματίζω
bet *n* στοίχημα
betray *v* προδίδω
betrayal *n* προδοσία
better *adj* καλύτερος
between *pre* μεταξύ
beverage *n* ποτό
beware *v* φυλάγομαι, προσέχω

bewilder *v* μπερδεύω, ζαλίζω
bewitch *v* μαγεύω, γοητεύω
beyond *adv* πέρα
bias *n* προκατάληψη
bible *n* Αγία Γραφή
biblical *adj* βιβλικός
bibliography *n* βιβλιογραφία
bicycle *n* ποδήλατο
bid *n* προσφορά
bid *iv* υποβάλλω προσφορά
big *adj* μεγάλος
bigamy *n* διγαμία
bigot *adj* μισαλλόδοξος
bigotry *n* μισαλλοδοξία
bike *n* μοτοσικλέτα
bile *n* χολή
bilingual *adj* δίγλωσσος
bill *n* λογαριασμός; χαρτονόμισμα; νομοσχέδιο
bill *v* εκδίδω λογαριασμό
billiards *n* μπιλιάρδο
billion *n* δισεκατομμύριο
billionaire *n* δισεκατομμυριούχος
bimonthly *adj* διμηνιαίος
bin *n* σκουπιδοτενεκές
bind *iv* δένω; δεσμεύω
binding *adj* δεσμευτικός
binoculars *n* κιάλια
biography *n* βιογραφία
biological *adj* βιολογικός
biology *n* βιολογία

bird n πουλί
birth n γέννηση
birthday n γενέθλια
biscuit n μπισκότο
bishop n επίσκοπος
bison n βίσωνας
bit n μικρό κομμάτι; λίγο; μπιτ
bite iv δαγκώνω
bite n δάγκωμα
bitter adj πικρός; οδυνηρός; αδιάλλακτος
bitterly adv πικρά
bitterness n πίκρα
bizarre adj παράξενος
black adj μαύρος
blackberry n βατόμουρο
blackboard n μαυροπίνακας
blackmail n εκβιασμός
blackmail v εκβιάζω
blackness n μαυρίλα
blackout n συσκότιση; λιποθυμία
blacksmith n σιδηρουργός
bladder n κύστη
blade n λεπίδα
blame n φταίξιμο
blame v κατηγορώ
blameless adj άμεμπτος
bland adj ήπιος; άνοστος
blank adj κενός
blanket n κουβέρτα
blaspheme v βλασφημώ
blasphemy n βλασφημία

blast n έκρηξη
blaze v φλόγα
bleach v λευκαίνω
bleach n λευκαντικό, λεύκανση
bleak adj ζοφερός
bleed iv αιμορραγώ
bleeding n αιμορραγία
blemish n ψεγάδι; λεκές
blemish v κηλιδώνω
blend n μίγμα
blend v αναμιγνύω
blender n μπλέντερ
bless v ευλογώ
blessed adj ευλογημένος
blessing n ευλογία
blind v τυφλώνω
blind adj τυφλός
blindfold n ταινία επικάλυψης ματιών
blindfold v καλύπτω τα μάτια κάποιου
blindly adv τυφλά
blindness n τύφλωση, τυφλότητα
blink v αναβοσβήνω
bliss n ευδαιμονία
blissful adj ευτυχής, μακάριος
blister n φουσκάλα
blizzard n χιονοθύελλα
bloat v πρήζομαι, φουσκώνω
bloated adj πρησμένος
block n φραγμός; μπλοκ; τεμάχιο
block v εμποδίζω

blockade v επιβάλλω αποκλεισμό
blockade n αποκλεισμός
blockage n παρεμπόδιση
blond adj ξανθός
blood n αίμα
bloodthirsty adj αιμοδιψής
bloody adj αιματηρός
bloom v ανθίζω
blossom v ανθίζω
blot n κηλίδα
blot v μουντζουρώνω
blouse n μπλούζα
blow n πλήγμα
blow iv φυσώ
blow out iv σβήνω
blow up iv ανατινάζω
blowout n κάψιμο; κλατάρισμα
bludgeon v ρόπαλο
blue adj μπλε; μελαγχολικός
blueprint n προσχέδιο
bluff n μπλόφα
bluff v μπλοφάρω
blunder n γκάφα
blunt adj ωμός, απότομος
bluntness n αμβλύτητα, σκαιότητα
blur v θολούρα
blurred adj θολός
blush v κοκκινίζω
blush n κοκκίνισμα
boar n κάπρος

board n σανίδα, χαρτόνι
board v επιβιβάζομαι
boast v καυχιέμαι
boat n βάρκα
bodily adj σωματικός
body n σώμα
bog n βάλτος
bog down v βαλτώνω
boil v βράζω
boil down to v συμπυκνώνω, συνοψίζομαι
boil over v ξεχειλίζω
boiler n λέβητας
boisterous adj θορυβώδης
bold adj τολμηρός
boldness n τόλμη
bolster v ενισχύω
bolt n μπουλόνι
bolt v μανταλώνω; βιδώνω
bomb n βόμβα
bomb v βομβαρδίζω
bombing n βομβαρδισμός
bombshell n οβίδα
bond n δεσμός
bondage n δουλεία
bone n οστό
bone marrow n μυελός των οστών
bonfire n εορταστική πυρά
bonus n δώρο, επίδομα
book n βιβλίο
bookcase n βιβλιοθήκη

bookkeeper n λογιστής
bookkeeping n τήρηση λογιστικών βιβλίων
booklet n βιβλιάριο
bookseller n βιβλιοπώλης
bookstore n βιβλιοπωλείο
boom n απότομη αύξηση
boom v βροντώ; σημειώνω ραγδαία άνοδο
boost v τονώνω
boost n ώθηση
boot n μπότα
booth n πάγκος εκθεμάτων; θαλαμίσκος
booty n λεία
booze n πιοτό
border n σύνορο
border on v αγγίζω τα όρια
borderline adj διαχωριστική γραμμή
bore v οπή
bored adj βαρεμένος
boredom n ανία
boring adj βαρετός
born adj γεννημένος
borough n δήμος
borrow v δανείζομαι
bosom n στήθος
boss n αφεντικό
boss around v διατάσσω συνεχώς
bossy adj αυταρχικός

botany n βοτανική
botch v καταστρέφω με άτεχνη εργασία
both adj και οι δύο
bother v ενοχλώ
bothersome adj ενοχλητικός
bottle n μπουκάλι
bottle v εμφιαλώνω
bottleneck n λαιμός φιάλης; συμφόρηση
bottom n πυθμένας, κάτω μέρος
bottomless adj απύθμενος
bough n κλωνάρι
boulder n ογκόλιθος
boulevard n λεωφόρος
bounce v αναπηδώ
bounce n αναπήδηση
bound adj περιορισμένος
bound v αναπηδώ
bound for adj έχει ως προορισμό
boundary n σύνορο
boundless adj απεριόριστος
bounty n επιχορήγηση; γενναιοδωρία
bourgeois adj αστός
bow n τόξο
bow v υποκλίνομαι
bow out v αποσύρομαι
bowels n σπλάχνα
bowl n γυάλα, λεκάνη
bowl v παίζω μπόουλινγκ
box n κουτί

box v πυγμαχώ; κλείνω σε κουτί
box office n ταμείο εισιτηρίων
boxer n πυγμάχος
boxing n πυγμαχία
boy n αγόρι
boycott v μποϋκοτάρω
boyfriend n φίλος, εραστής
boyhood n παιδική ηλικία αγοριού
bra n σουτιέν
brace for v προετοιμάζομαι να αντιμετωπίσω κάτι δύσκολο
bracelet n βραχιόλι
bracket n υποστήριγμα
brag v καυχιέμαι
braid n κοτσίδα
brain n εγκέφαλος
brainwash v πλύση εγκεφάλου
brake n φρένο
brake v φρενάρω
branch n κλαρί; κλάδος; υποκατάστημα
branch office n υποκατάστημα
branch out v διακλαδώνομαι
brand n μάρκα
brand v εντυπώνω
brand-new adj ολοκαίνουργιο
brandy n κονιάκ
brat adj παλιόπαιδο
brave adj γενναίος
bravely adv γενναία
bravery n γενναιότητα

brawl n φιλονικία
breach n αθέτηση
bread n ψωμί
breadth n πλάτος
break n διακοπή
break iv κάμπτομαι, κόβομαι
break away v διαχωρίζομαι
break down v γκρεμίζω, εξουδετερώνω
break free v απελευθερώνομαι
break in v μπουκάρω; παρεμβαίνω
break off v διακόπτω
break open v ανοίγω με βία
break out v βγάζω, εκφύω
break up v χωρίζω
breakable adj εύθραυστος
breakdown n ανάλυση
breakfast n πρωινό
breakthrough n σημαντική εξέλιξη
breast n στήθος
breath n αναπνοή
breathe v αναπνέω
breathing n αναπνοή
breathtaking adj που κόβει την ανάσα
breed iv γεννώ
breed n ράτσα
breeze n αεράκι
brethren n αδελφοί
brevity n συντομία

brew v παρασκευάζω μπίρα; ετοιμάζω
brewery n ζυθοποιείο
bribe v δωροδοκώ
bribe n δωροδοκία
bribery n δωροδοκία; δωροληψία
brick n τούβλο
bricklayer n χτίστης
bridal adj νυφικός
bride n νύφη
bridegroom n γαμπρός
bridesmaid n παράνυμφος
bridge n γέφυρα
bridle n χαλινάρι
brief adj σύντομος
brief v ενημερώνω
briefcase n χαρτοφύλακας
briefing n ενημέρωση
briefly adv εν ολίγοις, σύντομα
briefs n σλιπ
brigade n ταξιαρχία
bright adj λαμπερός; ευφυής
brighten v φωτίζω
brightness n λάμψη
brilliant adj λαμπρός; πανέξυπνος
brim n χείλος
bring iv φέρνω
bring back v επαναφέρω
bring down v ανατρέπω; μειώνω
bring up v ανακινώ
brink n χείλος

brisk adj γοργός
Britain n Βρετανία
British adj Βρετανός
brittle adj εύθραυστος
broad adj ευρύς
broadcast v εκπέμπω
broadcast n εκπομπή
broadcaster n εκφωνητής
broaden v διευρύνω
broadly adv γενικά
broadminded adj ευρέων αντιλήψεων
brochure n φυλλάδιο
broil v ψήνω στη σχάρα
broiler n ψησταριά; κοτοπουλάκι
broke adj απένταρος
broken adj σπασμένος
bronchitis n βρογχίτιδα
bronze n μπρούντζος
broom n σκούπα
broth n ζωμός
brothel n πορνείο
brother n αδελφός
brotherhood n αδελφότητα
brother-in-law n κουνιάδος
brotherly adj αδελφικός
brow n φρύδι; μέτωπο
brown adj καφέ
browse v ξεφυλλίζω
browser n πρόγραμμα περιήγησης
bruise n μώλωπας
bruise v μωλωπίζω

brunch *n* δεκατιανό
brunette *adj* μελαχρινή
brush *n* βούρτσα
brush *v* βουρτσίζω
brush aside *v* αντιπαρέρχομαι
brush up *v* φρεσκάρω
brusque *adj* απότομος
brutal *adj* κτηνώδης
brutality *n* κτηνωδία
brutalize *v* αποκτηνώνω
brute *adj* κτήνος
bubble *n* φυσαλίδα
bubble gum *n* τσίχλα
buck *n* δολάριο; αρσενικό ζώο
buck *v* αναπηδώ; αντιστέκομαι
bucket *n* κάδος
buckle *n* αγκράφα
buckle up *v* κουμπώνω
bud *n* μπουμπούκι
buddy *n* φιλαράκι
budge *v* μετακινούμαι ελαφρά
budget *n* προϋπολογισμός
buffalo *n* βουβάλι
bug *n* έντομο
build *iv* χτίζω
builder *n* οικοδόμος
building *n* κτίριο
buildup *n* συσσώρευση
built-in *adj* ενσωματωμένος
bulb *n* βολβός; λάμπα
bulge *n* φούσκωμα
bulk *n* όγκος

bulky *adj* ογκώδης
bull *n* ταύρος
bull fight *n* ταυρομαχία
bull fighter *n* ταυρομάχος
bulldoze *v* ισοπεδώνω
bullet *n* σφαίρα
bulletin *n* δελτίο
bully *adj* νταής
bulwark *n* προπύργιο
bum *n* αλήτης
bump *n* πρόσκρουση; καρούμπαλο
bump into *v* συναντώ τυχαία
bumper *n* προφυλακτήρας
bumpy *adj* ανώμαλος
bun *n* κουλουράκι
bunch *n* μάτσο; ανθοδέσμη
bundle *n* δέσμη
bundle *v* δεματιάζω
bunk bed *n* κουκέτα
bunker *n* αποθήκη καυσίμων
buoy *n* σημαδούρα
burden *n* βάρος
burden *v* φορτώνομαι
burdensome *adj* επαχθής
bureau *n* γραφείο
bureaucracy *n* γραφειοκρατία
bureaucrat *n* γραφειοκράτης
burger *n* χάμπουργκερ
burglar *n* διαρρήκτης
burglarize *v* πραγματοποιώ διάρρηξη
burglary *n* διάρρηξη

burial

burial *n* ταφή
burly *adj* γεροδεμένος
burn *iv* καίγομαι
burn *n* έγκαυμα
burp *v* ρεύομαι
burp *n* ρέψιμο
burrow *n* λαγούμι
burst *iv* σκάω
burst into *v* ξεσπώ σε
bury *v* θάβω
bus *n* λεωφορείο
bus *v* πηγαίνω με λεωφορείο
bush *n* θάμνος
busily *adv* δραστήρια
business *n* επιχείρηση
businessman *n* επιχειρηματίας
bust *n* προτομή
bustling *adj* πολυσύχναστος
busy *adj* απασχολημένος
but *c* αλλά
butcher *n* κρεοπώλης
butchery *n* σφαγή
butler *n* μπάτλερ
butt *n* βαρέλι; αποτσίγαρο
butter *n* βούτυρο
butterfly *n* πεταλούδα
button *n* κουμπί
buttonhole *n* κουμπότρυπα
buy *iv* αγοράζω
buy off *v* εξαγοράζω
buyer *n* αγοραστής
buzz *n* βουητό

buzz *v* βουίζω
buzzard *n* βαμβακίνα
buzzer *n* βομβητής
by *pre* δίπλα; από; μέσω; με
bye *e* γεια
bypass *n* παράκαμψη
bypass *v* παρακάμπτω
by-product *n* υποπροϊόν
bystander *n* παριστάμενος

C

cab *n* ταξί
cabbage *n* λάχανο
cabin *n* καμπίνα
cabinet *n* ντουλάπι; υπουργικό συμβούλιο
cable *n* καλώδιο
cafeteria *n* καφετέρια
caffeine *n* καφεΐνη
cage *n* κλουβί
cake *n* κέικ
calamity *n* συμφορά
calculate *v* υπολογίζω
calculation *n* υπολογισμός
calculator *n* αριθμομηχανή
calendar *n* ημερολόγιο
calf *n* μοσχάρι; κνήμη

cape

caliber *n* διαμέτρημα
calibrate *v* βαθμονομώ
call *n* κλήση
call *v* καλώ
call off *v* ακυρώνω
call on *v* επικαλούμαι; παροτρύνω
call out *v* φωνάζω
calling *n* κλήση
callous *adj* ροζιασμένος; ανάλγητος
calm *adj* ήρεμος
calm *n* ηρεμία
calm down *v* ηρεμώ
calorie *n* θερμίδα
calumny *n* συκοφαντία
camel *n* καμήλα
camera *n* φωτογραφική μηχανή
camouflage *v* καμουφλάρω
camouflage *n* καμουφλάζ
camp *n* κατασκήνωση
camp *v* κατασκηνώνω
campaign *v* εκστρατεύω, συστρατεύομαι
campaign *n* εκστρατεία
campfire *n* φωτιά στρατοπέδου ή κατασκήνωσης
can *iv* μπορώ
can *v* κονσερβοποιώ
can *n* κονσέρβα
can opener *n* ανοιχτήρι κονσέρβας

canal *n* κανάλι
canary *n* καναρίνι
cancel *v* ακυρώνω
cancellation *n* ακύρωση
cancer *n* καρκίνος
cancerous *adj* καρκινώδης
candid *adj* ειλικρινής
candidacy *n* υποψηφιότητα
candidate *n* υποψήφιος
candle *n* κερί
candlestick *n* κηροπήγιο
candor *n* ευθύτητα
candy *n* γλυκά
cane *n* μπαστούνι
canister *n* κουτί
canned *adj* κονσερβαρισμένος; ηχογραφημένος
cannibal *n* ανθρωποφάγος
cannon *n* κανόνι
canoe *n* κανό
canonize *v* αγιοποιώ
cantaloupe *n* μηλοπέπονο
canteen *n* καντίνα
canvas *n* καμβάς; μουσαμάς
canvas *v* επενδύω με μουσαμά
canyon *n* φαράγγι
cap *n* σκούφος; πώμα
cap *v* καλύπτω
capability *n* ικανότητα
capable *adj* ικανός
capacity *n* χωρητικότητα
cape *n* ακρωτήριο

capital

capital *n* κεφάλαιο; πρωτεύουσα
capital letter *n* κεφαλαίο γράμμα
capitalism *n* καπιταλισμός
capitalize *v* κεφαλαιοποιώ
capitulate *v* συνθηκολογώ
capsize *v* ανατρέπω
capsule *n* κάψουλα
captain *n* καπετάνιος
captivate *v* αιχμαλωτίζω
captive *n* αιχμάλωτος
captivity *n* αιχμαλωσία
capture *v* συλλαμβάνω
capture *n* σύλληψη
car *n* αυτοκίνητο
carat *n* καράτι
caravan *n* τροχόσπιτο
carburetor *n* καρμπυρατέρ
carcass *n* κουφάρι
card *n* κάρτα
cardboard *n* χαρτόνι
cardiac *adj* καρδιακός
cardiac arrest *n* καρδιακή ανακοπή
cardiology *n* καρδιολογία
care *n* φροντίδα
care *v* νοιάζομαι; φροντίζω
care about *v* νοιάζομαι για
care for *v* τρέφω τρυφερά αισθήματα
career *n* καριέρα
carefree *adj* ανέμελος
careful *adj* προσεκτικός
careless *adj* απρόσεκτος
carelessness *n* απροσεξία
caress *n* χάδι
caress *v* χαϊδεύω
caretaker *n* επιστάτης
cargo *n* φορτίο
caricature *n* καρικατούρα
caring *adj* φροντίδα
carnage *n* σφαγή
carnal *adj* σαρκικός
carnation *n* γαρύφαλλο
carol *n* κάλαντα
carpenter *n* ξυλουργός
carpentry *n* ξυλουργική
carpet *n* χαλί
carriage *n* άμαξα; βαγόνι; μεταφορά
carrot *n* καρότο
carry *v* φέρω
carry on *v* συνεχίζω
carry out *v* εκτελώ
cart *n* καρότσι
cart *v* μεταφέρω με καρότσι
cartoon *n* γελοιογραφία; κινούμενο σχέδιο
cartridge *n* φυσίγγιο
carve *v* κόβω
cascade *n* καταρράκτης
case *n* περίπτωση; επιχειρήματα; θήκη
cash *n* μετρητά

cashier n ταμίας
casino n καζίνο
casket n κασετίνα; φέρετρο
casserole n κατσαρόλα; ραγού
cast n ρίψη; διανομή ρόλων; εκμαγείο
cast iv ρίχνω
castaway n ναυαγός
caste n κάστα, κοινωνική τάξη
castle n κάστρο
casual adj ανέμελος
casualty n θύμα, απώλεια
cat n γάτα
cataclysm n κατακλυσμός
catacomb n κατακόμβη
catalog n κατάλογος
catalog v πινακογραφώ
cataract n καταρράκτης
catastrophe n καταστροφή
catch iv αρπάζω, κολλώ, συλλαμβάνω
catch up v προφτάνω; ενημερώνομαι
catching adj μεταδοτικός
catchword n λέξη που χρησιμοποιείται συνέχεια
catechism n κατήχηση
category n κατηγορία
cater to v εξυπηρετώ
caterpillar n κάμπια
cathedral n καθεδρικός ναός
catholic adj καθολικός

Catholicism n Καθολικισμός
cattle n βοοειδή
cauliflower n κουνουπίδι
cause n αιτία
cause v προκαλώ
caution n προσοχή
cautious adj προσεκτικός
cavalry n ιππικό
cave n σπήλαιο
cave in v καταρρέω
cavern n σπήλαιο, άντρο
cavity n κοιλότητα
cease v παύω
cease-fire n κατάπαυση του πυρός
ceaselessly adv αδιάκοπα
ceiling n οροφή
celebrate v γιορτάζω
celebration n εορτασμός
celebrity n διασημότητα
celery n σέλινο
celestial adj ουράνιος
celibacy n αγαμία
celibate adj άγαμος
cell phone n κινητό τηλέφωνο
cellar n κελάρι
cement n τσιμέντο
cemetery n νεκροταφείο
censorship n λογοκρισία
censure v επιπλήττω
census n απογραφή
cent n σεντ

centenary

centenary *n* εκατονταετηρίδα
center *n* κέντρο
center *v* κεντράρω
centimeter *n* εκατοστόμετρο
central *adj* κεντρικός
centralize *v* συγκεντρώνω
century *n* αιώνας
ceramic *n* κεραμικός
cereal *n* δημητριακό
cerebral *adj* εγκεφαλικός
ceremony *n* τελετή
certain *adj* βέβαιος; ορισμένος
certainty *n* βεβαιότητα
certificate *n* πιστοποιητικό
certify *v* βεβαιώνω; επικυρώνω
chagrin *n* στενοχώρια
chain *n* αλυσίδα
chain *v* αλυσοδένω
chainsaw *n* αλυσοπρίονο
chair *n* καρέκλα
chair *v* προεδρεύω
chairman *n* πρόεδρος
chalet *n* σαλέ
chalice *n* δισκοπότηρο
chalk *n* κιμωλία
chalkboard *n* μαυροπίνακας
challenge *v* προκαλώ
challenge *n* πρόκληση
challenging *adj* απαιτητικός
chamber *n* θάλαμος; αίθουσα; επιμελητήριο
champ *n* πρωταθλητής

champion *n* πρωταθλητής
champion *v* προασπίζω
chance *n* ευκαιρία
chancellor *n* καγκελάριος
chandelier *n* πολυέλαιος
change *v* αλλάζω
change *n* αλλαγή
channel *n* κανάλι; αυλάκι; διαδικασία διεκπεραίωσης
channel *v* διοχετεύω
chant *n* ψαλμωδία
chaos *n* χάος
chaotic *adj* χαοτικός
chapel *n* παρεκκλήσι
chaplain *n* εφημέριος
chapter *n* κεφάλαιο
char *v* καρβουνιάζω
character *n* ήθος; χαρακτήρας
characteristic *adj* χαρακτηριστικός
charade *n* συλλαβόγριφος
charbroil *v* ψήνω στα κάρβουνα
charcoal *n* κάρβουνο
charge *v* καταγγέλλω; χρεώνω
charge *n* χρέωση
charisma *n* χάρισμα
charismatic *adj* χαρισματικός
charitable *adj* φιλάνθρωπος
charity *n* φιλανθρωπία
charm *v* γοητεύω
charm *n* γοητεία
charming *adj* γοητευτικός

chart n διάγραμμα; χάρτης
charter n ναύλωση; καταστατικός χάρτης
charter v ναυλώνω; ιδρύω με καταστατικό
chase n κυνηγητό
chase v κυνηγώ
chase away v διώχνω
chasm n χάσμα
chaste adj αγνός
chastise v τιμωρώ
chastisement n τιμωρία
chastity n αγνότητα
chat v κουβεντιάζω
chauffeur n σοφέρ
cheap adj φθηνός
cheat v εξαπατώ
cheater n απατεώνας
check n έλεγχος
check v ελέγχω
check in v παραδίδω αποσκευές και παίρνω κάρτα επιβίβασης
check up n σχολαστικός έλεγχος, τσεκάπ
checkbook n καρνέ επιταγών
cheek n μάγουλο
cheekbone n ζυγωματικών
cheeky adj θρασύς
cheer v επευφημώ
cheer up v κάνω κάποιον να ευθυμήσει
cheerful adj πρόσχαρος

cheers n εις υγείαν
cheese n τυρί
chef n σεφ
chemical adj χημικός
chemist n φαρμακοποιός
chemistry n χημεία
cherish v περιβάλλω με στοργή
cherry n κεράσι
chess n σκάκι
chest n στήθος; μπαούλο
chestnut n κάστανο
chew v μασώ
chick n κοτοπουλάκι
chicken n κοτόπουλο
chicken out v δειλιάζω
chicken pox n ανεμοβλογιά
chide v κατσαδιάζω
chief n αρχηγός
chiefly adv κυρίως
child n παιδί
childhood n παιδική ηλικία
childish adj παιδαριώδης
childless adj άτεκνος
children n παιδιά
chill n ψύχρα
chill v παγώνω
chill out v χαλαρώνω
chilly adj ψυχρός
chimney n καμινάδα
chimpanzee n χιμπατζής
chin n πηγούνι
chip n ροκανίδι; τσιπ

chisel n σμίλη
chocolate n σοκολάτα
choice n επιλογή
choir n χορωδία
choke v πνίγω
cholera n χολέρα
cholesterol n χοληστερόλη
choose iv επιλέγω
choosy adj εκλεκτικός
chop v τεμαχίζω
chop n τσεκουριά; μπριζολάκι
chopper n ελικόπτερο
chore n αγγαρεία
chorus n χορωδία
christen v βαφτίζω
christening n βάφτιση
Christian adj Χριστιανός
Christianity n Χριστιανισμός
Christmas n Χριστούγεννα
chronic adj χρόνιος
chronicle n χρονικό
chronology n χρονολογία
chubby adj παχουλός
chuckle v κρυφογελώ
chunk n μεγάλο κομμάτι
church n εκκλησία
chute n αλεξίπτωτο
cider n μηλίτης
cigar n πούρο
cigarette n τσιγάρο
cinder n θράκα
cinema n κινηματογράφος

cinnamon n κανέλα
circle n κύκλος
circle v κυκλώνω
circuit n κύκλωμα
circular adj κυκλικός
circulate v κυκλοφορώ
circulation n κυκλοφορία
circumcise v περιτέμνω
circumcision n περιτομή
circumstance n περίσταση
circumstantial adj λεπτομερής
circus n τσίρκο
cistern n ντεπόζιτο
citizen n πολίτης
citizenship n ιθαγένεια
city n πόλη
city hall n δημαρχείο
civic adj αστικός; δημοτικός
civil adj αστικός; πολιτικός
civilization n πολιτισμός
civilize v εκπολιτίζω
claim v ισχυρίζομαι
claim n ισχυρισμός; απαίτηση
clam n αχιβάδα
clamor v φωνασκίες
clamp n σφιγκτήρας
clan n σόι; φυλή
clandestine adj λαθραίος
clap v χειροκροτώ
clarification n διευκρίνιση
clarify v διευκρινίζω
clarinet n κλαρινέτο

clarity *n* σαφήνεια
clash *v* συγκρούομαι
clash *n* σύγκρουση
class *n* κατηγορία; σχολική τάξη; φινέτσα
classic *adj* κλασικός
classify *v* ταξινομώ
classmate *n* συμμαθητής
classroom *n* αίθουσα διδασκαλίας
classy *adj* αριστοκρατικός
clause *n* ρήτρα; πρόταση
claw *n* δαγκάνα
claw *v* γδέρνω; αρπάζω
clay *n* πηλός
clean *adj* καθαρός
clean *v* καθαρίζω
cleaner *n* καθαριστής
cleanliness *n* καθαριότητα
cleanse *v* καθαρίζω επιμελώς; εξαγνίζω
cleanser *n* καθαριστικό
clear *adj* σαφής; διαφανής; αίθριος
clear *v* καθαρίζω; απομακρύνω; αποκτώ διαύγεια
clearance *n* κάθαρση
clear-cut *adj* ξεκάθαρος
clearly *adv* σαφώς
clearness *n* καθαρότητα
cleft *n* σχισμή
clemency *n* επιείκεια

clench *v* σφίγγω
clergy *n* κλήρος
clergyman *n* κληρικός
clerical *adj* κληρικός, ιερατικός
clerk *n* υπάλληλος γραφείου, γραφιάς
clever *adj* έξυπνος
click *v* ταιριάζω; κουμπώνω
client *n* πελάτης
clientele *n* πελατεία
cliff *n* γκρεμός
climate *n* κλίμα
climatic *adj* κλιματολογικός
climax *n* κορύφωση
climb *v* σκαρφαλώνω
climbing *n* ορειβασία
clinch *v* σφιχταγκαλιάζω
cling *iv* γαντζώνομαι
clinic *n* κλινική
clip *n* συνδετήρας; κλιπ
clip *v* ψαλιδίζω, αποκόπτω
clipping *n* απόκομμα
cloak *n* μανδύας
clock *n* ρολόι
clog *v* φράσσω
cloister *n* μοναστήρι
clone *v* κλωνοποιώ
cloning *n* κλωνοποίηση
close *v* κλείνω; εμποδίζω; οριστικοποιώ
close *adj* κοντινός; στενός; σχολαστικός

close to

close to *pre* κοντά σε
closed *adj* κλειστός
closely *adv* στενά
closet *n* ντουλάπα
closure *n* κλείσιμο
clot *n* θρόμβος
cloth *n* πανί
clothe *v* ντύνω
clothes *n* ρούχα
clothing *n* αμφίεση
cloud *n* σύννεφο
cloudless *adj* χωρίς σύννεφα
cloudy *adj* νεφελώδης
clown *n* κλόουν
club *n* ρόπαλο; λέσχη; κέντρο διασκέδασης
club *v* κτυπώ με ρόπαλο
clue *n* ένδειξη
clumsiness *n* αδεξιότητα
clumsy *adj* αδέξιος
cluster *n* δέσμη
cluster *v* περικυκλώνω
clutch *n* συμπλέκτης
coach *v* προπονώ
coach *n* πούλμαν; άμαξα
coaching *n* προπόνηση
coagulate *v* πήζω
coagulation *n* πήξη
coal *n* άνθρακας
coalition *n* συνασπισμός
coarse *adj* τραχύς
coast *n* ακτή

coast *v* κυλώ
coastal *adj* παράκτιος
coastline *n* ακτογραμμή
coat *n* παλτό
coax *v* καλοπιάνω
cob *n* πόνυ; αρσενικός κύκνος
cobblestone *n* λιθόστρωση
cobweb *n* ιστός αράχνης
cocaine *n* κοκαΐνη
cock *n* κόκορας
cockpit *n* πιλοτήριο
cockroach *n* κατσαρίδα
cocktail *n* κοκτέιλ
cocky *adj* αναιδής
cocoa *n* κακάο
coconut *n* καρύδα
cod *n* μπακαλιάρος
code *n* κωδικός
codify *v* κωδικοποιώ
coefficient *n* συντελεστής
coerce *v* εξαναγκάζω
coercion *n* εξαναγκασμός
coexist *v* συνυπάρχω
coffee *n* καφές
coffin *n* φέρετρο
cohabit *v* συζώ
coherent *adj* συνεκτική
cohesion *n* συνοχή
coin *n* κέρμα
coincide *v* συμπίπτω
coincidence *n* σύμπτωση
coincidental *adj* συμπτωματικός

cold *adj* κρύο
coldness *n* ψυχρότητα
colic *n* κολικός
collaborate *v* συνεργάζομαι
collaboration *n* συνεργασία
collaborator *n* συνεργάτης
collapse *v* καταρρέω
collapse *n* κατάρρευση
collar *n* γιακάς
collarbone *n* κλείδα
collateral *adj* παράπλευρος
colleague *n* συνάδελφος
collect *v* συλλέγω
collection *n* συλλογή
collector *n* συλλέκτης
college *n* κολέγιο
collide *v* συγκρούομαι
collision *n* σύγκρουση
cologne *n* κολόνια
colon *n* άνω κάτω τελεία
colonel *n* συνταγματάρχης
colonial *adj* αποικιακός
colonization *n* αποικισμός
colonize *v* αποικίζω, εποικώ
colony *r* αποικία
color *n* χρώμα
color *v* χρωματίζω
colorful *adj* πολύχρωμος; γραφικός
colossal *adj* κολοσσιαίος
colt *n* πουλάρι
column *n* στήλη; κίονας

coma *n* κώμα
comb *n* χτένα
comb *v* χτενίζω
combat *n* μάχη
combat *v* μάχομαι
combatant *n* πολεμιστής
combination *n* συνδυασμός
combine *v* συνδυάζω
combustible *n* καύσιμος
combustion *n* καύση
come *iv* έρχομαι
come about *v* προκύπτω
come across *v* συναντώ
come apart *v* κομματιάζομαι
come back *v* επιστρέφω
come down *v* κατεβαίνω
come forward *v* εισηγούμαι
come from *v* προέρχομαι από
come in *v* αφικνούμαι; διατίθεμαι
come out *v* βγαίνω
come over *v* διαβαίνω; προσέρχομαι
come up *v* ανακύπτω; ανεβαίνω
comeback *n* επιστροφή
comedian *n* κωμικός
comedy *n* κωμωδία
comet *n* κομήτης
comfort *n* άνεση
comfortable *adj* άνετος
comforter *n* πάπλωμα; πιπίλα
comical *adj* κωμικός

coming n έλευση
coming adj επερχόμενος
comma n κόμμα
command v εντολή; διοίκηση
commander n διοικητής
commandment n εντολή, προσταγή
commemorate v τιμώ τη μνήμη
commence v αρχίζω
commend v επαινώ
commendation n έπαινος
comment v σχολιάζω
comment n σχόλιο
commerce n εμπόριο
commercial adj εμπορικός
commission n προμήθεια
commit v διαπράττω; δεσμεύω
commitment n δέσμευση
committed adj αφοσιωμένος
committee n επιτροπή
common adj συνήθης; συχνός; κοινόχρηστος
commotion n αναστάτωση
communicate v επικοινωνώ
communication n επικοινωνία
communion n κοινωνία
communism n κομμουνισμός
communist adj κομμουνιστικός
community n κοινότητα
commute v πηγαινοέρχομαι με συγκοινωνιακό μέσο
compact adj συμπαγής

compact v συμπιέζω
companion n συνοδός; σύντροφος
companionship n συντροφιά
company n εταιρεία; παρέα
comparable adj συγκρίσιμος
comparative adj συγκριτικός
compare v συγκρίνω
comparison n σύγκριση
compartment n διαμέρισμα
compass n πυξίδα
compassion n συμπόνια
compassionate adj σπλαχνικός
compatibility n συμβατότητα
compatible adj συμβατός
compatriot n συμπατριώτης
compel v υποχρεώνω
compelling adj επιτακτικός
compendium n επιτομή
compensate v αποζημιώνω; αντισταθμίζω
compensation n αποζημίωση
compete v ανταγωνίζομαι
competence n ικανότητα; αρμοδιότητα
competent adj αρμόδιος
competition n ανταγωνισμός
competitive adj ανταγωνιστικός
competitor n ανταγωνιστής
compile v καταρτίζω
complain v παραπονούμαι
complaint n παράπονο

concoct

complement *n* συμπλήρωμα
complete *adj* πλήρης
complete *v* συμπληρώνω
completely *adv* εντελώς
completion *n* ολοκλήρωση
complex *adj* περίπλοκος
complexion *n* χαρακτήρας; απόχρωση επιδερμίδας
complexity *n* πολυπλοκότητα
compliance *n* συμμόρφωση
compliant *adj* υπάκουος
complicate *v* περιπλέκω
complication *n* επιπλοκή
complicity *n* συνενοχή
compliment *n* φιλοφρόνηση
complimentary *adj* κολακευτικός; δωρεάν
comply *v* συμμορφώνομαι
component *n* συστατικό
compose *v* συνθέτω
composed *adj* ατάραχος
composer *n* συνθέτης
composition *n* σύσταση
compost *n* κοπρόχωμα
composure *n* αυτοκυριαρχία
compound *n* σύνθετος
compound *v* χημική ένωση
comprehend *v* κατανοώ
comprehensive *adj* αναλυτικός
compress *v* συμπιέζω
compression *n* συμπίεση
comprise *v* περιλαμβάνω
compromise *n* συμβιβασμός
compromise *v* συμβιβάζομαι
compulsion *n* καταναγκασμός
compulsive *adj* ψυχαναγκαστικός
compulsory *adj* υποχρεωτικός
compute *v* υπολογίζω
computer *n* ηλεκτρονικός υπολογιστής
comrade *n* σύντροφος
con man *n* απατεώνας
conceal *v* αποκρύπτω
concede *v* παραδέχομαι
conceited *adj* ματαιόδοξος
conceive *v* συλλαμβάνω
concentrate *v* συγκεντρώνομαι; συμπυκνώνω
concentration *n* συγκέντρωση
concentric *adj* ομόκεντρος
concept *n* έννοια
conception *n* σύλληψη
concern *v* ενδιαφέρω
concern *n* ανησυχία
concerning *pre* σχετικά με
concert *n* συναυλία
concession *n* παραχώρηση
conciliate *v* κατευνάζω
conciliatory *adj* διαλλακτικός
concise *adj* συνοπτικός
conclude *v* καταλήγω
conclusion *n* συμπέρασμα
conclusive *adj* πειστικά
concoct *v* παρασκευάζω

concoction n παρασκεύασμα, κατασκεύασμα
concrete n σκυρόδεμα
concrete adj απτός, χειροπιαστός
concur v συμφωνώ
concurrent adj ταυτόχρονος
concussion n εγκεφαλική διάσειση
condemn v καταδικάζω
condemnation n καταδίκη
condensation n συμπύκνωση
condense v συμπυκνώνω
condescend v καταδέχομαι
condiment n καρύκευμα
condition n κατάσταση; προϋπόθεση
conditional adj εξαρτημένος
conditioner n μαλακτικό
condo n συγκρότημα κατοικιών
condolences n συλλυπητήρια
condone v συγχωρώ
conducive adj πρόσφορος
conduct n συμπεριφορά
conduct v διεξάγω
conductor n μαέστρος; αγωγός
cone n κώνος
confer v συσκέπτομαι
conference n διάσκεψη
confess v ομολογώ
confession n εξομολόγηση
confessional n εξομολογητήριο
confessor n πνευματικός

confidant n έμπιστος σύμβουλος
confide v εμπιστεύομαι
confidence n εμπιστοσύνη; αυτοπεποίθηση
confident adj βέβαιος
confidential adj εμπιστευτικός
confine v περιορίζω
confinement n εγκλεισμός
confirm v επιβεβαιώνω
confirmation n επιβεβαίωση
confiscate v κατάσχω
confiscation n κατάσχεση
conflict n σύγκρουση
conflict v συγκρούομαι
conflicting adj αντικρουόμενος
conform v συμμορφώνομαι
conformist adj κομφορμιστής
conformity n συμμόρφωση
confound v μπερδεύω
confront v αντιμετωπίζω
confrontation n αντιπαράθεση
confuse v συγχέω
confusing adj που προκαλεί σύγχυση
confusion n σύγχυση
congenial adj συμπαθής
congested adj κοσμοβριθής; φραγμένος
congestion n συμφόρηση
congratulate v συγχαίρω
congratulations n συγχαρητήρια
congregate v συναθροίζομαι

congregation *n* εκκλησίασμα
congress *n* συνέδριο
conjecture *n* εικασία
conjugal *adj* συζυγικός
conjugate *v* κλίνω
conjunction *n* σύνδεση; σύνδεσμος
conjure up *v* εμφανίζω ως δια μαγείας
connect *v* συνδέω
connection *n* σύνδεση
connive *v* ανέχομαι
connote *v* σημαίνω
conquer *v* κατακτώ
conqueror *n* κατακτητής
conquest *n* κατάκτηση
conscience *n* συνείδηση
conscious *adj* συνειδητός
consciousness *n* συνείδηση
conscript *n* κληρωτός
consecrate *v* αφιερώνω; καθαγιάζω
consecration *n* χειροτονία; καθαγίαση
consecutive *adj* διαδοχικός
consensus *n* ομοφωνία
consent *v* συγκατατίθεμαι
consent *n* συγκατάθεση
consequence *n* συνέπεια
consequent *adj* επακόλουθος
conservation *n* διατήρηση
conservative *adj* συντηρητικός
conserve *v* διατηρώ
conserve *n* κομπόστα
consider *v* εξετάζω; θεωρώ
considerable *adj* σημαντικός
considerate *adj* διακριτικός
consideration *n* εξέταση; ενδιαφέρον
consignment *n* αποστολή
consist *v* αποτελούμαι
consistency *n* συνοχή
consistent *adj* συνεπής
consolation *n* παρηγοριά
console *v* παρηγορώ
consolidate *v* εδραιώνω
consonant *n* σύμφωνο
conspicuous *adj* περίοπτος
conspiracy *n* συνωμοσία
conspirator *n* συνωμότης
conspire *v* συνωμοτώ
constancy *n* σταθερότητα
constant *adj* συνεχής
constellation *n* αστερισμός
consternation *n* σύγχυση
constipate *v* προκαλώ δυσκοιλιότητα
constipated *adj* δυσκοίλιος
constipation *n* δυσκοιλιότητα
constitute *v* συνιστώ
constitution *n* σύνταγμα
constrain *v* περιορίζω
constraint *n* περιορισμός
construct *v* κατασκευάζω

construction *n* κατασκευή
constructive *adj* εποικοδομητικός
consul *n* πρόξενος
consulate *n* προξενείο
consult *v* συμβουλεύομαι
consultation *n* διαβούλευση
consume *v* καταναλώνω
consumer *n* καταναλωτής
consumption *n* κατανάλωση
contact *v* επικοινωνώ
contact *n* επικοινωνία
contagious *adj* μεταδοτικός
contain *v* περιέχω
container *n* δοχείο
contaminate *v* μολύνω
contamination *n* μόλυνση
contemplate *v* συλλογίζομαι
contemporary *adj* σύγχρονος
contempt *n* περιφρόνηση
contend *v* ανταγωνίζομαι; υποστηρίζω
contender *n* διεκδικητής
content *adj* ευχαριστημένος
content *n* περιεχόμενο
contentious *adj* εριστικός
contents *n* περιεχόμενα
contest *n* διαγωνισμός
contestant *n* διαγωνιζόμενος
context *n* συμφραζόμενα
continent *n* ήπειρος
continental *adj* ηπειρωτικός
contingency *n* ενδεχόμενο
contingent *adj* ενδεχόμενος
continuation *n* συνέχεια
continue *v* συνεχίζω
continuity *n* συνέχιση
continuous *adj* συνεχής
contour *n* περίγραμμα
contraband *n* λαθρεμπόριο
contract *v* συμβάλλομαι
contract *n* σύμβαση
contraction *n* συστολή
contradict *v* αντικρούω
contradiction *n* αντίφαση
contrary *adj* αντίθετος
contrast *v* αντιπαραβάλλω
contrast *n* αντίθεση
contribute *v* συνεισφέρω
contribution *n* συνεισφορά
contributor *n* συνεισφέρων
contrition *n* μεταμέλεια
control *n* έλεγχο
control *v* ελέγχω
controversial *adj* αμφιλεγόμενος
controversy *n* αντιπαράθεση
convalescent *adj* ασθενής που αναρρώνει
convene *v* συγκαλώ
convenience *n* άνεση
convenient *adj* βολικός
convent *n* γυναικείο μοναστήρι
convention *n* σύμβαση
conventional *adj* συμβατικός
converge *v* συγκλίνω

conversation *n* συνομιλία
converse *v* συνδιαλέγομαι
conversely *adv* αντίστροφα
conversion *n* μετατροπή
convert *v* μετατρέπω; προσηλυτίζω
convert *n* προσήλυτος
convey *v* μεταφέρω
convict *v* καταδικάζω
conviction *n* καταδίκη
convince *v* πείθω
convincing *adj* πειστικός
convoluted *adj* περίπλοκος; συνεστραμμένος
convoy *n* νηοπομπή
convulse *v* συσπώμαι; συνταράσσω
convulsion *n* σπασμός
cook *v* μαγειρεύω
cook *n* μάγειρας
cookie *n* κουλουράκι
cooking *n* μαγείρεμα
cool *adj* δροσερός; ατάραχος; εξεζητημένος
cool *v* δροσίζω
cool down *v* ηρεμώ
cooling *adj* ψύξη
coolness *n* ψυχρότητα
cooperate *v* συνεργάζομαι
cooperation *n* συνεργασία
cooperative *adj* συνεταιριστικός
coordinate *v* συντονίζω

coordination *n* συντονισμός
coordinator *n* συντονιστής
cop *n* αστυνομικός
cope *v* αντιμετωπίζω
copier *n* φωτοαντιγραφικό μηχάνημα
copper *n* χαλκός
copy *v* αντιγράφω
copy *n* αντίγραφο
copyright *n* πνευματική ιδιοκτησία
cord *n* κορδόνι
cordial *adj* εγκάρδιος
cordless *adj* ασύρματος
cordon *n* μπλόκο; κορδόνι
cordon off *v* αποκλείω
core *n* πυρήνας
cork *n* φελλός
corn *n* καλαμπόκι
corner *n* γωνία
corner *v* στριμώχνω
cornerstone *n* ακρογωνιαίος λίθος
cornet *n* κορνέτα; σάλπιγγα
corollary *n* απόρροια
coronary *adj* στεφανιαίος
coronation *n* στέψη
corporal *adj* σωματικός
corporal *n* δεκανέας
corporation *n* εταιρεία
corpse *n* πτώμα
corpulent *adj* σωματώδης

corpuscle n μόριο
correct v διορθώνω
correct adj σωστός
correction n διόρθωση
correlate v συσχετίζω
correspond v αντιστοιχώ
correspondent n ανταποκριτής
corresponding adj αντίστοιχος
corridor n διάδρομος
corroborate v επιβεβαιώνω
corrode v διαβρώνω
corrupt v διαφθείρω
corrupt adj διεφθαρμένος
corruption n διαφθορά
cosmetic n καλλυντικό
cosmic adj κοσμικός
cosmonaut n κοσμοναύτης
cost iv κοστίζω
cost n κόστος
costly adj δαπανηρός
costume n στολή
cottage n εξοχικό σπίτι
cotton n βαμβάκι
couch n καναπές
cough n βήχας
cough v βήχω
council n συμβούλιο
counsel v συμβουλεύω
counsel n συμβουλή
counselor n σύμβουλος
count v μετρώ
count n αρίθμηση

countdown n αντίστροφη μέτρηση
countenance n επιδοκιμασία
counter n πάγκος πωλήσεων; γκισέ; μετρητής
counter v αντιμετωπίζω
counteract v εξουδετερώνω
counterfeit v πλαστογραφώ
counterfeit adj πλαστός
counterpart n ομόλογος
countess n κόμισσα
countless adj αμέτρητος
country n χώρα
country adj υπαίθριος
countryman n συμπατριώτης; Επαρχιώτης
countryside n εξοχή
county n κομητεία
coup n πραξικόπημα
couple n ζευγάρι
coupon n κουπόνι
courage n θάρρος
courageous adj θαρραλέος
courier n κούριερ
course n πορεία
court n δικαστήριο; αυλή; ανάκτορο
court v φλερτάρω
courteous adj ευγενής
courtesy n ευγένεια
courthouse n δικαστικό μέγαρο
courtship n ερωτοτροπία

courtyard *n* αυλή
cousin *n* εξάδελφος
cove *n* κολπίσκος
covenant *n* συμβόλαιο
cover *n* κάλυμμα
cover *v* καλύπτω
cover up *v* συγκαλύπτω
coverage *n* κάλυψη
covert *adj* συγκαλυμμένος
cover-up *n* συγκάλυψη
covet *v* εποφθαλμιώ
cow *n* αγελάδα
coward *n* δειλός
cowardice *n* δειλία
cowardly *adv* άνανδρα
cowboy *n* αγελαδάρης, καουμπόι
cozy *adj* άνετος
crab *n* καβούρι
crack *n* ρωγμή
crack *v* ραγίζω
cradle *n* κούνια
craft *n* τέχνη; αεροσκάφος
craftsman *n* τεχνίτης
cram *v* παραγεμίζω
cramp *n* κράμπα
cramped *adj* περιορισμένος, πυκνός
crane *n* γερανός
crank *n* μανιβέλα
cranky *adj* ιδιόρρυθμος
crap *n* ακαθαρσίες
crappy *adj* μίζερος

crash *n* σύγκρουση, τρακάρισμα
crash *v* συγκρούομαι, τρακάρω
crass *adj* απύθμενος
crater *n* κρατήρας
crave *v* λαχταρώ
craving *n* λαχτάρα
crawl *v* σέρνομαι
crayon *n* παστέλ
craziness *n* τρέλα
crazy *adj* τρελός
creak *v* τρίζω
creak *n* τρίξιμο
cream *n* κρέμα
creamy *adj* κρεμώδης
crease *n* ζάρα; πτυχή
crease *v* τσαλακώνω
create *v* δημιουργώ
creation *n* δημιουργία
creative *adj* δημιουργικός
creativity *n* δημιουργικότητα
creator *n* δημιουργός
creature *n* πλάσμα
credibility *n* αξιοπιστία
credible *adj* αξιόπιστος
credit *n* πίστωση
credit *v* πιστώνω; πιστεύω
creditor *n* πιστωτής
creed *n* θρήσκευμα
creek *n* ποταμάκι
creep *v* σέρνομαι
creepy *adj* ανατριχιαστικός
cremate *v* αποτεφρώνω

crematorium n κρεματόριο
crest n κορυφή
crevice n χαραμάδα
crew n πλήρωμα
crib n κούνια
cricket n κρίκετ
crime n έγκλημα
criminal adj εγκληματίας
cripple adj ανάπηρος
cripple v σακατεύω
crisis n κρίση
crisp adj κριτσανιστός
crispy adj τραγανός
criterion n κριτήριο
critical adj κρίσιμος
criticism n κριτική
criticize v επικρίνω
critique n κριτική
crocodile n κροκόδειλος
crony n παλιόφιλος
crook n απατεώνας
crooked adj στραβός; ανέντιμος
crop n καλλιέργεια
crop v κόβω
cross n σταυρός
cross adj εγκάρσιος
cross v διασχίζω; διασταυρώνομαι
cross out v διαγράφω
crossfire n διασταυρούμενα πύρα
crossing n διάβαση
crossroads n σταυροδρόμι
crosswalk n διάβαση πεζών
crossword n σταυρόλεξο
crouch v συσπειρώνομαι
crow n κοράκι
crow v κράζω
crowbar n λοστός
crowd n πλήθος
crowd v συνωστίζομαι
crowded adj πολυσύχναστος
crown n στέμμα
crown v στέφω
crowning n στέψη
crucial adj κρίσιμος
crucifix n σταυρός
crucifixion n σταύρωση
crucify v σταυρώνω
crude adj ακατέργαστος
cruel adj σκληρός
cruelty n σκληρότητα
cruise v διαπλέω
crumb n ψίχουλο
crumble v θρυμματίζω
crunchy adj τραγανός
crusade n σταυροφορία
crusader n σταυροφόρος
crush v συντρίβω
crushing adj εξοντωτικός
crust n κρούστα
crusty adj ξεροψημένος; εριστικός
crutch n δεκανίκι, πατερίτσα

cry n κραυγή, κλάμα
cry v κλαίω, κραυγάζω
cry out v ζητώ επιτακτικά
crying n κλαίων
crystal n κρύσταλλο
cub n κουτάβι
cube n κύβος
cubic adj κυβικός
cubicle r θαλαμίσκος
cucumber n αγγούρι
cuddle v αγκαλιάζω
cuff n μανσέτα; ρεβέρ
cuisine n κουζίνα
culminate v κορυφώνομαι
culpability n ενοχή
culprit n ένοχος
cult n δόγμα, θρησκεία
cultivate v καλλιεργώ
cultivation n καλλιέργεια
cultural adj πολιτιστικός
culture n πολιτισμός
cumbersome adj δυσκίνητος
cunning adj πονηρός
cup n κύπελλο
cupboard n ντουλάπι
curable adj θεραπεύσιμος
curator n έφορος
curb v περιορίζω
curb n χαλινάρι; κράσπεδο
curdle v πήζω
cure v θεραπεύω
cure n θεραπεία

curfew n απαγόρευση κυκλοφορίας
curiosity n περιέργεια
curious adj περίεργος
curl v κατσαρώνω
curl n μπούκλα
curly adj κατσαρός
currency n νόμισμα
current n ρεύμα
current adj τρέχων
currently adv επί του παρόντος
curse v καταριέμαι
curtail v περιορίζω
curtain n κουρτίνα
curve n καμπύλη
curve v καμπυλώνω
cushion n μαξιλάρι
cushion v απαλύνω
cuss v βλασφημώ
custard n κρέμα
custodian n προστάτης
custody n επιμέλεια
custom n έθιμο
customary adj συνήθης
customer n πελάτης
custom-made adj κατά παραγγελία
customs n τελωνείο
cut n κόψιμο
cut iv κόβομαι
cut back v περικόπτω
cut down v περιορίζω

cut off v διακόπτω
cut out v κόβω
cute adj χαριτωμένος
cutlery n μαχαιροπήρουνα
cutter n κόπτης
cyanide n κυανιούχο
cycle n κύκλος
cycle v ποδηλατώ
cyclist n ποδηλάτης
cyclone n κυκλώνας
cylinder n κύλινδρος
cynic adj κυνικός
cynicism n κυνισμός
cypress n κυπαρίσσι
cyst n κύστη
czar n τσάρος

dad n μπαμπάς
dagger n στιλέτο
daily adv καθημερινά
dairy farm n βουστάσιο
daisy n μαργαρίτα
dam n φράγμα
damage n βλάβη
damage v βλάπτω, φθείρω
damaging adj επιβλαβής

damn v αναθεματίζω
damnation n καταδίκη
damp adj υγρός
dampen v υγραίνω
dance n χορός
dance v χορεύω
dancing n χορός
dandruff n πιτυρίδα
danger n κίνδυνος
dangerous adj επικίνδυνος
dangle v αιωρούμαι
dare v τολμώ, προκαλώ
dare n πρόκληση
daring adj τολμηρός
dark adj σκοτάδι
darken v αμαυρώνω
darkness n σκοτάδι
darling adj αξιαγάπητος
darn v μαντάρω; αναθεματίζω
dart n βέλος
dart v εκσφενδονίζω
dash v σπεύδω
dashing adj τολμηρός
data n δεδομένα
database n βάση δεδομένων
date n ημερομηνία; ραντεβού; συνοδός; χουρμάς
date v χρονολογώ
daughter n κόρη
daughter-in-law n νύφη, σύζυγος υιού
daunt v τρομάζω

decisive

daunting *adj* τρομακτικός
dawn *n* αυγή
day *n* ημέρα
daydream *v* ονειροπολώ
daze *v* ζαλίζω
dazed *adj* ζαλισμένος
dazzle *v* τυφλώνω; αφήνω έκθαμβο
dazzling *adj* εκθαμβωτικός
deacon *n* διάκονος
dead *adj* νεκρός
dead end *n* αδιέξοδο
deaden *v* αποδυναμώνω
deadline *n* διορία
deadlock *adj* αδιέξοδος
deadly *adj* θανάσιμος
deaf *adj* κουφός
deafen *v* κουφαίνω
deafening *adj* εκκωφαντικός
deafness *n* κώφωση
deal *iv* αντιμετωπίζω
deal *n* συμφωνία, συναλλαγή
dealer *n* έμπορος
dealings *n* δοσοληψίες
dean *n* πρύτανης
dear *adj* αγαπητός
dearly *adv* ακριβά
death *n* θάνατος
death toll *n* αριθμός νεκρών
death trap *n* παγίδα θανάτου
deathbed *n* επιθανάτια κλίνη
debase *v* υποτιμώ

debatable *adj* συζητήσιμος
debate *v* συζητώ
debate *n* διάλογος
debit *n* χρέωση
debrief *v* παίρνω αναφορά
debris *n* συντρίμμια
debt *n* χρέος
debtor *n* οφειλέτης
debunk *v* απομυθοποιώ
debut *n* ντεμπούτο
decade *n* δεκαετία
decadence *n* παρακμή
decaf *adj* ντεκαφεϊνέ
decapitate *v* αποκεφαλίζω
decay *v* σαπίζω
decay *n* αποσύνθεση
deceased *adj* αποθανών
deceit *n* δόλος
deceitful *adj* δόλιος
deceive *v* εξαπατώ
December *n* Δεκέμβριος
decency *n* ευπρέπεια
decent *adj* αξιοπρεπής
deception *n* εξαπάτηση
deceptive *adj* παραπλανητικός
decide *v* αποφασίζω
deciding *adj* κρίσιμος
decimal *adj* δεκαδικός
decimate *v* αποδεκατίζω
decipher *v* αποκρυπτογραφώ
decision *n* απόφαση
decisive *adj* αποφασιστικός

deck *n* κατάστρωμα; τράπουλα
deck *v* χτυπώ δυνατά
declaration *n* δήλωση
declare *v* δηλώνω
declension *n* απόκλιση
decline *v* αρνούμαι; παρακμάζω
decline *n* παρακμή
decompose *v* αποσυντίθεμαι
décor *n* διακόσμηση
decorate *v* διακοσμώ
decorative *adj* διακοσμητικός
decorum *n* ευπρέπεια
decrease *v* μειώνω
decrease *n* μείωση
decree *n* διάταγμα
decree *v* διατάσσω
decrepit *adj* υπέργηρος
dedicate *v* αφιερώνω
dedication *n* αφιέρωση
deduce *v* συμπεραίνω
deduct *v* αφαιρώ, εκπίπτω
deductible *adj* αφαιρετέος
deduction *n* αφαίρεση
deed *n* πράξη
deem *v* θεωρώ
deep *adj* βαθύς
deepen *v* βαθαίνω
deer *n* ελάφι
deface *v* καταστρέφω, μουντζουρώνω
defame *v* κακολογώ
defeat *v* νικώ

defeat *n* ήττα
defect *n* ελάττωμα
defect *v* λιποτακτώ
defection *n* αποστασία
defective *adj* ελαττωματικός
defend *v* υπερασπίζομαι
defendant *n* εναγόμενος
defender *n* αμυντικός
defense *n* άμυνα
defenseless *adj* ανυπεράσπιστος
defer *v* αναβάλλω
defiance *n* περιφρόνηση
defiant *adj* προκλητικός
deficiency *n* έλλειψη
deficient *adj* ελλιπής
deficit *n* έλλειμμα
defile *v* ρυπαίνω; βεβηλώνω
define *v* ορίζω
definite *adj* σαφής
definition *n* ορισμός
definitive *adj* οριστικός
deflate *v* υποτιμώ
deform *v* παραμορφώνω
deformity *n* παραμόρφωση
defraud *v* εξαπατώ
defray *v* καλύπτω τα έξοδα
defrost *v* ξεπαγώνω
deft *adj* επιτήδειος
defuse *v* αφοπλίζω
defy *v* αψηφώ
degenerate *v* εκφυλίζομαι
degenerate *adj* εκφυλισμένος

dentures

degeneration *n* εκφυλισμός	**demand** *v* απαιτώ
degradation *n* υποβάθμιση	**demand** *n* απαίτηση; ζήτηση
degrade *v* υποβαθμίζω	**demanding** *adj* απαιτητικός
degrading *adj* ταπεινωτικός	**demean** *v* ταπεινώνω
degree *n* βαθμός; πτυχίο; μοίρα	**demeaning** *adj* ταπεινωτικός
dehydrate *v* αφυδατώνω	**demeanor** *n* συμπεριφορά
deign *v* καταδέχομαι	**demented** *adj* παράφρων
deity *n* θεότητα	**demise** *n* θάνατος
dejected *adj* γκρεμισμένος; καταπτοημένος	**democracy** *n* δημοκρατία
delay *v* καθυστερώ	**democratic** *adj* δημοκρατικός
delay *n* καθυστέρηση	**demolish** *v* κατεδαφίζω
delegate *v* αναθέτω	**demolition** *n* κατεδάφιση
delegate *n* αντιπρόσωπος	**demon** *n* δαίμονας
delegation *n* αντιπροσωπεία	**demonstrate** *v* αποδεικνύω; διαδηλώνω
delete *v* διαγράφω	**demonstrative** *adj* εκδηλωτικός
deliberate *v* καλοσκέφτομαι	**demoralize** *v* αποθαρρύνω
deliberate *adj* σκόπιμος	**demote** *v* υποβιβάζω
delicacy *n* λιχουδιά	**den** *n* φωλιά
delicate *adj* λεπτός, περίτεχνος	**denial** *n* άρνηση
delicious *adj* νόστιμος	**denigrate** *v* κακολογώ
delight *n* απόλαυση	**Denmark** *n* Δανία
delight *v* ευχαριστούμαι	**denominator** *n* παρονομαστής
delightful *adj* ευχάριστος	**denote** *v* υποδηλώνω
delinquency *n* εγκληματικότητα	**denounce** *v* καταγγέλλω
delinquent *n* παραβάτης	**dense** *adj* πυκνός
deliver *v* παραδίδω	**density** *n* πυκνότητα
delivery *n* διανομή	**dent** *v* βαθούλωμα
delude *v* παραπλανώ	**dent** *n* βαθουλώνω
deluge *n* κατακλυσμός	**dental** *adj* οδοντιατρικός
delusion *n* αυταπάτη	**dentist** *n* οδοντίατρος
deluxe *adj* πολυτελής	**dentures** *n* οδοντοστοιχίες

deny

deny v αρνούμαι
deodorant n αποσμητικό
depart v αναχωρώ; παρεκκλίνω
department n τμήμα
departure n αναχώρηση
depend v εξαρτώμαι
dependable adj αξιόπιστος
dependence n εξάρτηση
dependent adj εξαρτώμενος
depict v απεικονίζω
deplete v μειώνω
deplorable adj ελεεινός
deplore v αποδοκιμάζω
deploy v αναπτύσσω, παρατάσσω
deployment n ανάπτυξη
deport v απελαύνω
deportation n απέλαση
depose v καθαιρώ
deposit n κατάθεση
depot n αποθήκη
deprave v εξαχρειώνω
depravity n διαφθορά
depreciate v υποτιμώ
depreciation n υποτίμηση
depress v καταθλίβω; συμπιέζω
depressing adj καταθλιπτικός
depression n κατάθλιψη; συμπίεση; οικονομική ύφεση
deprivation n στέρηση
deprive v στερώ
deprived adj στερημένος
depth n βάθος

derail v εκτροχιάζω
derailment n εκτροχιασμός
deranged adj ανισόρροπος
derelict adj ερειπωμένος
deride v χλευάζω
derivative adj παράγωγος
derive v αποκομίζω; προέρχομαι
derogatory adj μειωτικός
descend v κατεβαίνω
descendant n απόγονος
descent n κάθοδος
describe v περιγράφω
description n περιγραφή
descriptive adj περιγραφικός
desecrate v βεβηλώνω
desegregate v αίρω φυλετικό διαχωρισμό
desert n έρημος
desert v εγκαταλείπω
deserted adj ερημωμένος
deserter n λιποτάκτης
deserve v αξίζω
deserving adj άξιος
design n σχέδιο
designate v ορίζω
desirable adj επιθυμητός
desire n επιθυμία
desire v επιθυμώ
desist v παύω, παραιτούμαι
desk n γραφείο
desolate adj έρημος
desolation n ερήμωση

diagnose

despair *n* απελπισία
desperate *adj* απελπισμένος
despicable *adj* ποταπός
despise *v* περιφρονώ
despite *c* παρά
despondent *adj* μελαγχολικός
despot *n* δεσπότης
despotic *adj* αυταρχικός
dessert *n* επιδόρπιο
destination *n* προορισμός
destiny *n* πεπρωμένο
destitute *adj* πάμπτωχος
destroy *v* καταστρέφω
destroyer *n* καταστροφέας
destruction *n* καταστροφή
destructive *adj* καταστρεπτικός
detach *v* αποσπώ
detachable *adj* αφαιρούμενος
detail *n* λεπτομέρεια
detail *v* εκθέτω λεπτομερώς
detain *v* κατακρατώ; προφυλακίζω
detect *v* ανιχνεύω
detective *n* ντετέκτιβ
detector *n* ανιχνευτής
detention *n* κράτηση
deter *v* αποτρέπω
detergent *n* απορρυπαντικό
deteriorate *v* επιδεινώνομαι
deterioration *n* επιδείνωση
determination *n* προσδιορισμός
determine *v* προσδιορίζω

deterrence *n* αποτροπή
detest *v* απεχθάνομαι
detestable *adj* απεχθής
detonate *v* πυροκροτώ
detonation *n* έκρηξη
detonator *n* πυροκροτητής
detour *n* παράκαμψη
detriment *n* βλάβη
detrimental *adj* επιβλαβής
devaluation *n* υποτίμηση
devalue *v* υποτιμώ
devastate *v* ρημάζω, συντρίβω
devastating *adj* ολέθριος
devastation *n* όλεθρος
develop *v* αναπτύσσω
development *n* ανάπτυξη
deviation *n* παρέκκλιση
device *n* συσκευή
devil *n* διάβολος
devious *adj* δόλιος
devise *v* επινοώ
devoid *adj* στερούμενος
devote *v* αφιερώνω
devotion *n* αφοσίωση
devour *v* καταβροχθίζω
devout *adj* ευσεβής
dew *n* δροσιά
diabetes *n* διαβήτης
diabetic *adj* διαβητικός
diabolical *adj* διαβολικός
diagnose *v* προβαίνω σε διάγνωση

diagnosis n διάγνωση
diagonal adj διαγώνιος
diagram n διάγραμμα
dial n καντράν
dial v σχηματίζω αριθμό
dial tone n ήχος κλήσης
dialect n διάλεκτος
dialogue n διάλογος
diameter n διάμετρος
diamond n διαμάντι; ρόμβος; καρό
diaper n πάνα
diarrhea n διάρροια
diary n ημερολόγιο
dice v ζάρια; κύβοι
dice n διακυβεύω; κόβω σε κύβους
dictate v υπαγορεύω
dictator n δικτάτορας
dictatorial adj δικτατορικός
dictatorship n δικτατορία
dictionary n λεξικό
die v πεθαίνω
die out v αργοσβήνω
diet n δίαιτα; διατροφή
diet v κάνω δίαιτα
differ v διαφέρω
difference n διαφορά
different adj διαφορετικός
difficult adj δύσκολος
difficulty n δυσκολία
diffuse v διαχέω

dig iv σκάβω
digest v χωνεύω; αφομοιώνω
digestion n πέψη
digestive adj χωνευτικός
digit n ψηφίο
dignify v τιμώ
dignitary n αξιωματούχος
dignity n αξιοπρέπεια
digress v παρεκβαίνω
dike n χαντάκι
dilapidated adj σαραβαλιασμένος
dilemma n δίλημμα
diligence n επιμέλεια
diligent adj επιμελής
dilute v αραιώνω
dim adj σκοτεινός
dim v θολώνω
dime n δεκάρα
dimension n διάσταση
diminish v ελαττώνω
dine v δειπνώ
diner n μικροεστιατόριο
dining room n τραπεζαρία
dinner n δείπνο
dinosaur n δεινόσαυρος
diocese n επισκοπή
diploma n δίπλωμα
diplomacy n διπλωματία
diplomat n διπλωμάτης
diplomatic adj διπλωματικός
dire adj απειλητικός

direct *adj* ευθής
direct *v* κατευθύνω; σκηνοθετώ
direction *n* κατεύθυνση; εποπτεία; σκηνοθεσία
director *n* διευθυντής
directory *n* κατάλογος
dirt *n* βρωμιά
dirty *adj* βρώμικος
disability *n* αναπηρία
disabled *adj* ανάπηρος
disadvantage *n* μειονέκτημα
disagree *v* διαφωνώ
disagreeable *adj* δυσάρεστος
disagreement *n* διαφωνία
disappear *v* εξαφανίζομαι
disappearance *n* εξαφάνιση
disappoint *v* απογοητεύω
disappointing *adj* απογοητευτικός
disappointment *n* απογοήτευση
disapproval *n* αποδοκιμασία
disapprove *v* αποδοκιμάζω
disarm *v* αφοπλίζω
disarmament *n* αφοπλισμός
disaster *n* καταστροφή
disastrous *adj* καταστροφικός
disband *v* διαλύω
disbelief *n* δυσπιστία
disburse *v* εκταμιεύω
discard *v* απορρίπτω
discern *v* διακρίνω
discharge *v* ξεφορτώνω; απολύω

discharge *n* εκφόρτωση; απόλυση
disciple *n* ακόλουθος
discipline *n* πειθαρχία
disclaim *v* αποποιούμαι
disclose *v* αποκαλύπτω
discomfort *n* δυσφορία
disconnect *v* αποσυνδέω
discontent *adj* δυσαρεστημένος
discontinue *v* διακόπτω
discord *n* διχόνοια
discordant *adj* παράφωνος; ασύμφωνος
discount *n* έκπτωση
discount *v* αντιπαρέρχομαι
discourage *v* αποθαρρύνω
discouragement *n* αποθάρρυνση
discouraging *adj* αποθαρρυντικός
discourtesy *n* αγένεια
discover *v* ανακαλύπτω
discovery *n* ανακάλυψη
discredit *v* δυσφημώ
discreet *adj* διακριτικός
discrepancy *n* ασυμφωνία
discretion *n* διακριτικότητα
discriminate *v* μεροληπτώ
discrimination *n* διάκριση
discuss *v* συζητώ
discussion *n* συζήτηση
disdain *n* περιφρόνηση
disease *n* νόσος

disembark

disembark *v* αποβιβάζομαι
disenchanted *adj* απογοητευμένος
disentangle *v* ξεμπερδεύω
disfigure *v* παραμορφώνω
disgrace *n* ντροπή
disgrace *v* ντροπιάζω
disgraceful *adj* απαράδεκτος
disgruntled *adj* δυσαρεστημένος
disguise *v* μεταμφιέζομαι
disguise *n* μεταμφίεση
disgust *n* αηδία
disgusting *adj* αηδιαστικός
dish *n* πιάτο
dishearten *v* αποθαρρύνω
dishonest *adj* ανέντιμος
dishonesty *n* ανεντιμότητα
dishonor *n* ατίμωση
dishonorable *adj* ατιμωτικός
dishwasher *n* πλυντήριο πιάτων
disillusion *n* ψυχρολουσία
disinfect *v* απολυμαίνω
disinfectant *n* απολυμαντικό
disinherit *v* αποκληρώνω
disintegrate *v* αποσυντίθεμαι
disintegration *n* αποσύνθεση
disinterested *adj* ανιδιοτελής; βαριεστημένος
disk *n* δίσκος
dislike *v* αντιπάθεια
dislike *n* αντιπαθώ
dislocate *v* εξαρθρώνω
dislodge *v* εκτοπίζω
disloyal *adj* άπιστος
disloyalty *n* απιστία
dismal *adj* μελαγχολικός
dismantle *v* αποσυναρμολογώ
dismay *n* αποκαρδίωση
dismay *v* αποκαρδιώνω
dismiss *v* απολύω; απορρίπτω
dismissal *n* απόλυση
dismount *v* ξεκαβαλικεύω
disobedience *n* ανυπακοή
disobedient *adj* ανυπάκουος
disobey *v* απειθώ
disorder *n* αταξία
disorganized *adj* αποδιοργανωμένος
disoriented *adj* αποπροσανατολισμένος
disown *v* απαρνούμαι
disparity *n* ανισότητα
dispatch *v* αποστέλλω
dispel *v* διαλύω
dispensation *n* διανομή
dispense *v* διανέμω
dispersal *n* διασκορπισμός
disperse *v* διασκορπίζω
displace *v* εκτοπίζω
display *n* επίδειξη; έκθεση
display *v* επιδεικνύω; εκθέτω
displease *v* δυσαρεστώ
displeasing *adj* δυσάρεστος
displeasure *n* δυσαρέσκεια

dividend

disposable *adj* διαθέσιμος; αναλώσιμος
disposal *n* απαλλαγή; διάθεση
dispose *v* τακτοποιώ
disprove *v* διαψεύδω
dispute *n* διαμάχη
dispute *v* λογομαχώ
disqualify *v* αποκλείω
disregard *v* αγνοώ
disrepair *n* ρήμαγμα
disrespect *n* έλλειψη σεβασμού
disrespectful *adj* ασεβής
disrupt *v* διαταράσσω
disruption *n* αναστάτωση
dissatisfied *adj* δυσαρεστημένος
disseminate *v* προπαγανδίζω
dissent *v* διαφωνώ
dissident *adj* αντιφρονών
dissimilar *adj* ανόμοιος
dissipate *v* διαλύω
dissolute *adj* άσωτος
dissolution *n* διάλυση
dissolve *v* διαλύω; ρευστοποιώ
dissonant *adj* παράφωνος
dissuade *v* μεταπείθω
distance *n* απόσταση
distant *adj* μακρινός
distaste *n* αποστροφή
distasteful *adj* δυσάρεστος
distill *v* αποστάζω
distinct *adj* σαφής; διαφορετικός
distinction *n* διάκριση

distinctive *adj* διακριτικός; χαρακτηριστικός
distinguish *v* διακρίνω
distort *v* στρεβλώνω
distortion *n* παραμόρφωση
distract *v* αποσπώ την προσοχή
distraction *n* περισπασμός
distraught *adj* αλλόφρων
distress *n* θλίψη
distress *v* στενοχωρώ
distressing *adj* οδυνηρός
distribute *v* διανέμω
distribution *n* διανομή
district *n* περιοχή
distrust *n* δυσπιστία
distrust *v* δυσπιστώ
distrustful *adj* δύσπιστος
disturb *v* διαταράσσω
disturbance *n* διατάραξη
disturbing *adj* ανησυχητικός
disunity *n* διχασμός
disuse *n* αχρησία
ditch *n* χαντάκι
dive *v* καταδύομαι
diver *n* δύτης
diverse *adj* ποικίλος
diversify *v* διαφοροποιούμαι
diversion *n* εκτροπή
diversity *n* ποικιλία
divert *v* εκτρέπω
divide *v* διαιρώ
dividend *n* μέρισμα

divine *adj* θεϊκός
diving *n* καταδύσεις
divinity *n* θεότητα
divisible *adj* διαιρέσιμος; διανεμητέος
division *n* διαίρεση
divorce *n* διαζύγιο
divorce *v* παίρνω διαζύγιο
divorcee *n* ζωντοχήρος
divulge *v* αποκαλύπτω
dizziness *n* ζάλη
dizzy *adj* ζαλισμένος
do *iv* κάνω
docile *adj* υπάκουος
docility *n* υπακοή
dock *n* αποβάθρα
dock *v* περικόπτω; ελλιμενίζομαι
doctor *n* γιατρός
doctrine *n* δόγμα
document *n* έγγραφο
documentary *n* ντοκιμαντέρ
documentation *n* τεκμηρίωση
dodge *v* αποφεύγω
dog *n* σκύλος
dogmatic *adj* δογματικός
dole out *v* μοιράζω φειδωλώς
doll *n* κούκλα
dollar *n* δολάριο
dolphin *n* δελφίνι
dome *n* θόλος
domestic *adj* εγχώριος; οικιακός
domesticate *v* εξημερώνω

dominate *v* κυριαρχώ
domination *n* κυριαρχία
domineering *adj* αυταρχικός
dominion *n* κυριαρχία
donate *v* δωρίζω
donation *n* δωρεά
donkey *n* γάιδαρος
donor *n* δότης
doom *n* μοίρα
doomed *adj* καταδικασμένος
door *n* πόρτα
doorbell *n* κουδούνι πόρτας
doorstep *n* κατώφλι
doorway *n* κούφωμα; άνοιγμα πόρτας
dope *n* ναρκωτικό; βλάκας
dope *v* ντοπάρω
dormitory *n* κοιτώνας
dosage *n* δοσολογία
dossier *n* ντοσιέ
dot *n* τελεία
double *adj* διπλός
double *v* διπλασιάζω
double-check *v* διπλοελέγχω
double-cross *v* εξαπατώ
doubt *n* αμφιβολία
doubt *v* αμφιβάλλω
doubtful *adj* αμφίβολος
dough *n* ζύμη
dove *n* περιστέρι
down *adj* πεσμένος
down *adv* κάτω

drizzle

down payment *n* προκαταβολή
downcast *adj* χαμηλωμένος
downfall *n* πτώση
downhill *adv* κατηφορικά
downpour *n* νεροποντή
downsize *v* συρρικνώνω
downstairs *adv* στον κάτω όροφο
down-to-earth *adj* προσγειωμένος
downtown *n* κέντρο
downtrodden *adj* καταπιεσμένος
downturn *adj* ύφεση
dowry *n* προίκα
doze *n* υπνάκος
doze *v* λαγοκοιμάμαι
dozen *n* δωδεκάδα
draft *n* προσχέδιο; στράτευση
draft *v* προσχεδιάζω; επιστρατεύω
draftsman *n* συντάκτης
drag *v* σύρω
dragon *n* δράκος
drain *v* υπόνομος; απορροή
drainage *n* αποχέτευση
dramatic *adj* δραματικός
dramatize *v* δραματοποιώ
drape *n* κουρτίνα
drastic *adj* δραστικός
draw *n* κλήρωση
draw *iv* ζωγραφίζω; τραβώ
drawback *n* μειονέκτημα
drawer *n* συρτάρι

drawing *n* σχέδιο
dread *v* φοβάμαι
dreaded *adj* επίφοβος
dreadful *adj* φοβερός
dream *iv* ονειρεύομαι
dream *n* όνειρο
dress *n* ντύσιμο, φόρεμα
dress *v* ντύνομαι
dresser *n* ντουλάπι; μπουφές; τουαλέτα
dressing *n* σάλτσα
dried *adj* αποξηραμένος
drift *v* παρασύρω
drift apart *v* απομακρύνομαι
drifter *n* περιπλανώμενος
drill *v* τρυπώ; γυμνάζομαι
drill *n* τρυπάνι; άσκηση
drink *iv* πίνω
drink *n* ποτό
drinkable *adj* πόσιμος
drinker *n* πότης
drip *v* στάζω
drip *n* σταγόνα
drive *n* διαδρομή; κίνητρο
drive *iv* οδηγώ
drive at *v* οδηγώ προς; υπαινίσσομαι
drive away *v* απωθώ
driver *n* οδηγός
driveway *n* ιδιωτικός δρόμος
drizzle *v* ψιχαλίζω
drizzle *n* ψιχάλισμα

drop

drop *n* πτώση; σταγόνα
drop *v* πέφτω
drop in *v* επισκέπτομαι βιαστικά
drop off *v* αποκοιμιέμαι; αφήνω
drop out *v* εγκαταλείπω
drought *n* ξηρασία
drown *v* πνίγω
drowsy *adj* μισοκοιμισμένος
drug *n* φάρμακο; ναρκωτικό
drug *v* ναρκώνω
drugstore *n* φαρμακείο
drum *n* τύμπανο
drunk *adj* μεθυσμένος
drunkenness *n* μέθη
dry *v* στεγνώνω
dry *adj* στεγνός
dry-clean *v* κάνω στεγνό καθάρισμα
dryer *n* στεγνωτήριο
dual *adj* διπλός
dubious *adj* αμφίβολος
duchess *n* δούκισσα
duck *n* πάπια
duck *v* σκύβω
duct *n* αγωγός
due *adj* οφειλόμενος
duel *n* μονομαχία
dues *n* τέλη, συνδρομή
duke *n* δούκας
dull *adj* θαμπός; στομωμένος; βαρετός
dull *v* αμβλύνω

duly *adv* δεόντως
dumb *adj* άλαλος; βλακώδης
dummy *n* ανδρείκελο
dummy *adj* κούκλα
dump *v* χωματερή
dump *n* απορρίπτω
dung *n* κοπριά
dungeon *n* μπουντρούμι
dupe *v* κοροϊδεύω
duplicate *v* αντιγράφω
duplication *n* πιστή αντιγραφή
durable *adj* ανθεκτικός
duration *n* διάρκεια
during *pre* κατά την διάρκεια
dusk *n* σούρουπο
dust *n* σκόνη
dusty *adj* σκονισμένος
Dutch *adj* ολλανδικός
duty *n* δασμός; καθήκον
dwarf *n* νάνος
dwell *iv* κατοικώ
dwelling *n* κατοικία
dwindle *v* φθίνω
dye *v* βάφω
dye *n* βαφή
dying *adj* ετοιμοθάνατος
dynamic *adj* δυναμικός
dynamite *n* δυναμίτης
dynasty *n* δυναστεία

- **each** *adj* κάθε
- **each other** *adj* αμοιβαία
- **eager** *adj* πρόθυμος
- **eagerness** *n* προθυμία
- **eagle** *n* αετός
- **ear** *n* αυτί
- **earache** *n* πόνος στο αυτί
- **eardrum** *n* τύμπανο αυτιού
- **early** *adv* νωρίς
- **earmark** *v* σημαδεύω
- **earn** *v* κερδίζω
- **earnestly** *adv* ένθερμα; σοβαρά
- **earnings** *n* κέρδη
- **earphones** *n* ακουστικά
- **earring** *n* σκουλαρίκι
- **earth** *n* γη
- **earthquake** *n* σεισμός
- **earwax** *n* κερί αυτιού
- **ease** *v* ανακουφίζω
- **ease** *n* άνεση
- **easily** *adv* εύκολα
- **east** *n* ανατολή
- **eastbound** *adj* κατευθυνόμενος ανατολικά
- **Easter** *n* Πάσχα
- **eastern** *adj* ανατολικός
- **easterner** *n* που κατάγεται από τα ανατολικά
- **eastward** *adv* ανατολικά
- **easy** *adj* εύκολος
- **eat** *iv* τρώω
- **eat away** *v* καταβροχθίζω
- **eavesdrop** *v* κρυφακούω
- **ebb** *v* άμπωτη
- **eccentric** *adj* εκκεντρικός
- **echo** *n* ηχώ
- **eclipse** *n* έκλειψη
- **ecology** *n* οικολογία
- **economical** *adj* οικονομικός
- **economize** *v* εξοικονομώ
- **economy** *n* οικονομία
- **ecstasy** *n* έκσταση
- **ecstatic** *adj* εκστατικός
- **edge** *v* πλαισιώνω; ρελιάζω
- **edge** *n* άκρο
- **edgy** *adj* νευρικός
- **edible** *adj* φαγώσιμος
- **edifice** *n* οικοδόμημα
- **edit** *v* επεξεργάζομαι, επιμελούμαι
- **edition** *n* έκδοση
- **educate** *v* εκπαιδεύω
- **educational** *adj* εκπαιδευτικός
- **eerie** *adj* μυστηριώδης
- **effect** *n* αποτέλεσμα
- **effective** *adj* αποτελεσματικός
- **effectiveness** *n* αποτελεσματικότητα
- **efficiency** *n* αποδοτικότητα
- **efficient** *adj* αποδοτικός
- **effigy** *n* ομοίωμα

effort

effort *n* προσπάθεια
effusive *adj* διαχυτικός
egg *n* αυγό
egg white *n* ασπράδι
egoism *n* εγωισμός
egoist *n* εγωιστής
eight *adj* οκτώ
eighteen *adj* δεκαοκτώ
eighth *adj* όγδοος
eighty *adj* ογδόντα
either *adj* ο ένας από τους δύο; είτε
either *adv* ούτε
eject *v* αποβάλλω
elapse *v* παρέρχομαι
elastic *adj* ελαστικός
elated *adj* συνεπαρμένος
elbow *n* αγκώνας
elder *n* ηλικιωμένος
elderly *adj* ηλικιωμένος
elect *v* εκλέγω
election *n* εκλογή
electric *adj* ηλεκτρικός
electrician *n* ηλεκτρολόγος
electricity *n* ηλεκτρισμός
electrify *v* ηλεκτρίζω
electrocute *v* θανατώνω με ηλεκτροπληξία
electronic *adj* ηλεκτρονικός
elegance *n* κομψότητα
elegant *adj* κομψός
element *n* στοιχείο

elementary *adj* στοιχειώδης
elephant *n* ελέφαντας
elevate *v* ανυψώνω
elevation *n* ανύψωση
elevator *n* ασανσέρ
eleven *adj* έντεκα
eleventh *adj* ενδέκατος
eligible *adj* επιλέξιμος; προσοντούχος
eliminate *v* εξαλείφω
elm *n* φτελιά
eloquence *n* ευγλωττία
else *adv* αλλιώς
elsewhere *adv* αλλού
elude *v* διαφεύγω
elusive *adj* απατηλός
emaciated *adj* αποσκελετωμένος
emanate *v* προέρχομαι
emancipate *v* απελευθερώνω
embalm *v* βαλσαμώνω
embark *v* επιβιβάζομαι; ξεκινώ
embarrass *v* ρεζιλεύω
embassy *n* πρεσβεία
embellish *v* διακοσμώ
embers *n* στάχτες
embezzle *v* καταχρώμαι
embitter *v* πικραίνω
emblem *n* έμβλημα
embody *v* ενσαρκώνω
emboss *v* διακοσμώ με ανάγλυφα
embrace *v* αγκαλιάζω
embrace *n* αγκάλιασμα

engine

embroider v κεντώ
embroidery n κέντημα
embroil v εμπλέκω
embryo n έμβρυο
emerald n σμαράγδι
emerge v αναδύομαι
emergency n έκτακτη ανάγκη
emigrant n μετανάστης
emigrate v μεταναστεύω
emission n εκπομπή
emit v εκπέμπω
emotion n συναίσθημα; συγκίνηση
emotional adj συναισθηματικός
emperor n αυτοκράτορας
emphasis n έμφαση
emphasize v τονίζω
empire n αυτοκρατορία
employ v απασχολώ
employee n υπάλληλος
employer n εργοδότης
employment n εργασία
empress n αυτοκράτειρα
emptiness n κενό
empty adj άδειος
empty v αδειάζω
enable v ενεργοποιώ, επιτρέπω
enchant v γοητεύω
enchanting adj μαγευτικός
encircle v περικυκλώνω
enclave n περιοχή μέσα σε αλλοεθνές έδαφος

enclose v περιφράσσω; εσωκλείω
enclosure n περίφραξη
encompass v περιλαμβάνει
encounter v συναντώ
encounter n συνάντηση
encourage v ενθαρρύνω
encroach v υπερβαίνω τα εσκαμμένα
encyclopedia n εγκυκλοπαίδεια
end n τέλος
end v τελειώνω
end up v καταλήγω
endanger v θέτω σε κίνδυνο
endeavor v πασχίζω
endeavor n προσπάθεια
ending n κατάληξη
endless adj ατελείωτος
endorse v εγκρίνω
endorsement n οπισθογράφηση
endure v υπομένω
enemy n εχθρός
energetic adj ενεργητικός
energy n ενέργεια
enforce v επιβάλλω
engage v προσλαμβάνω; αρραβωνιάζω
engaged adj απασχολημένος; αρραβωνιασμένος
engagement n αρραβώνας; υποχρέωση
engine n κινητήρας

engineer n μηχανικός
England n Αγγλία
English adj αγγλικός
engrave v χαράζω
engraving n χαρακτική
engrossed adj απορροφημένος
engulf v καταπίνω
enhance v ενισχύω
enjoy v απολαμβάνω
enjoyable adj απολαυστικός
enjoyment n απόλαυση
enlarge v μεγεθύνω
enlargement n μεγέθυνση
enlighten v διαφωτίζω
enlist v κατατάσσομαι; προσεταιρίζομαι
enormous adj τεράστιος
enough adv αρκετά
enrage v εξοργίζω
enrich v εμπλουτίζω
enroll v εγγράφομαι
enrollment n εγγραφή
ensure v εξασφαλίζω
entail v συνεπάγομαι
entangle v μπλέκω
enter v εισέρχομαι
enterprise n επιχείρηση
entertain v ψυχαγωγώ
entertaining adj διασκεδαστικός
entertainment n ψυχαγωγία
enthrall v σαγηνεύω
enthralling adj συναρπαστικός

enthuse v ενθουσιάζομαι
enthusiasm n ενθουσιασμός
entice v δελεάζω
enticement n δελεασμός; δέλεαρ
enticing adj δελεαστικός
entire adj ολόκληρος
entirely adv εντελώς
entrance n είσοδος
entreat v ικετεύω
entree n πρόσβαση; πρώτο πιάτο
entrenched adj κατοχυρωμένος
entrepreneur n επιχειρηματίας
entrust v εμπιστεύομαι, αναθέτω
entry n είσοδος
enumerate v απαριθμώ
envelop v τυλίγω
envelope n φάκελος
envious adj ζηλιάρης
environment n περιβάλλον
envisage v οραματίζομαι
envoy n απεσταλμένος
envy n ζήλεια
envy v ζηλεύω
epidemic n επιδημία
epilepsy n επιληψία
episode n επεισόδιο
epistle n επιστολή
epitaph n επιτάφιος
epitomize v ενσαρκώνω; συνοψίζω
epoch n εποχή

equal *adj* ίσος
equality *n* ισότητα
equate *v* εξισώνω
equation *n* εξίσωση
equator *n* ισημερινός
equilibrium *n* ισορροπία
equip *v* εξοπλίζω
equipment *n* εξοπλισμός
equivalent *adj* ισοδύναμος
era *n* εποχή
eradicate *v* εξαλείφω
erase *v* διαγράφω
eraser *n* γόμα
erect *v* ανεγείρω
erect *adj* όρθιος
err *v* πλανώμαι
errand *n* θέλημα
erroneous *adj* εσφαλμένος
error *n* σφάλμα
erupt *v* εκρήγνυμαι
eruption *n* έκρηξη
escalate *v* κλιμακώνομαι
escalator *n* κυλιόμενη σκάλα
escapade *n* περιπέτεια, τρέλα
escape *v* δραπετεύω
escort *n* συνοδεία
esophagus *n* οισοφάγος
especially *adv* ειδικά
espionage *n* κατασκοπεία
essay *n* έκθεση
essence *n* ουσία
essential *adj* ουσιώδης

establish *v* δημιουργώ; ιδρύω; κατοχυρώνω
estate *n* περιουσία
esteem *v* εκτιμώ
estimate *v* υπολογίζω
estimation *n* εκτίμηση
estranged *adj* αποξενωμένος
estuary *n* εκβολή
eternity *n* αιωνιότητα
ethical *adj* ηθικός
ethics *n* δεοντολογία
etiquette *n* εθιμοτυπία
euphoria *n* ευφορία
Europe *n* Ευρώπη
European *adj* ευρωπαϊκός
evacuate *v* εκκενώνω
evade *v* αποφεύγω
evaluate *v* αξιολογώ
evaporate *v* εξατμίζομαι
evasion *n* υπεκφεύγω
evasive *adj* διφορούμενος
eve *n* παραμονή
even *adj* ίσος; ομαλός; ζυγός
even if *c* ακόμη και αν
even more *c* ακόμα περισσότερο
evening *n* βράδυ
event *n* συμβάν
eventuality *n* ενδεχόμενο
eventually *adv* τελικά
ever *adv* κάποτε; πάντα
everlasting *adj* αιώνιος
every *adj* κάθε*

everybody pro όλοι
everyday adj καθημερινός
everyone pro όλοι
everything pro όλα
evict v κάνω έξωση
evidence n απόδειξη
evil n κακό
evil adj ανήθικος, πονηρός
evoke v προκαλώ
evolution n εξέλιξη
evolve v εξελίσσομαι
exact adj ακριβής
exaggerate v υπερβάλλω
exalt v εκθειάζω
examination n εξέταση
examine v εξετάζω
example n παράδειγμα
exasperate v εξοργίζω
excavate v σκάβω
exceed v υπερβαίνω
exceedingly adv υπερβολικά
excel v διαπρέπω
excellence n υπεροχή
excellent adj άριστος
except pre εκτός
exception n εξαίρεση
exceptional adj εξαιρετικός
excerpt n απόσπασμα
excess n υπέρβαση; υπερβολή
excessive adj υπερβολικός
exchange v ανταλλάσσω
excite v διεγείρω

excitement n έξαψη
exciting adj συναρπαστικός
exclaim v κραυγάζω
exclude v αποκλείω
excruciating adj βασανιστικός
excursion n εκδρομή
excuse v συγχωρώ; απαλλάσσω
excuse n δικαιολογία
execute v εκτελώ
executive n εκτελεστικός
exemplary adj υποδειγματικός
exemplify v παραθέτω παράδειγμα
exempt adj απαλλασσόμενος
exemption n απαλλαγή
exercise n άσκηση
exercise v ασκούμαι; ασκώ
exert v μετέρχομαι
exertion n προσπάθεια
exhaust v εξαντλώ; αδειάζω
exhausting adj εξαντλητικός
exhaustion n εξάντληση
exhibit v εκθέτω
exhibition n έκθεση
exhilarating adj απολαυστικός
exhort v παροτρύνω
exile v εξορίζω
exile n εξορία
exist v υπάρχω
existence n ύπαρξη
exit n έξοδος
exodus n αποχώρηση

extremities

exonerate v απαλλάσσω
exorbitant adj υπέρμετρος
exorcist n εξορκιστής
exotic adj εξωτικός
expand v επεκτείνω
expansion n επέκταση
expect v αναμένω
expectancy n προσμονή
expectation n προσδοκία
expediency n σκοπιμότητα
expedient adj σκόπιμος
expedition n εκστρατεία
expel v αποβάλλω
expenditure n δαπάνη
expense n έξοδα
expensive adj ακριβός
experience n εμπειρία
experiment n πείραμα
expert adj εμπειρογνώμονας
expiate v εξιλεώνομαι
expiation n εξιλέωση
expiration n λήξη
expire v λήγω
explain v εξηγώ
explicit adj σαφής
explode v εκρήγνυμαι
exploit v εκμεταλλεύομαι
exploit n κατόρθωμα
exploration n εξερεύνηση
explore v εξερευνώ
explorer n εξερευνητής
explosion n έκρηξη

explosive adj εκρηκτικός
export v εξάγω
expose v εκθέτω
exposed adj εκτεθειμένος
express v εκφράζω
express adj ρητός; εξπρές
expression n έκφραση
expressly adv ρητά
expropriate v απαλλοτριώνω
expulsion n εκδίωξη, απέλαση
exquisite adj εξαίσιος
extend v επεκτείνω
extension n επέκταση
extent n έκταση
extenuating adj ελαφρυντικός
exterior adj εξωτερικός
exterminate v εξολοθρεύω
external adj εξωτερικός
extinct adj αφανισμένος
extinguish v κατασβήνω
extort v αποσπώ, εκβιάζω
extortion n εκβιασμός
extra adv επιπλέον
extract v εξάγω
extradite v εκδίδω
extradition n έκδοση
extraneous adj ξένος, ασυναφής
extravagance n υπερβολή
extravagant adj σπάταλος
extreme adj ακραίος
extremist adj εξτρεμιστής
extremities n άκρα; ακρότητες

extricate

extricate v απαγκιστρώνω
extroverted adj εξωστρεφής
exude v ρέω
exult v θριαμβολογώ
eye n μάτι
eyebrow n φρύδι
eye-catching adj εντυπωσιακός
eyeglasses n γυαλιά
eyelash n βλεφαρίδα
eyelid n βλέφαρο
eyesight n όραση
eyewitness n αυτόπτης μάρτυρας

fable n μύθος
fabric n ύφασμα
fabricate v κατασκευάζω
fabulous adj έξοχος
face v αντικρίζω, αντιμετωπίζω
face n πρόσωπο
face up to v αντιμετωπίζω
facet n όψη
facilitate v διευκολύνω
facing n επίστρωση; φάσα
fact n γεγονός
factor n παράγοντας

factory n εργοστάσιο
factual adj πραγματικός
faculty n σχολή
fad n μανία
fade v ξεθωριάζω
faded adj ξεθωριασμένος
fail v αποτυγχάνω
failure n αποτυχία
faint v λιποθυμώ
faint adj αδύναμος
fair n έκθεση
fair adj δίκαιος; αρκετός; μέτριος
fairness n δικαιοσύνη
fairy n νεράιδα
faith n πίστη
faithful adj πιστός
fake v υποκρίνομαι
fake adj ψεύτικος
fall n πτώση; φθινόπωρο
fall iv πέφτω
fall back v στρέφομαι; υποχωρώ
fall behind v υστερώ
fall down v καταρρέω
fall through v αποτυγχάνω
fallacy n πλάνη
fallout n τσακωμός
falsehood n ψεύδος
falsify v παραποιώ
falter v τρεκλίζω; διστάζω
fame n φήμη
familiar adj οικείος
family n οικογένεια

feign

famine *n* πείνα
famous *adj* διάσημος
fan *n* ανεμιστήρας; οπαδός
fanatic *adj* φανατικός
fancy *adj* πολυτελής
fang *n* δόντι σκύλου
fantastic *adj* φανταστικός
fantasy *n* φαντασία
far *adv* μακριά
faraway *adj* απομακρυσμένος
farce *n* φάρσα
fare *n* ναύλος
farewell *n* αντίο
farm *v* καλλιεργώ; εκτρέφω
farm *n* φάρμα
farmer *n* γεωργός
farming *n* καλλιέργεια
farmyard *n* αγρόκτημα
farther *adv* μακρύτερα
fascinate *v* συναρπάζω
fashion *n* μόδα
fashionable *adj* της μόδας
fast *v* νηστεύω
fast *adj* γρήγορος
fasten *v* δένω, ασφαλίζω
fat *n* λίπος
fat *adj* χοντρός
fatal *adj* θανατηφόρος
fate *n* μοίρα
fateful *adj* μοιραίος
father *n* πατέρας
fatherhood *n* πατρότητα

father-in-law *n* πεθερός
fatherly *adj* πατρικός
fathom out *v* κατανοώ, εξιχνιάζω
fatigue *n* κούραση
fatten *v* παχαίνω
fatty *adj* λιπαρός
faucet *n* βρύση
fault *n* σφάλμα
faulty *adj* ελαττωματικός
favor *n* χάρη; εύνοια
favorable *adj* ευνοϊκός
favorite *adj* αγαπημένος
fear *n* φόβος
fearful *adj* τρομακτικός
feasible *adj* εφικτός
feast *n* γιορτή
feat *n* κατόρθωμα
feather *n* φτερό
feature *n* χαρακτηριστικό
February *n* Φεβρουάριος
fed up *adj* μπουχτισμένος
federal *adj* ομοσπονδιακός
fee *n* αμοιβή
feeble *adj* αδύναμος
feed *iv* τρέφομαι
feedback *n* αντιδράσεις; ανατροφοδότηση
feel *iv* αισθάνομαι
feeling *n* συναίσθημα
feelings *n* συναισθήματα
feet *n* πόδια
feign *v* υποκρίνομαι

fellow

fellow *n* συνάδελφος
fellowship *n* συναναστροφή; αδελφότητα; υποτροφία
felon *n* κακούργος
felony *n* κακούργημα
felt *n* τσόχα
felt *v* ένιωσα
female *n* θηλυκό
feminine *adj* θηλυκός
fence *n* φράκτης
fence *v* περιφράσσω; ξιφομαχώ
fencing *n* ξιφασκία
fend *v* φροντίζω; αποφεύγω
fend off *v* αποκρούω
fender *n* φτερό
ferment *v* ζυμώνομαι
ferment *n* ένζυμο; μαγιά
ferocious *adj* άγριος
ferocity *n* αγριότητα
ferry *n* φέριμποτ
fertile *adj* γόνιμος
fertility *n* γονιμότητα
fertilize *v* λιπαίνω; γονιμοποιώ
fervent *adj* θερμός
fester *v* κακοφορμίζω
festive *adj* εορταστικός
festivity *n* εορταστική εκδήλωση
fetid *adj* δυσώδης
fetus *n* έμβρυο
feud *n* έχθρα
fever *n* πυρετός
feverish *adj* πυρετώδης

few *adj* λίγοι
fewer *adj* λιγότερος
fiancé *n* αρραβωνιαστικός
fiber *n* ίνα
fickle *adj* άστατος
fiction *n* μυθιστόρημα
fictitious *adj* πλασματικός
fiddle *n* βιολί
fidelity *n* πιστότητα
field *n* χωράφι; πεδίο; γήπεδο
field *v* παρατάσσω
fierce *adj* άγριος
fiery *adj* φλογερός
fifteen *adj* δεκαπέντε
fifth *adj* πέμπτος
fifty *adj* πενήντα
fifty-fifty *adv* πενήντα-πενήντα
fig *n* σύκο
fight *iv* παλεύω
fight *n* μάχη
fighter *n* μαχητής
figure *n* σχήμα; ψηφίο; ποσό; σιλουέτα
figure out *v* καταλαβαίνω
file *v* αρχειοθετώ; λιμάρω; υποβάλλω
file *n* αρχείο; λίμα; στοίχος
fill *v* γεμίζω
filling *n* πλήρωση; σφράγισμα
film *n* ταινία
film *v* κινηματογραφώ
filter *n* φίλτρο

filter *v* φιλτράρω
filth *n* βρομιά
filthy *adj* ακάθαρτος
fin *n* πτερύγιο
final *adj* τελικός
finalize *v* οριστικοποιώ
finance *v* χρηματοδοτώ
financial *adj* χρηματοοικονομικός
find *iv* βρίσκω
find out *v* μαθαίνω
fine *n* πρόστιμο
fine *v* επιβάλλω πρόστιμο
fine *adv* ωραία
fine *adj* άριστος
fine print *n* ψιλά γράμματα
finger *n* δάκτυλο
fingernail *n* νύχι χεριού
fingerprint *n* δακτυλικό αποτύπωμα
fingertip *n* ακροδάκτυλο
finish *v* φινίρισμα
Finland *n* Φινλανδία
Finnish *adj* φινλανδικός
fire *v* πυροβολώ; εκτοξεύω
fire *n* φωτιά; πυρά όπλου
firearm *n* πυροβόλο όπλο
firecracker *n* κροτίδα
firefighter *n* πυροσβέστης
fireman *n* πυροσβέστης
fireplace *n* τζάκι
firewood *n* καυσόξυλα
fireworks *n* πυροτεχνήματα

firm *adj* ακλόνητος
firm *n* εταιρεία
firmness *n* σταθερότητα
first *adj* πρώτος
fish *v* ψαρεύω
fish *n* ψάρι
fisherman *n* ψαράς
fishy *adj* ύποπτος
fist *n* γροθιά
fit *n* προσαρμογή; κρίση
fit *adj* κατάλληλος; υγιής
fit *v* χωρώ; εφαρμόζω
fitness *n* καταλληλότητα; φυσική κατάσταση
fitting *adj* συναρμολόγηση
five *adj* πέντε
fix *v* φτιάχνω; στερεώνω
fjord *n* φιόρδ
flag *n* σημαία
flagpole *n* ιστός σημαίας
flamboyant *adj* επιδεικτικός
flame *n* φλόγα
flammable *adj* εύφλεκτος
flank *n* πλευρό
flare *n* φωτοβολίδα
flare-up *v* φουντώνω
flash *n* φλας
flashlight *n* φακός
flashy *adj* φανταχτερός
flat *n* διαμέρισμα
flat *adj* επίπεδος
flatten *v* ισιώνω

flatter

flatter v κολακεύω
flattery n κολακεία
flaunt v μοστράρω
flavor n γεύση
flaw n ελάττωμα
flawless adj άψογος
flea n ψύλλος
flee iv το σκάω
fleece n προβιά
fleet n στόλος
fleet v φεύγω, πετώ
fleeting adj φευγαλέος
flesh n σάρκα
flex v λυγίζω
flexible adj ευέλικτος
flicker v τρεμοπαίζω
flier n αεροπόρος
flight n πτήση
flimsy adj αραχνοΰφαντος; αβάσιμος
flip v κτυπώ ελαφρά
flirt v φλερτάρω
float v επιπλέω
flock n κοπάδι
flog v δέρνω
flood v πλημμυρίζω
flood n πλημμύρα
floodgate n υδατοφράκτης
flooding n πλημμύρα
floodlight n προβολέας
floor n πάτωμα
flop n γδούπος; φιάσκο

floss n νήμα
flour n αλεύρι
flourish v ανθίζω
flow v ρέω
flow n ροή
flower n λουλούδι
flowerpot n γλάστρα
flu n γρίπη
fluctuate v κυμαίνομαι
fluently adv άπταιστα
fluid n υγρό
flunk v αποτυγχάνω
flush v ξεπλένω
flute n φλάουτο
flutter v φτερουγίζω
fly iv πετώ
fly n μύγα
foam n αφρός
focus n εστίαση
focus on v εστιάζω
foe n εχθρός
fog n ομίχλη
foggy adj ομιχλώδης
foil v αποτρέπω
fold v διπλώνω
folder n φάκελος
folks n γονείς; συγγενείς; κόσμος
folksy adj καταδεκτικός
follow v ακολουθώ
follower n οπαδός
folly n κουταμάρα
fond adj τρυφερός

fondle v χαϊδεύω
fondness n στοργή
food n φαγητό
foodstuff n τρόφιμα
fool v κοροϊδεύω
fool n ανόητος
foolproof adj αλάθητος
foot n πόδι; βήμα; βάση
football n ποδόσφαιρο
footnote n υποσημείωση
footprint n πατημασιά
footstep n βήμα
footwear n είδη υπόδησης
for pre για, προς
forbid iv απαγορεύω
force n δύναμη
force v εξαναγκάζω
forceful adj ισχυρός
forcibly adv βίαια
forecast iv προβλέπω
forefront n πρώτη γραμμή
foreground n προσκήνιο
forehead n μέτωπο
foreign adj ξένος
foreigner n αλλοδαπός
foreman n επιστάτης
foremost adj πρώτιστος
foresee iv προβλέπω
foreshadow v προμηνύω
foresight n πρόβλεψη
forest n δάσος
foretaste n πρόγευση

foretell v προλέγω
forever adv για πάντα
forewarn v προειδοποιώ
foreword n πρόλογος
forfeit v εκπίπτω
forge v σφυρηλατώ; πλαστογραφώ
forgery n πλαστογραφία
forget v ξεχνώ
forgivable adj συγχωρητέος
forgive v συγχωρώ
forgiveness n συγχώρεση
fork n πιρούνι
form n μορφή; έντυπο
formal adj επίσημος
formality n τυπικότητα
formalize v επισημοποιώ
formally adv επίσημα
format n διάταξη, στήσιμο
formation n σχηματισμός
former adj πρώην
formerly adv προηγουμένως
formidable adj τρομερός
formula n τύπος, φόρμουλα
forsake iv εγκαταλείπω
fort n φρούριο
forthcoming adj προσεχής
forthright adj ειλικρινής
fortify v οχυρώνω
fortitude n σθένος
fortress n φρούριο
fortunate adj τυχερός

fortune

fortune *n* τύχη
forty *adj* σαράντα
forward *adv* εμπρόσθιος
fossil *n* απολίθωμα
foster *v* ανατρέφω
foul *adj* ρυπαρός; δυσάρεστος
foundation *n* θεμέλια; ίδρυμα
founder *n* ιδρυτής
foundry *n* χυτήριο
fountain *n* σιντριβάνι
four *adj* τέσσερα
fourteen *adj* δεκατέσσερα
fourth *adj* τέταρτος
fox *n* αλεπού
foxy *adj* κατεργάρης
fraction *n* κλάσμα
fracture *n* κάταγμα
fragile *adj* εύθραυστος
fragment *n* θραύσμα
fragrance *n* άρωμα
fragrant *adj* αρωματικός
frail *adj* ευπαθής
frailty *n* αδυναμία
frame *n* πλαίσιο; κορνίζα
frame *v* κορνιζάρω; πλαισιώνω
framework *n* πλαίσιο
France *n* Γαλλία
franchise *n* δικαιοχρησία
frank *adj* ειλικρινής
frankly *adv* ειλικρινά
frankness *n* ειλικρίνεια
frantic *adj* μανιώδης

fraternal *adj* αδελφικός
fraternity *n* αδελφότητα
fraud *n* απάτη
fraudulent *adj* δόλιος
freckle *n* φακίδα
freckled *adj* με φακίδες
free *v* απελευθερώνω
free *adj* ελεύθερος; δωρεάν
freedom *n* ελευθερία
freeway *n* αυτοκινητόδρομος
freeze *iv* παγώνω
freezer *n* καταψύκτης
freezing *adj* παγωμένος
freight *n* φορτίο
French *adj* γαλλικός
frenetic *adj* φρενήρης
frenzied *adj* ξέφρενος
frenzy *n* φρενίτιδα
frequency *n* συχνότητα
frequent *adj* συχνός
frequent *v* συχνάζω
fresh *adj* φρέσκος
freshen *v* φρεσκάρω
freshness *n* φρεσκάδα
friar *n* καλόγερος
friction *n* τριβή
Friday *n* Παρασκευή
fried *adj* τηγανητός
friend *n* φίλος
friendship *n* φιλία
fries *n* τηγανητές πατάτες
frigate *n* φρεγάτα

fright n τρομάρα
frighten v τρομάζω
frightening adj τρομακτικός
frigid adj ψυχρός
fringe n φράντζα; κράσπεδο
frivolous adj επιπόλαιος
frog n βάτραχος
from pre από
front n πρόσοψη; βιτρίνα; μέτωπο
front adj μπροστινός
frontage n πρασιά
frontier n σύνορο
frost n παγωνιά
frostbite n κρυοπάγημα
frostbitten adj παγωμένος
frosty adj παγερός
frown v κατσουφιάζω
frozen adj κατεψυγμένος, παγωμένος
frugal adj ολιγαρκής
frugality n λιτότητα
fruit n καρπός, φρούτο
fruitful adj καρποφόρος
fruity adj φρουτώδης
frustrate v ματαιώνω; απογοητεύω
frustration n ματαίωση; απογοήτευση
fry v τηγανίζω
frying pan n τηγάνι
fuel n καύσιμα
fuel v τροφοδοτώ με καύσιμα

fugitive n φυγάς
fulfill v εκπληρώνω
fulfillment n εκπλήρωση
full adj γεμάτος
fully adv πλήρως
fumes n αναθυμιάσεις
fumigate v απολυμαίνω με αναθυμιάσεις
fun n διασκέδαση
function n λειτουργία
fund n κεφάλαιο
fund v χρηματοδοτώ
fundamental adj θεμελιώδης
funds n κονδύλια
funeral n κηδεία
fungus n μύκητας
funny adj αστείος
fur n γούνα
furious adj έξαλλος
furiously adv μανιωδώς
furnace n καμίνι
furnish v επιπλώνω
furnishings n επίπλωση
furniture n έπιπλα
furor n σάλος
furrow n αυλάκι
furry adj μαλλιαρός
further adv περαιτέρω
furthermore adv επιπροσθέτως
fury n μανία
fuse n θρυαλλίδα; ασφάλεια πίνακα
fusion n συγχώνευση

fuss n φασαρία
fussy adj σχολαστικός
futile adj μάταιος
futility n ματαιότητα
future n μέλλον
fuzzy adj χνουδωτός; ασαφής

G

gadget n μικρή συσκευή, γκάτζετ
gag n φίμωτρο
gag v φιμώνω
gage v υπολογίζω
gain v κερδίζω
gain n κέρδος
gal n κοπελιά
galaxy n γαλαξίας
gale n θύελλα
gall bladder n χοληδόχος κύστης
gallant adj γενναίος
gallery n γκαλερί
gallon n γαλόνι
gallop v καλπασμός; γκάλοπ
gallows n αγχόνη
galvanize v γαλβανίζω
gamble v τζογάρω
game n παιχνίδι
gang n συμμορία; συντροφιά
gangrene n γάγγραινα
gangster n γκάνγκστερ
gap n χάσμα
garage n γκαράζ
garbage n σκουπίδια
garden n κήπος
gardener n κηπουρός
gargle v κάνω γαργάρα
garland n γιρλάντα
garlic n σκόρδο
garment n ένδυμα
garnish v γαρνίρω; στολίζω
garnish n γαρνιτούρα
garrison n φρουρά
garrulous adj φλύαρος
garter n καλτσοδέτα
gas n αέριο
gash n βαθιά πληγή
gasoline n βενζίνη
gasp v αγκομαχώ
gastric adj γαστρικός
gate n πύλη
gather v συγκεντρώνω
gathering n συγκέντρωση
gauge v μετρώ επακριβώς
gauze n γάζα
gaze v ατενίζω
gear n γρανάζι; ταχύτητα
geese n χήνες
gem n πολύτιμος λίθος, κόσμημα
gender n φύλο; γραμματικό γένος

gene *n* γονίδιο
general *n* στρατηγός
generalize *v* γενικεύω
generate *v* παράγω
generation *n* παραγωγή; γενιά
generator *n* γεννήτρια
generic *adj* γενικός
generosity *n* γενναιοδωρία
genetic *adj* γενετικός
genial *adj* εγκάρδιος
genius *n* ιδιοφυία
genocide *n* γενοκτονία
genteel *adj* αριστοκρατικός
gentle *adj* ευγενής
gentleman *n* τζέντλεμαν
gentleness *n* ευγένεια
genuflect *v* γονατίζω
genuine *adj* γνήσιος
geography *n* γεωγραφία
geology *n* γεωλογία
geometry *n* γεωμετρία
germ *n* μικρόβιο
German *adj* γερμανικός
Germany *n* Γερμανία
germinate *v* φυτρώνω
gerund *n* γερούνδιο
gestation *n* κυοφορία
gesticulate *v* χειρονομώ
gesture *n* χειρονομία
get *iv* παίρνω
get along *v* τα πάω καλά ή άσχημα με...

get away *v* ξεφεύγω
get back *v* επιστρέφω
get by *v* τα βολεύω
get down *v* αποβιβάζομαι, κατεβαίνω
get down to *v* καταπιάνομαι με κάτι
get in *v* φτάνω; μπαίνω
get off *v* κατεβαίνω; τη βρίσκω
get out *v* βγαίνω
get over *v* ξεπερνώ
get together *v* συναθροίζομαι
get up *v* σηκώνομαι
geyser *n* θερμοπίδακας
ghastly *adj* φρικτός
ghost *n* φάντασμα
giant *n* γίγαντας
gift *n* δώρο
gifted *adj* προικισμένος
gigantic *adj* γιγαντιαίος
giggle *v* χαζογελώ
gimmick *n* τέχνασμα
ginger *n* τζίντζερ
gingerly *adv* επιφυλακτικά
giraffe *n* καμηλοπάρδαλη
girl *n* κορίτσι
girlfriend *n* φιλενάδα
give *iv* δίνω
give away *v* χαρίζω
give back *v* επιστρέφω
give in *v* ενδίδω
give out *v* διανέμω; εξασθενώ

give up v παραιτούμαι
glacier n παγετώνας
glad adj ευτυχής
gladiator n μονομάχος
glamorous adj ελκυστικός
glance v ρίχνω ματιά
glance n ματιά
gland n αδένας
glare n εκτυφλωτική λάμψη
glass n ποτήρι; γυαλί
glasses n γυαλιά
glassware n γυαλικά
gleam n αναλαμπή
gleam v αστράφτω
glide v γλιστρώ
glimmer n τρεμοφέγγω
glimpse n ματιά
glimpse v κοιτώ φευγαλέα
glitter v λαμποκοπώ
globe n υδρόγειος
globule n σφαιρίδιο
gloom n μισοσκόταδο; κατήφεια
gloomy adj ζοφερός
glorify v δοξάζω
glorious adj ένδοξος
glory n δόξα
gloss n γυαλάδα
glossary n γλωσσάριο
glossy adj γυαλιστερός
glove n γάντι
glow v λάμπω
glucose n γλυκόζη

glue n κόλλα
glue v κολλώ
glut n κορεσμός
glutton n λαίμαργος
gnaw v ροκανίζω
go iv πάω
go ahead v προχωρώ
go away v φεύγω, εξαφανίζομαι
go back v ανατρέχω; επιστρέφω
go down v κατεβαίνω; αρρωσταίνω
go in v μπαίνω μέσα; συμμετέχω
go on v συνεχίζω
go out v βγαίνω με κάποιον; σβήνω
go over v γνωρίζω επιτυχία; επανεξετάζω
go through v υποφέρω; διασχίζω
go under v χρεοκοπώ; βουλιάζω
go up v ανεβαίνω
goad v παρακινώ
goal n σκοπός; γκολ
goalkeeper n τερματοφύλακας
goat n κατσίκα
gobble v καταβροχθίζω
God n Θεός
goddess n θεά
godless adj άθεος
goggles n ματογυάλια
gold n χρυσάφι
golden adj χρυσός
good adj καλός

good-looking *adj* όμορφος
goodness *n* καλοσύνη
goods *n* αγαθά
goodwill *n* εύνοια, καλή διάθεση
goof *v* κάνω γκάφα
goof *n* βλάκας
goose *n* χήνα
gorge *n* φαράγγι
gorgeous *adj* υπέροχος
gorilla *n* γορίλλας
gory *adj* αιματηρός
gospel *n* Ευαγγέλιο
gossip *v* κουτσομπολεύω
gossip *n* κουτσομπολιό
gout *n* ουρική αρθρίτιδα
govern *v* κυβερνώ; διέπω
government *n* κυβέρνηση
governor *n* κυβερνήτης
gown *n* τουαλέτα; τήβεννος
grab *v* αρπάζω
grace *n* χάρη
graceful *adj* χαριτωμένος
gracious *adj* ευγενικός; συμπονετικός
grade *n* βαθμός
grade *v* βαθμολογώ
gradual *adj* σταδιακός
graduate *v* αποφοιτώ
graduation *n* αποφοίτηση
graft *v* μπολιάζω; μεταμοσχεύω
graft *n* μόσχευμα
grain *n* σιτηρά; κόκκος

gram *n* γραμμάριο
grammar *n* γραμματική
grand *adj* μεγαλοπρεπής
grandchild *n* εγγόνι
granddad *n* παππούς
grandfather *n* παππούς
grandmother *n* γιαγιά
grandparents *n* παππούς και γιαγιά
grandson *n* εγγονός
grandstand *n* εξέδρα επισήμων
granite *n* γρανίτης
granny *n* γιαγιά
grant *v* χορηγώ
grant *n* επιχορήγηση
grape *n* σταφύλι
grapefruit *n* γκρέιπ φρουτ
grapevine *n* κλήμα
graphic *adj* γραφικός
grasp *n* λαβή; κατανόηση
grasp *v* αρπάζω; κατανοώ
grass *n* γρασίδι
grassroots *adj* βασικός
grateful *adj* ευγνώμων
gratify *v* ικανοποιώ
gratifying *adj* ευχάριστος
gratitude *n* ευγνωμοσύνη
gratuity *n* φιλοδώρημα
grave *adj* σοβαρός
grave *n* τάφος
gravel *n* χαλίκι
gravely *adv* σοβαρά, εντονότατα

gravestone n ταφόπετρα
graveyard n νεκροταφείο
gravitate v έλκομαι
gravity n βαρύτητα
gravy n σάλτσα κρέατος
gray adj γκρι
grayish adj γκριζωπός
graze v γδέρνω
graze n αμυχή
grease v γρασάρω; επαλείφω με λιπαρή ουσία
grease n γράσο; λιπαρή ουσία
greasy adj λιπαρός
great adj μεγάλος
greatness n μεγαλείο
Greece n Ελλάδα
greed n απληστία
greedy adj άπληστος
Greek adj ελληνικός
green adj πράσινος
green bean n φασολάκι
greenhouse n θερμοκήπιο
Greenland n Γροιλανδία
greet v χαιρετώ
greetings n χαιρετίσματα
gregarious adj κοινωνικός
grenade n χειροβομβίδα
greyhound n λαγωνικό
grief n θλίψη
grievance n παράπονο
grieve v πενθώ
grill v ψήνω στη σχάρα

grill n σχάρα
grim adj ζοφερός
grimace n γκριμάτσα
grime n λίγδα
grin n ειρωνικό χαμόγελο
grin v χαμογελώ ειρωνικά
grind iv αλέθω
grip v αρπάζω
grip n λαβή
gripe n κολικός; γκρίνια
grisly adj απαίσιος
groan v βογγώ
groan n βογγητό
groceries n φαγώσιμα
groin n βουβωνική χώρα
groom n γαμπρός
groove n αυλάκι
gross adj αποκρουστικός
grossly adv χονδροειδώς
grotesque adj αλλόκοτος
grotto n σπηλιά
grouch v γκρινιάζω
grouchy adj γκρινιάρης
ground n έδαφος
ground floor n ισόγειο
groundless adj αβάσιμος
groundwork n προκαταρκτική εργασία
group n ομάδα
grow iv αναπτύσσομαι
grow up v μεγαλώνω
growl v γκρινιάζω

grown-up *n* ενήλικας
growth *n* ανάπτυξη
grudge *n* μνησικακία
grudgingly *adv* απρόθυμα
grueling *adj* κουραστικός
gruesome *adj* φρικτός
grumble *v* διαμαρτύρομαι
grumpy *adj* στριφνός
guarantee *v* εγγυώμαι
guarantee *n* εγγύηση
guarantor *n* εγγυητής
guard *n* φρουρά
guard *v* περιφρουρώ
guardian *n* κηδεμόνας
guerrilla *n* αντάρτης
guess *v* υποθέτω
guess *n* υπόθεση
guest *n* επισκέπτης
guidance *n* οδηγία
guide *v* οδηγός
guide *n* καθοδηγώ
guidebook *n* τουριστικός οδηγός
guidelines *n* κατευθυντήριες γραμμές
guild *n* συντεχνία
guile *n* πονηριά
guillotine *n* λαιμητόμος
guilt *n* ενοχή
guilty *adj* ένοχος
guise *n* αμφίεση; πρόσχημα
guitar *n* κιθάρα
gulf *n* κόλπος

gull *n* γλάρος
gullible *adj* εύπιστος
gulp *v* καταπίνω βιαστικά
gulp *n* χαψιά
gulp down *v* χλαπακιάζω
gum *n* τσίχλα
gun *n* όπλο
gun down *v* σκοτώνω με πυροβολισμό
gunfire *n* πυροβολισμοί
gunman *n* πιστολέρο
gunpowder *n* μπαρούτι
gunshot *n* πυροβολισμός
gust *n* ριπή
gusto *n* απόλαυση
gusty *adj* θυελλώδης
gut *n* έντερο
guts *n* κότσια
gutter *n* υδρορροή
guy *n* μάγκας
guzzle *v* τρώω λαίμαργα
gymnasium *n* γυμναστήριο
gynecology *n* γυναικολογία
gypsy *n* γύφτος

habit *n* συνήθεια
habitable *adj* κατοικήσιμος
habitual *adj* συνήθης
hack *v* πελεκώ; χακάρω
haggle *v* παζαρεύω
hail *n* χαιρετώ; σφυροκοπώ
hail *v* προσφώνηση; χαλάζι
hair *n* μαλλιά
hairbrush *n* βούρτσα μαλλιών
haircut *n* κούρεμα
hairdo *n* κόμμωση
hairdresser *n* κομμωτής
hairpiece *n* περούκα, περουκίνι
hairy *adj* τριχωτός
half *n* ήμισυ
half *adj* μισός
hall *n* αίθουσα
hallucinate *v* έχω παραισθήσεις
hallway *n* διάδρομος
halt *v* σταματώ
halve *v* διαιρώ
ham *n* ζαμπόν
hamburger *n* χάμπουργκερ
hamlet *n* χωριουδάκι
hammer *n* σφυρί
hammer *v* σφυροκοπώ
hammock *n* αιώρα
hand *n* χέρι
hand down *v* παραδίδω στον επόμενο
hand in *v* υποβάλλω
hand out *v* διανέμω δωρεάν
hand over *v* παραδίδω
handbag *n* γυναικεία τσάντα
handbook *n* εγχειρίδιο
handcuff *v* περνώ χειροπέδες
handcuffs *n* χειροπέδες
handful *n* χούφτα
handgun *n* πιστόλι
handicap *n* μειονέκτημα
handkerchief *n* μαντήλι
handle *v* χειρίζομαι
handle *n* λαβή
handmade *adj* χειροποίητος
handout *n* ελεημοσύνη; πληροφοριακό υλικό
handrail *n* κουπαστή
handshake *n* χειραψία
handsome *adj* όμορφος
handwriting *n* γραφικός χαρακτήρας
handy *adj* εύχρηστος
hang *iv* κρέμομαι
hang around *v* συχνάζω
hang on *v* περιμένω
hang up *v* κλείνω το τηλέφωνο
hanger *n* κρεμάστρα
hang-up *n* κόμπλεξ
happen *v* συμβαίνω
happening *n* συμβάν; χάπενινγκ
happiness *n* ευτυχία
happy *adj* ευτυχισμένος

heal

harass v παρενοχλώ
harassment n παρενόχληση
harbor n λιμάνι
hard adj σκληρός
harden v σκληραίνω
hardly adv μόλις
hardness n σκληρότητα
hardship n ταλαιπωρία
hardware n σιδηρικά; υλικό Η/Υ
hardwood n ξύλο από μη κωνοφόρα δέντρα
hardy adj σκληραγωγημένος
hare n λαγός
harm v βλάπτω
harm n βλάβη
harmful adj επιβλαβής
harmless adj αβλαβής
harmonize v εναρμονίζω
harmony n αρμονία
harp n άρπα
harpoon n καμάκι ψαρέματος
harrowing adj οδυνηρός
harsh adj σκληρός
harshly adv σκληρά
harshness n αγριότητα
harvest n συγκομιδή
harvest v συγκομίζω
hashish n χασίς
hassle v καυγαδίζω; ενοχλώ
hassle n μπελάς; τσακωμός
haste n βιασύνη
hasten v σπεύδω

hastily adv βιαστικά
hasty adj βιαστικός
hat n καπέλο
hatchet n πελέκι, τσεκούρι
hate v μισώ
hateful adj μισητός
hatred n έχθρα
haughty adj υπερόπτης
haul v τραβώ
haunt v στοιχειώνω
have iv έχω
have to v πρέπει
haven n καταφύγιο
havoc n πανωλεθρία
hawk n γεράκι
hay n άχυρα
haystack n θημωνιά
hazard n κίνδυνος
hazardous adj επικίνδυνος
haze n ομίχλη
hazelnut n φουντούκι
hazy adj ομιχλώδης
he pro αυτός
head n κεφάλι
head for v κατευθύνομαι προς
headache n πονοκέφαλος
heading n επικεφαλίδα
head-on adv μετωπικός
headphones n ακουστικά
headquarters n αρχηγείο
headway n πρόοδος
heal v επουλώνω

healer n θεραπευτής
health n υγεία
healthy adj υγιής
heap n σωρός
heap v συσσωρεύω
hear iv ακούω
hearing n ακοή
hearsay n φήμη
hearse n νεκροφόρα
heart n καρδιά
heartbeat n κτύπος καρδιάς
heartburn n καούρα
hearten v ενθαρρύνω
heartfelt adj εγκάρδιος
hearth n εστία
heartless adj άκαρδος
hearty adj εγκάρδιος
heat v θερμαίνω
heat n θερμότητα
heat wave n καύσωνας
heater n θερμάστρα
heathen n ειδωλολάτρης
heating n θέρμανση
heatstroke n θερμοπληξία
heaven n παράδεισος
heavenly adj ουράνιος, θεσπέσιος
heaviness n βαρύτητα
heavy adj βαρύς
heckle v φωνασκώ
hectic adj πυρετώδης
heed v προσέχω

heel n φτέρνα
height n ύψος
heighten v υψώνω; αναδεικνύω
heinous adj στυγερός
heir n κληρονόμος
heiress n γυναίκα κληρονόμος
heist n ληστεία
helicopter n ελικόπτερο
hell n κόλαση
hello e γεια
helm n πηδάλιο
helmet n κράνος
help v βοηθώ
help n βοήθεια
helper n βοηθός
helpful adj χρήσιμος
helpless adj ανήμπορος
hem n στρίφωμα
hemisphere n ημισφαίριο
hemorrhage n αιμορραγία
hen n κότα
hence adv ως εκ τούτου
henchman n πρωτοπαλίκαρο
her pro αυτή
herald v προαναγγέλλω
herald n αγγελιαφόρος
herb n βότανο
here adv εδώ
hereafter adv εφεξής
hereby adv δια του παρόντος; κοντά
hereditary adj κληρονομικός

hive

heresy *n* αίρεση
heretic *adj* αιρετικός
heritage *n* κληρονομία
hermetic *adj* ερμητικός
hermit *n* ερημίτης
hernia *n* κήλη
hero *n* ήρωας
heroic *adj* ηρωικός
heroin *n* ηρωίνη
heroism *n* ηρωισμός
hers *pro* αυτής
herself *pro* αυτή η ίδια
hesitant *adj* διστακτικός
hesitate *v* διστάζω
hesitation *n* δισταγμός
heyday *n* απόγειο
hiccup *n* λόξιγκας
hidden *adj* κρυμμένος
hide *iv* κρύβω
hideaway *n* ησυχαστήριο
hideous *adj* φρικτός
hierarchy *n* ιεραρχία
high *adj* υψηλός
highlight *n* εντυπωσιακό σημείο, κλου
highly *adv* υψηλά
Highness *n* Υψηλότητα
highway *n* αυτοκινητόδρομος
hijack *v* καταλαμβάνω όχημα με πειρατεία
hijack *n* αεροπειρατείας
hijacker *n* σαλταδόρος, πειρατής

hike *v* πεζοπορώ
hike *n* πεζοπορία
hilarious *adj* ξεκαρδιστικός
hill *n* λόφος
hillside *n* πλαγιά
hilltop *n* βουνοκορφή
hilly *adj* λοφώδης
hilt *n* λαβή ξίφους
hinder *v* εμποδίζω
hindrance *n* εμπόδιο
hindsight *n* στερνή γνώση
hinge *v* αρθρώνω
hinge *n* μεντεσές
hint *n* υπαινιγμός
hint *v* υπαινίσσομαι
hip *n* ισχίο
hire *v* νοικιάζω
his *adj* του
his *pro* αυτού
Hispanic *adj* ισπανικός; ισπανόφωνος
hiss *v* σφυρίζω
historian *n* ιστορικός ερευνητής
history *n* ιστορία
hit *n* επιτυχία
hit *iv* χτυπώ
hit back *v* ανταποδίδω
hitch *n* αναποδιά
hitch up *v* προσδένω
hitchhike *n* κάνω ωτοστόπ
hitherto *adv* μέχρι στιγμής
hive *n* κυψέλη

hoard v καταχωνιάζω
hoarse adj βραχνός
hoax n φάρσα
hobby n χόμπι
hog n αγριογούρουνο; εγωίσταρος
hoist v ανελκύω
hoist n βαρούλκο
hold iv κρατώ
hold back v διστάζω
hold on to v αρπάζω
hold out v συγκρατώ
hold up v καθυστερώ
hold-up n ένοπλη ληστεία
hole n τρύπα
holiday n αργία; άδεια διακοπών
holiness n αγιότητα
Holland n Ολλανδία
hollow adj κοίλος; επιφανειακός
holocaust n ολοκαύτωμα
holy adj άγιος
homage n φόρος τιμής
home n σπίτι
homeland n πατρίδα
homeless adj άστεγος
homely adj σπιτική
homemade adj σπιτικός
homesick adj νοσταλγός
hometown n πατρίδα
homework n εργασία
homicide n ανθρωποκτονία
homily n ομιλία, κήρυγμα

honest adj τίμιος
honesty n τιμιότητα
honey n μέλι
honeymoon n μήνας του μέλιτος
honk v κορνάρω
honor n τιμή
hood n κουκούλα
hoodlum n αλήτης
hoof n οπλή
hook n γάντζος
hooligan n ταραξίας
hop v χοροπηδώ
hope n ελπίδα
hope v ελπίζω
hopeful adj ελπιδοφόρος
hopefully adv αν όλα πάνε καλά
hopeless adj απελπισμένος
horizon n ορίζοντας
horizontal adj οριζόντιος
hormone n ορμόνη
horn n κέρατο; κόρνα
horrendous adj φρικιαστικός
horrible adj φρικτός
horrify v τρομάζω
horror n φρίκη
horse n άλογο
hose n μάνικα
hospital n νοσοκομείο
hospitality n φιλοξενία
hospitalize v νοσηλεύω
host n οικοδεσπότης
hostage n όμηρος

hut

hostess n οικοδέσποινα
hostile adj εχθρικός
hostility n εχθρότητα
hot adj ζεστός
hotel n ξενοδοχείο
hound n κυνηγόσκυλο
hour n ώρα
hourly adv ωριαία
house n σπίτι
household n νοικοκυριό
housekeeper n οικονόμος
housewife n νοικοκυρά
housework n οικιακή εργασία
hover v αιωρούμαι
how adv πως
however c ωστόσο
howl v ουρλιάζω
howl n ουρλιαχτό
hub n κόμβος
huddle v συνωστίζομαι
hug v αγκαλιάζω
hug n αγκάλιασμα
huge adj τεράστιος
hull n φλούδα
hum v βουίζω
human adj ανθρώπινος
human being n ανθρώπινο ον
humanities n ανθρωπιστικές επιστήμες
humankind n ανθρώπινο γένος
humble adj ταπεινός
humbly adv ταπεινά

humid adj υγρός
humidity n υγρασία
humiliate v ταπεινώνω
humility n ταπεινότητα
humor n χιούμορ
humorous adj χιουμοριστικός
hump n καμπούρα
hunch n διαίσθηση
hunchback n καμπούρης
hunched adj σκυφτός
hundred adj εκατό
hundredth adj εκατοστός
hunger n πείνα
hungry adj πεινασμένος
hunt v κυνηγώ
hunter n κυνηγός
hunting n κυνήγι
hurdle n εμπόδιο
hurl v εκτοξεύω; ξερνάω
hurricane n τυφώνας
hurriedly adv βιαστικά
hurry v βιάζομαι
hurry up v βιάσου
hurt iv πληγώνομαι
hurt adj πικραμένος; κτυπημένος
hurtful adj βλαβερός
husband n σύζυγος
hush n σιωπή
hush up v αποσιωπώ
husky adj μεγαλόσωμος
hustle n σπρωξίματα; πρεμούρα
hut n καλύβα

hydraulic

hydraulic *adj* υδραυλικός
hydrogen *n* υδρογόνο
hyena *n* ύαινα
hygiene *n* υγιεινή
hymn *n* ύμνος
hyphen *n* παύλα
hypnosis *n* ύπνωση
hypnotize *v* υπνωτίζω
hypocrisy *n* υποκρισία
hypocrite *adj* υποκριτής
hypothesis *n* υπόθεση
hysteria *n* υστερία
hysterical *adj* υστερικός

I *pro* εγώ
ice *n* πάγος
ice cream *n* παγωτό
ice cube *n* παγάκι
ice skate *v* παγοπέδιλο
iceberg *n* παγόβουνο
icebox *n* ψυγείο
ice-cold *adj* παγωμένος
icon *n* εικόνισμα; εικονίδιο
icy *adj* παγερός
idea *n* ιδέα
ideal *adj* ιδανικός

identical *adj* πανομοιότυπος
identify *v* προσδιορίζω
identity *n* ταυτότητα
ideology *n* ιδεολογία
idiom *n* ιδίωμα; ιδιωματισμός
idiot *n* ηλίθιος
idiotic *adj* βλακώδης
idle *adj* ρελαντί
idol *n* είδωλο
idolatry *n* ειδωλολατρία
if *c* εάν
ignite *v* αναφλέγομαι
ignorance *n* άγνοια
ignorant *adj* ανίδεος
ignore *v* αγνοώ
ill *adj* άρρωστος; κακός
illegal *adj* παράνομος
illegible *adj* δυσανάγνωστος
illegitimate *adj* νόθος; παράτυπος
illicit *adj* παράνομος
illiterate *adj* αγράμματος
illness *n* ασθένεια
illogical *adj* παράλογος
illuminate *v* διαφωτίζω
illusion *n* ψευδαίσθηση
illustrate *v* απεικονίζω
illustration *n* εικονογράφηση; εικόνα
illustrious *adj* επιφανής
image *n* εικόνα
imagination *n* φαντασία
imagine *v* φαντάζομαι

imbalance *n* ανισορροπία
imitate *v* μιμούμαι
imitation *n* απομίμηση
immaculate *adj* αψεγάδιαστος
immature *adj* ανώριμος
immaturity *n* ανωριμότητα
immediately *adv* αμέσως
immense *adj* τεράστιος
immensity *n* απεραντοσύνη
immerse *v* βυθίζω
immersion *n* βύθιση
immigrant *n* μετανάστης
immigrate *v* μεταναστεύω
immigration *n* μετανάστευση
imminent *adj* επικείμενος
immobile *adj* ακίνητος
immobilize *v* ακινητοποιώ
immoral *adj* ανήθικος
immorality *n* ανηθικότητα
immortal *adj* αθάνατος
immortality *n* αθανασία
immune *adj* άτρωτος
immunity *n* ασυλία
immunize *v* ανοσοποιώ
immutable *adj* αμετάβλητος
impact *n* αντίκτυπος
impact *v* ενσφηνώνω
impair *v* φθείρω
impartial *adj* αμερόληπτος
impatience *n* ανυπομονησία
impatient *adj* ανυπόμονος
impeccable *adj* άψογος
impediment *n* εμπόδιο
impending *adj* επικείμενος
imperfection *n* ατέλεια
imperial *adj* αυτοκρατορικός
imperialism *n* ιμπεριαλισμός
impersonal *adj* απρόσωπος
impertinence *n* απρέπεια
impertinent *adj* απρεπής
impetuous *adj* παρορμητικός
implacable *adj* αδιάλλακτος
implant *v* εμφυτεύω
implement *v* υλοποιώ
implicate *v* εμπλέκω
implication *n* υπαινιγμός
implicit *adj* αυτονόητος; σιωπηρός
implore *v* ικετεύω
imply *v* υποδηλώνω, συνεπάγομαι
impolite *adj* αγενής
import *v* εισάγω
importance *n* σπουδαιότητα
importation *n* εισαγωγή
impose *v* επιβάλλω
imposing *adj* επιβλητικός
imposition *n* επιβολή
impossibility *n* ανέφικτο
impossible *adj* αδύνατος, ακατόρθωτος
impotent *adj* ανίκανος
impound *v* κατάσχω; μαντρώνω
impoverished *adj* εξαθλιωμένος
impractical *adj* μη πρακτικός
imprecise *adj* ανακριβής

impress *v* εντυπωσιάζω
impressive *adj* εντυπωσιακός
imprison *v* φυλακίζω
improbable *adj* απίθανος
impromptu *adv* αυτοσχέδιος
improper *adj* ακατάλληλος
improve *v* βελτιώνω
improvement *n* βελτίωση
improvise *v* αυτοσχεδιάζω
impulse *n* παρόρμηση
impulsive *adj* παρορμητικός
impunity *n* ατιμωρησία
impure *adj* ακάθαρτος
in *pre* σε
in depth *adv* σε βάθος
inability *n* ανικανότητα
inaccessible *adj* απρόσιτος
inaccurate *adj* ανακριβής
inadequate *adj* ανεπαρκής
inadmissible *adj* απαράδεκτος
inappropriate *adj* ακατάλληλος
inasmuch as *c* στο βαθμό που
inaugurate *v* εγκαινιάζω
inauguration *n* εγκαίνια
incalculable *n* ανυπολόγιστος
incapable *adj* ανίκανος
incapacitate *v* αχρηστεύω
incarcerate *v* φυλακίζω
incense *n* θυμίαμα
incentive *n* κίνητρο
inception *n* αρχή
incessant *adj* αδιάκοπος

inch *n* ίντσα
incident *n* περιστατικό
incidentally *adv* τυχαία
incision *n* τομή
incite *v* υποκινώ
incitement *n* υποκίνηση
inclination *n* κλίση
incline *v* κλίνω; ρέπω
include *v* περιλαμβάνω
inclusive *adv* συνολικός
incoherent *adj* ασυνάρτητος
income *n* εισόδημα
incoming *adj* εισερχόμενος
incompatible *adj* ασυμβίβαστος, αταίριαστος
incompetence *n* ανικανότητα
incompetent *adj* ανίκανος
incomplete *adj* ατελής
inconsistent *adj* ασυνεπής
incontinence *n* ακράτεια
inconvenient *adj* άβολος
incorporate *v* ενσωματώνω
incorrect *adj* λανθασμένος
incorrigible *adj* αδιόρθωτος
increase *v* αυξάνω
increase *n* αύξηση
increasing *adj* αυξανόμενος
incredible *adj* απίστευτος
increment *n* προσαύξηση
incriminate *v* ενοχοποιώ
incur *v* επιβαρύνομαι με
incurable *adj* αθεράπευτος

inflation

indecency n απρέπεια
indecision n αναποφασιστικότητα
indecisive adj αναποφάσιστος
indeed adv πράγματι
indefinite adj αόριστος
indemnify v αποζημιώνω
indemnity n αποζημίωση
independence n ανεξαρτησία
independent adj ανεξάρτητος
index n δείκτης; ευρετήριο; εκθέτης
indicate v υποδεικνύω
indication n ένδειξη
indict v καταγγέλλω
indifference n αδιαφορία
indifferent adj αδιάφορος
indigent adj άπορος
indigestion n δυσπεψία
indirect adj έμμεσος
indiscreet adj αδιάκριτος
indiscretion n αδιακρισία
indispensable adj απαραίτητος
indisposed adj αδιάθετος
indisputable adj αδιαμφισβήτητος
indivisible adj αδιαίρετος
indoctrinate v κατηχώ
indoor adv εσωτερικός
induce v επάγω
indulge v ενδίδω, ικανοποιώ
indulgent adj επιεικής
industrious adj εργατικός
industry n βιομηχανία
ineffective adj αναποτελεσματικός
inefficient adj ανεπαρκής
inept adj αδέξιος; ανάρμοστος
inequality n ανισότητα
inevitable adj αναπόφευκτος
inexcusable adj ασυγχώρητος
inexpensive adj φθηνός
inexperienced adj άπειρος
inexplicable adj ανεξήγητος
infallible adj αλάνθαστος
infamous adj κακόφημος
infancy n νηπιακή ηλικία
infant n βρέφος
infantry n πεζικό
infect v μολύνω
infection n μόλυνση, λοίμωξη
infectious adj μολυσματικός
infer v συμπεραίνω
inferior adj κατώτερος
infertile adj άγονος
infested adj μολυσμένος
infidelity n απιστία
infiltrate v διηθώ; διεισδύω
infiltration n διήθηση
infinite adj άπειρος
infirmary n θεραπευτήριο, αναρρωτήριο
inflammation n φλεγμονή
inflate v φουσκώνω
inflation n πληθωρισμός

inflexible *adj* άκαμπτος
inflict *v* προκαλώ
influence *n* επιρροή
influential *adj* που ασκεί επιρροή
influenza *n* γρίπη
influx *n* εισροή
inform *v* ενημερώνω
informal *adj* ανεπίσημος
informality *n* παρατυπία; ανεπισημότητα
informant *n* πληροφοριοδότης
information *n* πληροφορίες
informer *n* πληροφοριοδότης; καταδότης
infraction *n* παράβαση
infrequent *adj* σπάνιος
infuriate *v* εξαγριώνω
infusion *n* έγχυση
ingenuity *n* επινοητικότητα
ingest *v* τρώω, καταπίνω
ingot *n* ράβδος
ingrained *adj* βαθιά ριζωμένος
ingratiate *v* καλοπιάνω
ingratitude *n* αχαριστία
ingredient *n* συστατικό
inhabit *v* κατοικώ
inhabitable *adj* κατοικήσιμος
inhabitant *n* κάτοικος
inhale *v* εισπνέω
inherit *v* κληρονομώ
inheritance *n* κληρονομία
inhibit *v* εμποδίζω

inhuman *adj* απάνθρωπος
initial *adj* αρχικός
initial *n* αρχικό γράμμα
initial *v* μονογράφω
initially *adv* αρχικά
initials *n* αρχικά
initiate *v* κινώ; μυώ
initiative *n* πρωτοβουλία
inject *v* εισάγω με ένεση
injection *n* ένεση
injure *v* τραυματίζω
injurious *adj* επιβλαβής
injury *n* τραύμα, τραυματισμός
injustice *n* αδικία
ink *n* μελάνι
inkling *n* υπόνοια
inlaid *adj* ένθετος
inland *adv* που ανήκει στην ενδοχώρα
inland *adj* στην ενδοχώρα
in-laws *n* πεθερικά
inmate *n* έγκλειστος
inn *n* πανδοχείο
innate *adj* έμφυτος
inner *adj* εσωτερικός
innocence *n* αθωότητα
innocent *adj* αθώος
innovation *n* καινοτομία
innuendo *n* υπονοούμενο
innumerable *adj* αναρίθμητος
input *n* εισαγωγή
inquest *n* έρευνα

intelligent

inquire *v* ερωτώ
inquiry *n* έρευνα
inquisition *n* ανάκριση
insane *adj* τρελός
insanity *n* παραφροσύνη
insatiable *adj* αχόρταγος
inscription *n* επιγραφή
insect *n* έντομο
insecurity *n* ανασφάλεια
insensitive *adj* αναίσθητος
inseparable *adj* αχώριστος
insert *v* εισάγω
insertion *n* εισαγωγή
inside *adj* εσωτερικός
inside *pre* εντός
inside out *adv* ανάποδα
insignificant *adj* ασήμαντος
insincere *adj* ανειλικρινής
insincerity *n* ανειλικρίνεια
insinuate *v* υπαινίσσομαι
insinuation *n* υπαινιγμός
insipid *adj* άνοστος
insist *v* επιμένω
insistence *n* επιμονή
insolent *adj* αυθάδης
insoluble *adj* αδιάλυτος
insomnia *n* αϋπνία
inspect *v* επιθεωρώ
inspection *n* επιθεώρηση
inspector *n* επιθεωρητής
inspiration *n* έμπνευση
inspire *v* εμπνέω

instability *n* αστάθεια
install *v* εγκαθιστώ
installation *n* εγκατάσταση
installment *n* δόση
instance *n* παράδειγμα; χρονική περίοδος
instant *n* στιγμή
instantly *adv* στη στιγμή
instead *adv* αντί
instigate *v* παροτρύνω
instill *v* ενσταλάζω
instinct *n* ένστικτο
institute *v* ινστιτούτο
institution *n* ίδρυμα
instruct *v* διδάσκω
instructor *n* εκπαιδευτής
insufficient *adj* ανεπαρκής
insulate *v* απομονώνω
insulation *n* μόνωση
insult *v* προσβάλλω
insult *n* προσβολή
insurance *n* ασφάλιση
insure *v* ασφαλίζω
insurgency *n* ανταρσία
insurrection *n* εξέγερση
intact *adj* άθικτος
intake *n* πρόσληψη; εισαγωγή
integrate *v* ενσωματώνω
integration *n* ολοκλήρωση, ενσωμάτωση
integrity *n* ακεραιότητα
intelligent *adj* έξυπνος

intend v σκοπεύω
intense adj έντονος
intensify v εντείνω
intensity n ένταση
intensive adj εντατικός
intention n πρόθεση
intercede v μεσολαβώ
intercept v υποκλέπτω
intercession n μεσολάβηση
interchange v ανταλλάσσω
interchange n ανταλλαγή
interest n τόκος; ενδιαφέρον
interested adj ενδιαφερόμενος
interesting adj ενδιαφέρων
interfere v παρεμβαίνω
interference n παρεμβολή
interior adj εσωτερικός
interlude n ιντερλούδιο
intermediary n μεσολαβητής
intern v κάνω ειδίκευση
interpret v ερμηνεύω; διερμηνεύω
interpretation n ερμηνεία; διερμηνεία
interpreter n διερμηνέας
interrogate v ανακρίνω
interrupt v διακόπτω
interruption n διακοπή
intersect v διασταυρώνομαι
intertwine v διαπλέκομαι
interval n διάστημα
intervene v παρεμβαίνω

intervention n παρέμβαση
interview n συνέντευξη
intestine n έντερο
intimacy n οικειότητα
intimate adj οικείος
intimidate v εκφοβίζω
intolerable adj ανυπόφορος
intolerance n μισαλλοδοξία, αδιαλλαξία
intoxicated adj μεθυσμένος
intravenous adj ενδοφλεβίως
intrepid adj ατρόμητος
intricate adj πολύπλοκος
intrigue n ίντριγκα
intriguing adj σκανδαλιστικός, ενδιαφέρων
intrinsic adj εγγενής
introduce v συστήνω; εισάγω
introduction n συστάσεις; εισαγωγή
introvert adj εσωστρεφής
intrude v ανακατεύομαι
intruder n παρείσακτος; καταπατητής
intrusion n παρείσφρηση
intuition n διαίσθηση
inundate v πλημμυρίζω
invade v εισβάλλω
invader n επιδρομέας
invalid n άκυρος
invalidate v ακυρώνω
invaluable adj ανεκτίμητος

ivory

invasion *n* εισβολή
invent *v* εφευρίσκω
invention *n* εφεύρεση
inventory *n* απογραφή
invest *v* επενδύω
investigate *v* διερευνώ
investigation *n* έρευνα
investment *n* επένδυση
investor *n* επενδυτής
invincible *adj* ανίκητος
invisible *adj* αόρατος
invitation *n* πρόσκληση
invite *v* προσκαλώ
invoice *n* τιμολόγιο
invoke *v* επικαλούμαι
involve *v* αφορώ; συνεπάγομαι
involved *adj* μπερδεμένος
involvement *n* συμμετοχή
inward *adj* εσώτερος
inwards *adv* προς τα μέσα
iodine *n* ιώδιο
irate *adj* εξοργισμένος
Ireland *n* Ιρλανδία
Irish *adj* ιρλανδικός
iron *n* σίδερο
iron *v* σιδερώνω
ironic *adj* ειρωνικός
irony *n* ειρωνεία
irrational *adj* παράλογος
irrefutable *adj* αδιάψευστος
irregular *adj* ακανόνιστος
irrelevant *adj* άσχετος

irreparable *adj* ανεπανόρθωτος
irresistible *adj* ακαταμάχητος
irrespective *adj* ανεξάρτητος
irreversible *adj* μη αναστρέψιμος
irrevocable *adj* αμετάκλητος
irrigate *v* ποτίζω
irrigation *n* άρδευση
irritate *v* ερεθίζω, εξάπτω
irritating *adj* ερεθιστικός
Islamic *adj* ισλαμικός
island *n* νησί
isle *n* νήσος
isolate *v* απομονώνω
isolation *n* απομόνωση
issue *n* τεύχος; έξοδος
issue *v* εκδίδω
Italian *adj* ιταλικός
italics *adj* πλαγιαστά γράμματα
Italy *n* Ιταλία
itch *v* αισθάνομαι φαγούρα
itchiness *n* φαγούρα
item *n* είδος, αντικείμενο
itemize *v* πινακογραφώ
itinerary *n* δρομολόγιο
ivory *n* ελεφαντόδοντο

J

jackal *n* τσακάλι
jacket *n* σακάκι
jackpot *n* τζακ ποτ
jaguar *n* ιαγουάρος
jail *n* φυλακή
jail *v* φυλακίζω
jailer *n* δεσμοφύλακας
jam *n* μαρμελάδα; συνωστισμός
jam *v* στριμώχνω
janitor *n* επιστάτης
January *n* Ιανουάριος
Japan *n* Ιαπωνία
Japanese *adj* ιαπωνικός
jar *n* κανάτα
jar *v* ταράζω
jasmine *n* γιασεμί
jaw *n* σαγόνι
jealous *adj* ζηλιάρης
jealousy *n* ζήλια
jeans *n* τζην
jeopardize *v* θέτω σε κίνδυνο
jerk *v* ταρακουνώ
jerk *n* τίναγμα; κόπανος
jersey *n* φανέλα
Jew *n* Εβραίος
jewel *n* κόσμημα
jeweler *n* κοσμηματοπώλης
jewelry store *n* κοσμηματοπωλείο
Jewish *adj* εβραϊκός
jigsaw *n* παζλ
job *n* δουλειά
jobless *adj* άνεργος
join *v* συνδέω
joint *n* άρθρωση
jointly *adv* από κοινού
joke *n* αστείο
joke *v* αστειεύομαι
joker *n* τζόκερ
jokingly *adv* χαριτολογώντας
jolly *adj* χαρωπός
jolt *v* τράνταγμα
jolt *n* τραντάζω
journal *n* εφημερίδα, περιοδική έκδοση
journalist *n* δημοσιογράφος
journey *n* ταξίδι
jovial *adj* πρόσχαρος
joy *n* χαρά
joyful *adj* χαρούμενος
joyfully *adv* χαρωπά
jubilant *adj* περιχαρής
Judaism *n* Ιουδαϊσμός
judge *n* δικαστής; κριτής
judge *v* κρίνω
judgment *n* κρίση
judicious *adj* συνετός
jug *n* κανάτα
juggler *n* ταχυδακτυλουργός
juice *n* χυμός
juicy *adj* χυμώδης

July n Ιούλιος
jump v πηδώ
jump n άλμα
jumpy adj νευρικός
junction n διασταύρωση
June n Ιούνιος
jungle n ζούγκλα
junior adj κατώτερος; νεότερος
junk n σκουπίδια
junk v πετάω
jury n ένορκος
just adj μόλις
justice n δικαιοσύνη
justify v δικαιολογώ
justly adv δίκαια
juvenile n ανήλικος
juvenile adj νεανικός

kangaroo n καγκουρό
karate n καράτε
keep iv εξακολουθώ; κρατώ
keep on v συνεχίζω να
keep up v συμβαδίζω
keg n βαρελάκι
kennel n σκυλόσπιτο; κυνοτροφείο

kettle n χύτρα
key n κλειδί; πλήκτρο
key ring n μπρελόκ
keyboard n πληκτρολόγιο
kick v κλωτσώ
kickback n προμήθεια, μίζα
kickoff n εκκίνηση
kid n παιδί
kid v κοροϊδεύω
kidnap v απάγω
kidnapper n απαγωγέας
kidnapping n απαγωγή
kidney n νεφρό
kidney bean n κοινό φασόλι
kill v σκοτώνω
killer n φονιάς
killing n θανάτωση
kilogram n κιλό
kilometer n χιλιόμετρο
kilowatt n κιλοβάτ
kind adj ευγενικός
kindle v ανάβω
kindly adv ευγενικά
kindness n καλοσύνη
king n βασιλιάς
kingdom n βασίλειο
kinship n συγγένεια
kiosk n περίπτερο
kiss v φιλώ
kiss n φιλί
kitchen n κουζίνα
kite n χαρταετός

kitten

kitten *n* γατάκι
knee *n* γόνατο
kneecap *n* επιγονατίδα
kneel *iv* γονατίζω
knife *n* μαχαίρι
knight *n* ιππότης
knit *v* πλέκω
knob *n* λαβή
knock *n* χτύπημα
knock *v* χτυπώ
knot *n* κόμπος
know *iv* ξέρω
know-how *n* τεχνογνωσία
knowingly *adv* ενσυνείδητα
knowledge *n* γνώση

lab *n* εργαστήριο
label *n* ετικέτα
labor *n* εργασία
laborer *n* εργάτης
labyrinth *n* λαβύρινθος
lace *n* δαντέλα
lack *v* στερούμαι
lack *n* έλλειψη
lad *n* νεαρός, λεβεντόπαιδο
ladder *n* σκάλα

laden *adj* φορτωμένος
lady *n* κυρία
ladylike *adj* θηλυκός, γυναικείος
lagoon *n* λιμνοθάλασσα
lake *n* λίμνη
lamb *n* αρνί
lame *adj* κουτσός; αστείος
lament *v* θρηνώ
lament *n* θρήνος
lamp *n* λάμπα
lamppost *n* φανοστάτης
lampshade *n* αμπαζούρ
land *n* γη, πατρίδα
land *v* προσγειώνομαι
landfill *n* χωματερή
landing *n* προσγείωση
landlady *n* σπιτονοικοκυρά
landlocked *adj* ηπειρωτικός, μεσόγειος
landlord *n* σπιτονοικοκύρης
landscape *n* τοπίο
lane *n* λωρίδα
language *n* γλώσσα
languish *v* μαραζώνω
lantern *n* φανάρι
lap *n* αγκαλιά; ποδιά; γύρος αγώνα δρόμου
lapse *n* ολίσθημα; παραγραφή
lapse *v* εκτρέπομαι; παρέρχομαι
larceny *n* κλοπή
lard *n* λαρδί
large *adj* μεγάλος

larynx *n* λάρυγγας
laser *n* λέιζερ
lash *n* μαστίγιο
lash *v* μαστιγώνω
lash out *v* ξεσπάω, επιτίθεμαι
lasso *n* λάσο
lasso *v* πιάνω με λάσο
last *adv* τελικά
last *adj* τελευταίος
last name *n* επώνυμο
last night *adv* χθες το βράδυ
lasting *adj* διαρκής
lastly *adv* εν τέλει
latch *n* μάνταλο
late *adv* αργά
lately *adv* πρόσφατα
later *adv* μεταγενέστερος
later *adj* αργότερα
lateral *adj* πλευρικός
latest *adj* τελευταίος
lather *n* σαπουνάδα
latitude *n* γεωγραφικό πλάτος
latter *adj* τελευταίος
laugh *v* γελώ
laugh *n* γέλιο
laughable *adj* γελοίος
laughing stock *n* περίγελος
laughter *n* γέλιο
launch *n* εκτόξευση; λανσάρισμα
launch *v* εκτοξεύω
laundry *n* πλυντήριο
lavatory *n* τουαλέτα

lavish *adj* πλουσιοπάροχος
lavish *v* παρέχω αφειδώς
law *n* νόμος
law-abiding *adj* νομοταγής
lawful *adj* νόμιμος
lawmaker *n* νομοθέτης
lawn *n* γκαζόν
lawsuit *n* αγωγή
lawyer *n* δικηγόρος
lax *adj* αμελής
laxative *adj* καθαρτικός
lay *iv* βάζω; γεννώ αυγά
lay off *v* απολύω
layer *n* στρώση
layman *n* λαϊκός; μη ειδικός
layout *n* διάταξη
laziness *n* τεμπελιά
lazy *adj* τεμπέλης
lead *iv* ηγούμαι
lead *n* μόλυβδος
leaded *adj* με μόλυβδο
leader *n* ηγέτης
leadership *n* ηγεσία
leading *adj* επιφανής
leaf *n* φύλλο
leaflet *n* φυλλάδιο
league *n* πρωτάθλημα
leak *v* διαρρέω
leak *n* διαρροή
leakage *n* διαρροή
lean *adj* άπαχος, ισχνός
lean *iv* γέρνω

lean back *v* ξαπλώνω
lean on *v* στηρίζομαι
leaning *n* κλίση
leap *iv* πηδώ
leap *n* άλμα
leap year *n* δίσεκτο έτος
learn *iv* μαθαίνω
learned *adj* σπουδαγμένος
learner *n* μαθητής
learning *n* μάθηση
lease *v* μισθώνω
lease *n* εκμίσθωση; μισθωτήριο συμβόλαιο
leash *n* λουρί
least *adj* ελάχιστος
leather *n* δέρμα
leave *iv* αφήνω; φεύγω
leave out *v* δεν συγκαταλέγω
leaves *n* φύλλα
lectern *n* αναλόγιο
lecture *n* διάλεξη
ledger *n* καθολικό
leech *n* βδέλλα
left *adv* αριστερά
left *n* αριστερά
left *adj* αριστερός
leftovers *n* αποφάγια
leg *n* πόδι
legacy *n* κληρονομιά
legal *adj* νόμιμος
legality *n* νομιμότητα
legalize *v* νομιμοποιώ

legend *n* θρύλος
legible *adj* ευανάγνωστος
legion *n* λεγεώνα
legislate *v* νομοθετώ
legislation *n* νομοθεσία
legislature *n* νομοθετικό σώμα
legitimate *adj* νόμιμος
leisure *n* ελεύθερος χρόνος
lemon *n* λεμόνι
lemonade *n* λεμονάδα
lend *iv* δανείζω
length *n* μήκος
lengthen *v* επιμηκύνω
lengthy *adj* εκτενής
leniency *n* επιείκεια
lenient *adj* επιεικής
lens *n* φακός
Lent *n* Σαρακοστή
lentil *n* φακή
leopard *n* λεοπάρδαλη
leper *n* λεπρός
leprosy *n* λέπρα
less *adj* λιγότερος
lessee *n* μισθωτής
lessen *v* ελαττώνω
lesser *adj* μικρότερος
lesson *n* μάθημα
lessor *n* εκμισθωτής
let *iv* αφήνω; ενοικιάζω
let down *v* απογοητεύω
let go *v* αφήνω, χαλαρώνω
let in *v* μπάζω

limitation

let out v επιτρέπω την έξοδο
lethal adj θανατηφόρος
letter n γράμμα; επιστολή
lettuce n μαρούλι
leukemia n λευχαιμία
level v ισοπεδώνω
level n επίπεδο
lever n μοχλός
leverage n μόχλευση
levy v εισφορά
lewd adj ασελγής
liability n ευθύνη
liable adj υπεύθυνος
liaison n μεσολαβητής
liar adj ψεύτης
libel n δυσφήμιση
liberate v απελευθερώνω
liberation n απελευθέρωση
liberty n ελευθερία
librarian n βιβλιοθηκάριος
library n βιβλιοθήκη
lice n ψείρες
license n άδεια
license v δίνω άδεια
lick v γλείφω
lid n καπάκι
lie iv ψεύδομαι
lie v ξαπλώνω
lie n ψέμα
lieu n τόπος
lieutenant n υπολοχαγός
life n ζωή

lifeguard n ναυαγοσώστης
lifeless adj άψυχος
lifestyle n τρόπος ζωής
lifetime adj διάρκεια ζωής
lift v σηκώνω
lift off v απογειώνω
lift-off n απογείωση
ligament n σύνδεσμος
light iv φωτίζω, ανάβω
light adj φωτεινός
light n φως
lighter n αναπτήρας
lighthouse n φάρος
lighting n φωτισμός
lightly adv ελαφρά, αβασάνιστα
lightning n αστραπή
lightweight n ασήμαντος
likable adj αξιαγάπητος
like pre σαν
like v μου αρέσει
like adj παρόμοιος
likelihood n πιθανότητα
likely adv πιθανώς
likeness n ομοιότητα
likewise adv επίσης
liking n συμπάθεια
limb n άκρο
lime n ασβέστης; γλυκολέμονο
limestone n ασβεστόλιθος
limit n όριο
limit v περιορίζω
limitation n περιορισμός

limp v κουτσαίνω; υστερώ
limp n χωλότητα, κουτσαμάρα
linchpin n περόνη τροχού
line n γραμμή; σειρά; τηλεφωνική-συγκοινωνιακή γραμμή
line up v παρατάσσω
linen n λινό
linger v αργοπορώ
lingerie n γυναικεία εσώρουχα
lingering adj παρατεταμένος, επίμονος
lining n φόδρα
link v συνδέω
link n κρίκος αλυσίδας; σύνδεσμος
lion n λιοντάρι
lioness n λέαινα
lip n χείλος
liqueur n λικέρ
liquid n υγρό
liquidate v ρευστοποιώ
liquidation n εκκαθάριση
liquor n οινοπνευματώδες ποτό
list v συντάσσω κατάλογο
list n κατάλογος
listen v ακούω
listener n ακροατής
litany n λιτανεία
liter n λίτρο
literal adj κυριολεκτικός
literally adv κυριολεκτικά

literate adj εγγράμματος
literature n λογοτεχνία
litigate v αντιδικώ
litigation n δίκη
litter n σκουπίδια
little adj μικρός
little bit n λιγάκι
little by little adv λίγο-λίγο
liturgy n θεία λειτουργία
live adj ζωντανός
live v ζω
live off v επιβιώνω χάρη
live up v φτάνω σε αξία
livelihood n βιοπορισμός
lively adj ζωηρός
liver n συκώτι
livestock n εκτρεφόμενα ζώα
livid adj κατάχλωμος
living room n σαλόνι
lizard n σαύρα
load v φορτώνω
load n φορτίο
loaded adj φορτωμένος
loaf n καρβέλι
loaf v τεμπελιάζω
loan v δανείζω
loan n δάνειο
loathe v απεχθάνομαι
loathing n απέχθεια
lobby n προθάλαμος; λόμπι
lobby v ασκώ πολιτική πίεση
lobster n αστακός

local *adj* τοπικός
localize *v* εντοπίζω, προσδίδω τοπική υφή
locate *v* εντοπίζω
located *adj* βρίσκεται
location *n* τοποθεσία
lock *v* κλειδώνω
lock *n* κλειδαριά
lock up *v* κλειδώνω
locker room *n* αποδυτήρια
locksmith *n* κλειδαράς
locust *n* ακρίδα
lodge *v* εξοχικό, αγροικία
lodging *n* κατάλυμα, στέγαση
lofty *adj* υψηλόφρων
log *n* κούτσουρο
log *v* καταχωρίζω
log in *v* συνδέομαι
log off *v* αποσυνδέομαι
logic *n* λογική
logical *adj* λογικός
loin *n* λαγόνια
loiter *v* χασομερώ
loneliness *n* μοναξιά
lonely *adv* μοναχικός
loner *adj* μόνος
lonesome *adj* μοναχικός
long *adj* μακρύς
long for *v* λαχταρώ
longing *n* λαχτάρα
longitude *n* γεωγραφικό μήκος
long-standing *adj* μακρόχρονος
long-term *adj* μακροπρόθεσμος
look *n* ματιά
look *v* κοιτάζω
look after *v* προσέχω
look at *v* εξετάζω, παρατηρώ
look down *v* χαμηλώνω το βλέμμα
look for *v* αναζητώ
look forward *v* προσβλέπω
look into *v* εξετάζω
look out *v* προσέχω
look over *v* επιθεωρώ
look through *v* κοιτάω διαμέσου; αδυνατώ να παρατηρήσω
looking glass *n* καθρέφτης
looks *n* εμφάνιση
loom *n* αργαλειός
loom *v* αναφαίνομαι
loophole *n* πολεμίστρα; παραθυράκι
loose *v* ξεδένω
loose *adj* χαλαρός
loosen *v* χαλαρώνω
loot *v* λεηλατώ
loot *n* λάφυρο
lord *n* άρχοντας
lordship *n* τίτλος λόρδου
lose *iv* χάνω
loser *n* χαμένος; αποτυχημένος
loss *n* απώλεια
lot *adv* παρτίδα

lotion *n* λοσιόν
lots *adj* πληθώρα
lottery *n* λαχείο
loud *adj* ηχηρός
loudly *adv* δυνατά
loudspeaker *n* μεγάφωνο
lounge *n* αίθουσα αναμονής, σαλόνι
lounge *v* τεμπελιάζω
louse *n* ψείρα
lousy *adj* άθλιος
lovable *adj* αξιαγάπητος
love *v* αγαπώ
love *n* αγάπη
lovely *adj* όμορφος, ωραίος
lover *n* εραστής
loving *adj* τρυφερός
low *adj* χαμηλός
lower *adj* κατώτερος
low-key *adj* χαμηλών τόνων
lowly *adj* ταπεινός
loyal *adj* πιστός
loyalty *n* αφοσίωση
lubricate *v* λιπαίνω, γρασάρω
lubrication *n* λίπανση
lucid *adj* διαυγής
luck *n* τύχη
lucky *adj* τυχερός
lucrative *adj* επικερδής
ludicrous *adj* γελοίος
luggage *n* αποσκευές
lukewarm *adj* χλιαρός

lull *n* νηνεμία
lumber *n* ξυλεία
luminous *adj* φωτεινός
lump *n* μάζα
lump sum *n* κατ 'αποκοπή ποσό
lump together *v* συσσωρεύω, συναθροίζω
lunacy *n* παραφροσύνη
lunatic *adj* ανισόρροπος
lunch *n* γεύμα
lung *n* πνεύμονας
lure *v* δελεάζω
lurid *adj* απαίσιος
lurk *v* καραδοκώ
lush *adj* πολυτελής
lust *v* ποθώ
lust *n* λαγνεία
lustful *adj* λάγνος
luxurious *adj* πολυτελής
luxury *n* πολυτέλεια
lynch *v* λυντσάρω
lynx *n* λύγκας
lyrics *n* στίχοι

M

machine *n* μηχανή
machine gun *n* πολυβόλο
mad *adj* τρελός
madam *n* κυρία
madden *v* εξοργίζω
madly *adv* τρελά
madman *n* ανισόρροπος
madness *n* παραφροσύνη
magazine *n* περιοδικό
magic *n* μαγεία
magical *adj* μαγικός
magician *n* μάγος
magistrate *n* δικαστής
magnet *n* μαγνήτης
magnetic *adj* μαγνητικός
magnetism *n* μαγνητισμός
magnificent *adj* θαυμάσιος
magnify *v* μεγεθύνω
magnitude *n* μέγεθος
mahogany *n* μαόνι
maid *n* υπηρέτρια
maiden *n* παρθένα; κόρη
mail *v* ταχυδρομώ
mail *n* ταχυδρομείο
mailbox *n* γραμματοκιβώτιο
mailman *n* ταχυδρόμος
maim *v* σακατεύω
main *adj* κύριος
mainland *n* ηπειρωτική χώρα
mainly *adv* κυρίως
maintain *v* διατηρώ, συντηρώ
maintenance *n* συντήρηση
majestic *adj* μεγαλοπρεπής
majesty *n* μεγαλείο, μεγαλειότητα
major *n* ταγματάρχης; ειδίκευση; ενήλικας
major *adj* μείζων
major in *v* ειδικεύομαι σε
majority *n* πλειοψηφία
make *n* κατασκευή
make *iv* κάνω
make up *v* συναρμολογώ; επανορθώνω; τα βρίσκω
make up for *v* αναπληρώνω
maker *n* κατασκευαστής
makeup *n* μακιγιάζ
malaria *n* ελονοσία
male *n* αρσενικός
malevolent *adj* κακόβουλος
malfunction *v* δυσλειτουργώ
malfunction *n* δυσλειτουργία
malice *n* κακία
malign *v* κακολογώ
malignancy *n* κακεντρέχεια; κακοήθης όγκος
malignant *adj* κακοήθης
mall *n* εμπορικό κέντρο
malnutrition *n* υποσιτισμός
malpractice *v* αδίκημα
mammal *n* θηλαστικό

mammoth n μαμούθ
man n άνθρωπος; άνδρας
manage v διαχειρίζομαι, διευθύνω
manageable adj διαχειρίσιμος
management n διοίκηση
manager n διευθυντής
mandate n αναθέτω, εντέλλομαι
mandatory adj υποχρεωτικός
maneuver n ελιγμός
manger n φάτνη
mangle v κατακρεουργώ
manhandle v κακοποιώ
manhunt n ανθρωποκυνηγητό
maniac adj μανιακός
manifest v εκδηλώνω
manipulate v χειραγωγώ
mankind n ανθρωπότητα
manliness n ανδροπρέπεια
manly adj ανδροπρεπής
manner n τρόπος
mannerism n ιδιομορφία
manners n συμπεριφορά
manpower n εργατικό δυναμικό
mansion n αρχοντικό
manslaughter n ανθρωποκτονία
manual n εγχειρίδιο
manual adj χειροκίνητο
manufacture v κατασκευάζω
manure n κοπριά
manuscript n χειρόγραφο
many adj πολυάριθμος

map n χάρτης
map v χαρτογραφώ
marble n μάρμαρο
march v οδεύω, προελαύνω
march n πορεία
March n Μάρτιος
mare n φοράδα
margin n περιθώριο
marginal adj οριακός
marinate v μαρινάρω
marine adj θαλάσσιος
marital adj συζυγικός
mark n σημάδι
mark v σημαδεύω
mark down v κατεβάζω την τιμή
marker n μαρκαδόρος
market n αγορά
market v προωθώ
marksman n σκοπευτής
marmalade n μαρμελάδα
marriage n γάμος
married adj παντρεμένος
marrow n μυελός
marry v παντρεύω
Mars n Άρης
marshal n αστυνόμος; στρατάρχης
martyr n μάρτυρας
martyrdom n μαρτυρικός θάνατος, μαρτύριο
marvel n θαύμα
marvelous adj θαυμάσιος

Marxist *adj* Μαρξιστής
masculine *adj* αρρενωπός
mash *v* πολτός, πουρές
mask *n* μάσκα
mask *v* αποκρύπτω
masochism *n* μαζοχισμός
mason *n* κτίστης
masquerade *v* μεταμφιέζομαι
mass *n* μάζα
massacre *n* σφαγή
massage *n* μασάζ
massage *v* κάνω μασάζ
masseuse *n* μασέρ
massive *adj* τεράστιος
mast *n* κατάρτι
master *n* αφέντης; κύριος; μάστορας
master *v* τιθασεύω
mastermind *n* ιθύνων νους
mastermind *v* σχεδιάζω, οργανώνω
masterpiece *n* αριστούργημα
mastery *n* μαεστρία
mat *n* χαλάκι
match *n* σπίρτο; αγώνας
match *v* ταιριάζω
mate *n* συνάδελφος, φίλος
material *n* υλικό
materialism *n* υλισμός
maternal *adj* μητρικός
maternity *n* μητρότητα
math *n* μαθηματικά

matriculate *v* εγγράφω
matrimony *n* κοινωνία γάμου
matter *n* ύλη
matter *v* έχω σημασία, μετρώ
mattress *n* στρώμα
mature *adj* ώριμος
maturity *n* ωριμότητα
maul *v* κατασπαράσσω
maxim *n* απόφθεγμα
maximum *adj* μέγιστος
May *n* Μάιος
may *iv* δύναμαι, μπορώ
may-be *adv* μπορεί
mayhem *n* κομφούζιο
mayor *n* δήμαρχος
maze *n* λαβύρινθος
meadow *n* λιβάδι
meager *adj* πενιχρός
meal *n* γεύμα
mean *n* μέση τιμή
mean *iv* σημαίνω, εννοώ
mean *adj* μέσος
meaning *n* έννοια
meaningful *adj* βαρυσήμαντος
meaningless *adj* χωρίς νόημα
meanness *n* κακία
means *n* μέσα
meantime *adv* εν τω μεταξύ
meanwhile *adv* ενδιαμέσως
measles *n* ιλαρά
measure *v* μέτρο
measurement *n* μέτρηση

meat n κρέας
meatball n κεφτές
mechanic n μηχανικός
mechanism n μηχανισμός
mechanize v μηχανοποιώ
medal n μετάλλιο
medallion n αριστείο
meddle v ανακατεύομαι
mediate v μεσολαβώ
mediator n μεσολαβητής
medication n φάρμακο
medicinal adj θεραπευτικός
medicine n ιατρική
medieval adj μεσαιωνικός
mediocre adj μέτριος
mediocrity n μετριότητα
meditate v διαλογίζομαι
meditation n διαλογισμός
medium adj μέσον
meek adj πράος
meekness n πραότητα
meet iv συναντώ; συσκέπτομαι; πληρώ
meeting n συνάντηση
melancholy n μελαγχολία
mellow adj ώριμος
mellow v ωριμάζω
melodic adj μελωδικός
melody n μελωδία
melon n πεπόνι
melt v λιώνω
member n μέλος

membership n ιδιότητα μέλους
membrane n μεμβράνη
memento n ενθύμιο
memo n σημείωμα
memoirs n απομνημονεύματα
memorable adj αξέχαστος
memorize v αποστηθίζω
memory n μνήμη
men n άνδρες; άνθρωποι
menace n απειλή
mend v επιδιορθώνω
meningitis n μηνιγγίτιδα
menopause n εμμηνόπαυση
menstruation n εμμηνόρροια
mental adj ψυχικός
mentality n νοοτροπία
mentally adv διανοητικά
mention v αναφέρω
mention n αναφορά
menu n μενού
merchandise n εμπορεύματα
merchant n έμπορος
merciful adj εύσπλαχνος
merciless adj ανελέητος
mercury n υδράργυρος
mercy n έλεος
merely adv απλώς
merge v συγχωνεύω
merger n συγχώνευση
merit n προσόν
merit v αξίζω
mermaid n γοργόνα

mine

merry *adj* εύθυμος
mesh *n* δίχτυ, πλέγμα
mesmerize *v* γοητεύω
mess *n* χάος
mess around *v* σαχλαμαρίζω
mess up *v* στραπατσάρω
message *n* μήνυμα
messenger *n* αγγελιαφόρος
Messiah *n* Μεσσίας
messy *adj* ακατάστατος
metal *n* μέταλλο
metallic *adj* μεταλλικός
metaphor *n* μεταφορά
meteor *n* μετεωρίτης
meter *n* μετρητής
method *n* μέθοδος
methodical *adj* μεθοδικός
meticulous *adj* διεξοδικός
metric *adj* μετρικός
metropolis *n* μητρόπολη
Mexican *adj* μεξικανικός
mice *n* ποντίκια
microbe *n* μικρόβιο
microphone *n* μικρόφωνο
microscope *n* μικροσκόπιο
microwave *n* μικροκύμα
midair *n* στον αέρα
midday *n* μεσημέρι
middle *n* μέσο
middleman *n* μεσάζων
midget *n* νάνος
midnight *n* μεσάνυχτα

midsummer *n* κατακαλόκαιρο
midwife *n* μαία
might *n* δύναμη
mighty *adj* ισχυρός
migraine *n* ημικρανία
migrant *n* μετανάστης
migrate *v* μεταναστεύω
mild *adj* ήπιος
mildew *n* μούχλα
mile *n* μίλι
mileage *n* απόσταση σε μίλια
milestone *n* ορόσημο
militant *adj* μαχητικός
milk *n* γάλα
milky *adj* γαλακτώδης
mill *n* μύλος
millennium *n* χιλιετηρίδα
milligram *n* χιλιοστόγραμμο
millimeter *n* χιλιοστόμετρο
million *n* εκατομμύριο
millionaire *adj* εκατομμυριούχος
mime *n* μίμος
mince *v* ψιλοκόβω
mincemeat *n* κιμάς
mind *v* προσέχω
mind *n* μυαλό
mind-boggling *adj* εκπληκτικός
mindful *adj* προσεκτικός
mindless *adj* ανεγκέφαλος
mine *n* ορυχείο; νάρκη
mine *v* εξορύσσω
mine *pro* δικός μου

minefield n ναρκοπέδιο
miner n μεταλλωρύχος
mineral n ορυκτό
mingle v συνδυάζω, ανακατεύω
miniature n μινιατούρα
minimize v ελαχιστοποιώ
minimum n ελάχιστος
miniskirt n μίνι φούστα
minister n υπουργός; πάστορας
minister v διακονώ
ministry n υπουργείο
minor adj ελάσσων
minor n ανήλικος; δευτερεύον μάθημα; μινόρε
minority n μειονότητα
mint n μέντα; νομισματοκοπείο
mint v κόβω νόμισμα
minus adj πλην
minute n λεπτό
miracle n θαύμα
miraculous adj θαυματουργός
mirage n οφθαλμαπάτη
mirror n καθρέπτης
misbehave v παρεκτρέπομαι
miscalculate v υπολογίζω λαθεμένα
miscarriage n αποβολή
miscarry v αποβάλλω
mischief n αταξία
mischievous adj άτακτος
misconduct n κακή συμπεριφορά

misconstrue v παρερμηνεύω
misdemeanor n πταίσμα
miser n φιλάργυρος
miserable adj άθλιος
misery n δυστυχία
misfit adj απροσάρμοστος
misfortune n ατυχία
misgiving n δισταγμός
misguided adj άστοχος
misinterpret v παρερμηνεύω
misjudge v κρίνω λάθος
mislead v παραπλανώ
misleading adj παραπλανητικός
mismanage v κακοδιαχειρίζομαι
misplace v παραπετώ
misprint n τυπογραφικό λάθος
miss v χάνω; αστοχώ; νοσταλγώ
missile n πύραυλος
missing adj που λείπει
mission n αποστολή
missionary n ιεραπόστολος
mist n ομίχλη
mistake iv παραγνωρίζω
mistake n λάθος
mistaken adj εσφαλμένος
mister n κύριος
mistreat v κακομεταχειρίζομαι
mistreatment n κακομεταχείριση
mistress n ερωμένη
mistrust n δυσπιστία
mistrust v δυσπιστώ

misty *adj* ομιχλώδης
misunderstand *v* παρανοώ
misuse *n* κατάχρηση
mitigate *v* μετριάζω
mix *v* αναμιγνύω
mixed-up *adj* μπερδεμένος
mixer *n* μίξερ
mixture *n* μείγμα
mix-up *n* μπέρδεμα
moan *v* γκρινιάζω
moan *n* γκρίνια
mob *v* στριμώχνω
mob *n* όχλος
mobile *adj* κινητός
mobilize *v* κινητοποιώ
mobster *n* μαφιόζος
mock *v* κοροϊδεύω
mockery *n* κοροϊδία
mode *n* τρόπος
model *n* πρότυπο; μοντέλο; μανεκέν
model *iv* διαμορφώνω; εργάζομαι ως μανεκέν
moderate *adj* μέτριος
moderation *n* μετριοπάθεια
modern *adj* σύγχρονος
modernize *v* εκσυγχρονίζω
modest *adj* μέτριος; σεμνός
modesty *n* σεμνότητα
modify *v* τροποποιώ
module *n* μονάδα
moisten *v* υγραίνω

moisture *n* υγρασία
molar *n* μοριακός
mold *v* καλουπώνω
mold *n* μούχλα; καλούπι
moldy *adj* μουχλιασμένος
mole *n* τυφλοπόντικας; κρεατοελιά
molecule *n* μόριο
molest *v* κακοποιώ
mom *n* μαμά
moment *n* στιγμή
momentarily *adv* προς στιγμή
momentous *adj* βαρυσήμαντος
monarch *n* μονάρχης
monarchy *n* μοναρχία
monastery *n* μοναστήρι
monastic *adj* μοναστικός
Monday *n* Δευτέρα
money *n* χρήματα
money order *n* έμβασμα
monitor *v* παρακολουθώ
monk *n* καλόγερος
monkey *n* μαϊμού
monogamy *n* μονογαμία
monologue *n* μονόλογος
monopolize *v* μονοπωλώ
monopoly *n* μονοπώλιο
monotonous *adj* μονότονος
monotony *n* μονοτονία
monster *n* τέρας
monstrous *adj* τερατώδης
month *n* μήνας

monthly *adv* μηνιαία
monument *n* μνημείο
monumental *adj* μνημειώδης
mood *n* διάθεση
moody *adj* κακόκεφος
moon *n* φεγγάρι
moor *v* αγκυροβολώ
mop *v* σφουγγαρίζω
moral *adj* ηθικός
moral *n* ηθικό δίδαγμα
morality *n* ηθική
more *adj* περισσότερος
moreover *adv* επιπλέον, εξάλλου
morning *n* πρωί
moron *n* βλάκας
morphine *n* μορφίνη
morsel *n* μπουκιά
mortal *adj* θνητός
mortality *n* θνησιμότητα
mortar *n* γουδί
mortgage *n* υποθήκη
mortification *n* εξευτελισμός
mortify *v* εξευτελίζω
mortuary *n* νεκροτομείο
mosaic *n* ψηφιδωτό
mosque *n* τζαμί
mosquito *n* κουνούπι
moss *n* βρύο
most *adj* μέγιστος, πλείστος
mostly *adv* ως επί το πλείστον
motel *n* μοτέλ
moth *n* σκώρος

mother *n* μητέρα
motherhood *n* μητρότητα
mother-in-law *n* πεθερά
motion *n* κίνηση; εισήγηση
motion *v* κάνω νεύμα
motionless *adj* ακίνητος
motivate *v* παρακινώ
motive *n* κίνητρο
motor *n* κινητήρας
motorcycle *n* μοτοσικλέτα
motto *n* ρητό
mount *n* άλογο ιππασίας; υπόβαθρο
mount *v* ιππεύω; στήνω
mountain *n* βουνό
mountainous *adj* ορεινός
mourn *v* θρηνώ
mourning *n* πένθος
mouse *n* ποντικός; ποντίκι Η/Υ
mouth *n* στόμα
move *n* κίνηση
move *v* κινούμαι
move back *v* υποχωρώ
move forward *v* προοδεύω
move out *v* μετακομίζω
move up *v* ανέρχομαι
movement *n* κίνημα; κίνηση
movie *n* ταινία
mow *v* θερίζω
much *adv* πολύ
mucus *n* βλέννα
mud *n* λάσπη

namely

muddle *n* μπέρδεμα
muddy *adj* λασπώδης
muffle *v* τυλίγω, καλύπτω
muffler *n* κασκόλ
mug *n* κούπα
mug *v* ληστεύω
mugging *n* ληστεία
mule *n* μουλάρι
multiple *adj* πολλαπλός
multiplication *n* πολλαπλασιασμός
multiply *v* πολλαπλασιάζω
multitude *n* πλήθος
mumble *v* μουρμουρίζω
mummy *n* μούμια
mumps *n* μαγουλάδες
munch *v* μασουλώ
munitions *n* πολεμοφόδια
murder *n* δολοφονώ
murderer *n* δολοφόνος
murky *adj* ζοφερός
murmur *v* μουρμουρίζω
murmur *n* μουρμούρισμα
muscle *n* μυς
museum *n* μουσείο
mushroom *n* μανιτάρι
music *n* μουσική
musician *n* μουσικός
Muslim *adj* Μουσουλμάνος
must *iv* οφείλω να
mustache *n* μουστάκι
mustard *n* μουστάρδα

muster *v* επιστρατεύω
mutate *v* μεταλλάσσομαι
mute *adj* άφωνος, βουβός
mutilate *v* ακρωτηριάζω
mutiny *n* ανταρσία
mutually *adv* αμοιβαία
muzzle *v* φιμώνω
muzzle *n* ρύγχος
my *adj* δικός μου
myopic *adj* μυωπικός
myself *pro* εγώ ο ίδιος
mysterious *adj* μυστηριώδης
mystery *n* μυστήριο
mystic *adj* μυστηριακός
mystify *v* προκαλώ σάστισμα
myth *n* μύθος

N

nag *v* αλογάκι
nagging *adj* γκρινιάρης
nail *n* καρφί; νύχι
nail *v* καρφώνω
naive *adj* αφελής
naked *adj* γυμνός
name *n* όνομα
name *v* ονομάζω
namely *adv* δηλαδή

nanny n νταντά
nap n υπνάκος
nap v παίρνω έναν υπνάκο
napkin n χαρτοπετσέτα
narcotic n ναρκωτικό
narrate v διηγούμαι
narrow adj στενός
narrowly adv στενά
nasty adj δυσάρεστος
nation n έθνος
national adj εθνικός
nationality n ιθαγένεια
nationalize v εθνικοποιώ; πολιτογραφώ
native adj γηγενής
natural adj φυσικός
naturally adv φυσικά
nature n φύση
naughty adj άτακτος
nausea n ναυτία
nave n κύριος ναός
navel n ομφαλός
navigate v πλοηγώ
navigation n πλοήγηση
navy n ναυτικό
navy blue adj βαθυγάλαζος
near pre κοντά
nearby adj κοντινός
nearly adv σχεδόν
nearsighted adj μυωπικός
neat adj νοικοκυρεμένος
neatly adv νοικοκυρεμένα

necessary adj απαραίτητος
necessitate v απαιτώ
necessity n αναγκαιότητα
neck n λαιμός
necklace n κολιέ
necktie n γραβάτα
need v χρειάζομαι
need n ανάγκη
needle n βελόνα
needless adj περιττός
needy adj άπορος; απαιτητικός
negative adj αρνητικός
negative n αρνητικό
neglect v παραμελώ
neglect n παραμέληση
negligence n αμέλεια
negligent adj αμελής
negotiate v διαπραγματεύομαι
negotiation n διαπραγμάτευση
neighbor n γείτονας
neighborhood n γειτονιά
neither adj κανείς εκ των δύο
neither adv ούτε
nephew n ανιψιός
nerve n νεύρο
nervous adj νευρικός
nest n φωλιά
net n δίχτυ
Netherlands n Ολλανδία
network n δίκτυο
neurotic adj νευρωτικός
neutral adj ουδέτερος

neutralize v εξουδετερώνω
never adv ποτέ
nevertheless adv παρ' όλα αυτά
new adj νέος
newborn n νεογέννητος
newcomer n νεοφερμένος
newly adv πρόσφατα
newlywed adj νιόπαντρος
news n ειδήσεις
newscast n δελτίο ειδήσεων
newsletter n ενημερωτικό δελτίο
newspaper n εφημερίδα
newsstand n περίπτερο πώλησης εφημερίδων
next adj επόμενος
next door adj της διπλανής πόρτας
nibble v ροκανίζω
nice adj ευχάριστος, ευγενικός, καλός
nicely adv όμορφα
nickel n νικέλιο
nickname n παρατσούκλι
nicotine n νικοτίνη
niece n ανιψιά
night n νύχτα
nightfall n σούρουπο
nightgown n νυχτικιά
nightingale n αηδόνι
nightmare n εφιάλτης
nine adj εννέα
nineteen adj δεκαεννιά

ninety adj ενενήντα
ninth adj ένατος
nip n τσίμπημα
nip v τσιμπώ
nipple n θηλή
nitpicking adj υπερβολικά σχολαστικός
nitrogen n άζωτο
no one pro κανένας
nobility n αρχοντιά
noble adj ευγενής
nobleman adj αριστοκράτης
nobody pro κανείς
nocturnal adj νυκτερινός
nod v γνέφω
noise n θόρυβος
noisily adv θορυβωδώς
noisy adj θορυβώδης
nominate v διορίζω
none pre κανένας
nonetheless c παρ' όλα αυτά
nonsense n ανοησία
nonsmoker n μη καπνιστής
nonstop adv ασταμάτητα
noon n μεσημέρι
noose n θηλιά
nor c ούτε, μήτε
norm n κανόνας
normal adj κανονικός
normalize v ομαλοποιώ
normally adv κανονικά
north n βοράς

northeast *n* βορειοανατολικός
northern *adj* βόρειος
northerner *adj* βόρειος, βορεινός
Norway *n* Νορβηγία
Norwegian *adj* νορβηγικός
nose *n* μύτη
nosedive *n* κάθετη πτώση
nostalgia *n* νοσταλγία
nostril *n* ρουθούνι
nosy *adj* περίεργος
not *adv* δεν, όχι
notable *adj* αξιοσημείωτος
notably *adv* ιδιαίτερα
notary *n* συμβολαιογράφος
notation *n* σημειογραφία
note *v* σημειώνω
note *n* σημείωμα; χαρτονόμισμα
notebook *n* σημειωματάριο
noteworthy *adj* αξιοσημείωτος
nothing *n* τίποτα
notice *v* προσέχω, παρατηρώ
notice *n* ανακοίνωση
noticeable *adj* αξιοσημείωτη
notification *n* ειδοποίηση
notify *v* ειδοποιώ
notion *n* έννοια
notorious *adj* διαβόητος
noun *n* ουσιαστικό
nourish *v* τρέφω
nourishment *n* θρέψη
novel *n* μυθιστόρημα
novelist *n* μυθιστοριογράφος

novelty *n* καινοτομία
November *n* Νοέμβριος
novice *n* αρχάριος
now *adv* τώρα
nowadays *adv* σήμερα
nowhere *adv* πουθενά
noxious *adj* επιβλαβής
nozzle *n* στόμιο
nuance *n* λεπτή διαφορά
nuclear *adj* πυρηνικός
nude *adj* γυμνός
nudism *n* γυμνισμός
nudist *n* γυμνιστής
nudity *n* γύμνια
nuisance *n* ενόχληση
null *adj* μηδενικός, άκυρος
nullify *v* καθιστώ άκυρο
numb *adj* μουδιασμένος
number *n* αριθμός
numbness *n* μούδιασμα
numerous *adj* πολυάριθμος
nun *n* καλόγρια
nurse *n* νοσηλευτής
nurse *v* νοσηλεύω
nursery *n* φυτώριο; παιδικός σταθμός
nurture *v* ανατρέφω
nut *n* καρύδι; παξιμάδι
nutrition *n* θρέψη
nutritious *adj* θρεπτικός
nut-shell *adv* με δυο λόγια
nutty *adj* παλαβός

O

oak *n* βελανιδιά
oar *n* κουπί
oasis *n* όαση
oath *n* όρκος
oatmeal *n* βρώμη
obedience *n* υπακοή
obedient *adj* υπάκουος
obese *adj* παχύσαρκος
obey *v* υπακούω
object *v* αντιτίθεμαι
object *n* αντικείμενο
objection *n* αντίρρηση
objective *n* σκοπός
obligate *v* εξαναγκάζω
obligation *n* υποχρέωση
obligatory *adj* υποχρεωτικός
oblige *v* υποχρεώνω
obliged *adj* υποχρεωμένος
oblique *adj* πλάγιος
obliterate *v* εξαλείφω
oblivion *n* λήθη
oblivious *adj* ανυποψίαστος
oblong *adj* επιμήκης
obnoxious *adj* αποκρουστικός
obscene *adj* αισχρός
obscenity *n* αισχρότητα
obscure *adj* σκοτεινός; ασαφής
obscurity *n* αφάνεια
observation *n* παρατήρηση
observatory *n* αστεροσκοπείο
observe *v* παρατηρώ
obsess *v* απορροφούμαι; απασχολώ
obsession *n* έμμονη ιδέα
obsolete *adj* απαρχαιωμένος
obstacle *n* εμπόδιο
obstinacy *n* ισχυρογνωμοσύνη
obstinate *adj* πεισματάρης
obstruct *v* παρεμποδίζω
obstruction *n* παρεμπόδιση, εμπόδιο
obtain *v* αποκτώ
obvious *adj* προφανής
obviously *adv* προφανώς
occasion *n* περίσταση
occasionally *adv* ενίοτε
occult *adj* απόκρυφος
occupant *n* ένοικος
occupation *n* επάγγελμα
occupy *v* καταλαμβάνω
occur *v* συμβαίνω
occurrence *n* περιστατικό
ocean *n* ωκεανός
October *n* Οκτώβριος
octopus *n* χταπόδι
odd *adj* αλλόκοτος; περιττός
oddity *n* ιδιορρυθμία
odds *n* πιθανότητα
odious *adj* απεχθής
odometer *n* οδόμετρο
odor *n* οσμή

odyssey

odyssey *n* οδύσσεια
of *pre* σε, του, από
off *adv* μακριά από; εκτός
offend *v* προσβάλλω
offense *n* αδίκημα
offensive *adj* προσβλητικός
offer *v* προσφέρω
offer *n* προσφορά
offering *n* προσφορά
office *n* γραφείο
officer *n* αξιωματικός
official *adj* επίσημος
officiate *v* ιερουργώ
offset *v* αντισταθμίζω
offspring *n* απόγονος; νεογνό
off-the-record *adj* εμπιστευτικά
often *adv* συχνά
oil *n* πετρέλαιο; λάδι
ointment *n* αλοιφή
okay *adv* εντάξει
old *adj* ηλικιωμένος; παλαιός
old age *n* γηρατειά
old-fashioned *adj* παλιομοδίτικος
olive *n* ελιά
Olympics *n* Ολυμπιακοί Αγώνες
omelet *n* ομελέτα
omen *n* οιωνός
ominous *adj* δυσοίωνος
omission *n* παράλειψη
omit *v* παραλείπω
on *pre* επί, σε, προς
once *adv* άλλοτε, πρώην
once *c* μια φορά
one *adj* ένας
oneself *pre* τον εαυτό
ongoing *adj* συνεχιζόμενος
onion *n* κρεμμύδι
onlooker *n* θεατής
only *adv* μόνο
onset *n* εκδήλωση, έναρξη
onslaught *n* επίθεση
onwards *adv* και μετά; εμπρός
opaque *adj* αδιαφανής
open *v* ανοίγω
open *adj* ανοιχτός
open up *v* ανοίγομαι
opening *n* άνοιγμα; εγκαίνια
open-minded *adj* ανοιχτόμυαλος
openness *n* ειλικρίνεια
opera *n* όπερα
operate *v* χειρίζομαι
operation *n* λειτουργία
opinion *n* γνώμη
opinionated *adj* ισχυρογνώμονας
opium *n* όπιο
opponent *n* αντίπαλος
opportune *adj* ενδεδειγμένος
opportunity *n* ευκαιρία
oppose *v* εναντιώνομαι
opposite *adj* αντίθετος
opposite *adv* απέναντι
opposite *n* αντίθετο
opposition *n* αντιπολίτευση; αντίσταση

oppress v καταπιέζω
oppression n καταπίεση
opt for v επιλέγω
optical adj οπτικός
optician n οπτικός
optimism n αισιοδοξία
optimistic adj αισιόδοξος
option n επιλογή
optional adj προαιρετικός
opulence n χλιδή
or c ή
oracle n μαντείο
orally adv προφορικά
orange n πορτοκάλι
orangutan n ουραγκοτάγκος
orbit n τροχιά
orchard n οπωρώνας
orchestra n ορχήστρα
ordain v χειροτονώ; επιτάσσω
ordeal n δοκιμασία
order n διαταγή; παραγγελία; τάξη
order v διατάσσω; παραγγέλνω; ταξινομώ
ordinarily adv συνήθως
ordinary adj συνηθισμένος
ordination n χειροτονία
ore n μετάλλευμα
organ n όργανο; εκκλησιαστικό όργανο
organism n οργανισμός
organist n οργανοπαίκτης

organization n οργάνωση
organize v οργανώνω
orient n Ανατολή
oriental adj ανατολικός
orientation n προσανατολισμός
oriented adj προσανατολισμένος
origin n καταγωγή
original adj πρωτότυπος
originally adv αρχικά
originate v κατάγομαι
ornament n στολίδι
ornamental adj διακοσμητικός
orphan n ορφανό
orphanage n ορφανοτροφείο
orthodox adj ορθόδοξος
ostentatious adj επιδεικτικός
ostrich n στρουθοκάμηλος
other adj άλλος
otherwise adv αλλιώς
otter n ενυδρίδα
ought to iv θα έπρεπε
ounce n ουγκιά
our adj δικός μας
ours pro δικός μας
ourselves pro εμείς οι ίδιοι
oust v διώχνω
out adv έξω
outbreak n έκρηξη
outburst n ξέσπασμα
outcast adj απόκληρος
outcome n αποτέλεσμα
outcry n κατακραυγή

outdated

outdated *adj* απαρχαιωμένος
outdo *v* ξεπερνώ
outdoor *adv* υπαίθριος
outdoors *adv* στο ύπαιθρο
outer *adj* εξωτερικός
outfit *n* ντύσιμο; εξοπλισμός
outgoing *adj* εξερχόμενος
outgrow *v* ξεπερνώ σε ανάπτυξη
outing *n* εκδρομή
outlast *v* επιβιώνω, διαρκώ περισσότερο
outlaw *v* επικηρύσσω
outlet *n* έξοδος; κατάστημα λιανικής
outline *n* περίγραμμα
outline *v* σκιαγραφώ
outlive *v* επιζώ
outlook *n* άποψη
outmoded *adj* παλιομοδίτικος
outnumber *v* υπερτερώ
outpatient *n* εξωτερικός ασθενής
outperform *v* ξεπερνώ σε απόδοση
outpouring *n* ξεχείλισμα
output *n* παραγωγή
outrage *n* αίσχος, σκάνδαλο
outrageous *adj* αισχρός
outright *adj* εντελώς
outrun *v* ξεπερνώ, αφήνω πίσω
outset *n* ξεκίνημα
outshine *v* επισκιάζω
outside *adv* έξω

outsider *n* ξένος
outskirts *n* περίχωρα
outspoken *adj* ευθαρσής
outstanding *adj* εκκρεμής; έξοχος
outstretched *adj* τεντωμένος
outward *adj* προς τα έξω
outweigh *v* ξεπερνώ σε βάρος ή σπουδαιότητα
oval *adj* ωοειδής
ovary *n* ωοθήκη
ovation *n* επευφημία
oven *n* φούρνος
over *pre* επί, πάνω
overall *adv* συνολικός
overbearing *adj* αυταρχικός
overboard *adv* στη θάλασσα
overcast *adj* νεφελώδης
overcharge *v* υπερφορτίζω
overcoat *n* πανωφόρι
overcome *v* ξεπερνώ
overcrowded *adj* υπερπλήρης
overdo *v* παρακάνω
overdone *adj* παραψημένος
overdose *n* υπερβολική δόση
overdue *adj* εκπρόθεσμος
overestimate *v* υπερεκτιμώ
overflow *v* ξεχειλίζω
overhaul *v* κάνω γενική επισκευή; αναθεωρώ
overlap *v* επικαλύπτω
overlook *v* παραβλέπω
overnight *adv* για τη νύχτα

palate

overpower v καταβάλλω
overrate v υπερτιμώ
override v παρακάμπτω
overrule v απορρίπτω
overrun v κατακυριεύω
overseas adv υπερποντίως
oversee v επιβλέπω
overshadow v επισκιάζω
oversight n απροσεξία
overstate v μεγαλοποιώ
overstep v υπερβαίνω
overtake v προσπερνώ
overthrow v ανατρέπω
overthrow n ανατροπή
overtime adv υπερωρία
overturn v ανατρέπω
overview n επισκόπηση
overweight adj υπέρβαρος
overwhelm v κατακλύζω, κατακυριεύω
owe v οφείλω
owing to adv εξαιτίας
owl n κουκουβάγια
own v κατέχω
own adj δικός μου
owner n ιδιοκτήτης
ownership n κυριότητα
ox n βόδι
oxen n βόδια
oxygen n. οξυγόνο
oyster n στρείδι

pace v βηματίζω
pace n βήμα
pacify v κατευνάζω
pack v συσκευάζω
pack n πακέτο
package n πακέτο
pact n συμφωνία
pad n σημειωματάριο
padding n βάτα, παραγέμισμα
paddle n κουπί, κωπηλασία
paddle v κωπηλατώ
padlock n λουκέτο
pagan adj παγανιστικός
page n σελίδα
pail n κάδος
pain n πόνος
painful adj επώδυνος
painkiller n παυσίπονο
painless adj ανώδυνος
paint v ζωγραφίζω
paint n ζωγραφιά
paintbrush n πινέλο
painter n ζωγράφος
painting n ζωγραφική
pair n ζεύγος
pajamas n πιτζάμα
pal n φιλαράκος
palace n παλάτι
palate n ουρανίσκος

pale *adj* χλωμός
paleness *n* ωχρότητα
palm *n* παλάμη
palm *v* έχω στην παλάμη
palpable *adj* χειροπιαστός
paltry *adj* πενιχρός
pamper *v* κανακεύω
pamphlet *n* φυλλάδιο
pan *n* τηγάνι
pancreas *n* πάγκρεας
pander *v* ικανοποιώ τις ορέξεις, ενδίδω
pang *n* πόνος
panic *n* πανικός
panorama *n* πανόραμα
panther *n* πάνθηρας
pantry *n* ντουλάπι
pants *n* παντελόνι
pantyhose *n* καλσόν
papacy *n* αξίωμα ή θητεία του Πάπα
paper *n* χαρτί
paperclip *n* συνδετήρας
paperwork *n* γραφειοκρατία
parable *n* παραβολή
parachute *n* αλεξίπτωτο
parade *n* παρέλαση
paradise *n* παράδεισος
paradox *n* παράδοξο
paragraph *n* παράγραφος
parakeet *n* παπαγαλάκι
parallel *n* παράλληλος

paralysis *n* παράλυση
paralyze *v* παραλύω
parameters *n* παράμετροι
paramount *adj* κυρίαρχος
paranoid *adj* παρανοϊκός
parasite *n* παράσιτο
paratrooper *n* αλεξιπτωτιστής
parcel *n* δέμα
parcel post *n* ταχυδρομικό δέμα
parch *v* ξηραίνω
parchment *n* περγαμηνή
pardon *v* συγχωρώ
pardon *n* συγχώρεση
parenthesis *n* παρένθεση
parents *n* γονείς
parish *n* ενορία
parishioner *n* ενορίτης
parity *n* ισοτιμία
park *v* σταθμεύω
park *n* πάρκο
parking *n* στάθμευση
parliament *n* κοινοβούλιο
parochial *adj* ενοριακός
parrot *n* παπαγάλος
parsley *n* μαϊντανός
parsnip *n* δαυκί
part *v* χωρίζω
part *n* μέρος
partial *adj* μερικός
partially *adv* μερικώς
participate *v* συμμετέχω
participation *n* συμμετοχή

participle *n* μετοχή
particle *n* σωματίδιο
particular *adj* ιδιαίτερος, συγκεκριμένος
particularly *adv* ιδιαίτερα
parting *n* χωρίστρα
partisan *n* αντάρτης
partition *n* διχοτόμηση
partly *adv* εν μέρει
partner *n* συνεταίρος
partnership *n* συνεταιρισμός
partridge *n* πέρδικα
party *n* πάρτι; συντροφιά; κόμμα
party *v* διασκεδάζω έντονα
pass *n* άδεια εισόδου; διάβαση
pass *v* διαβαίνω; προσπερνώ
pass around *v* μοιράζω
pass away *v* πεθαίνω
pass out *v* λιποθυμώ
passage *n* διέλευση; χωρίο
passenger *n* επιβάτης
passer-by *n* περαστικός
passion *n* πάθος
passionate *adj* παθιασμένος
passive *adj* παθητικός
passport *n* διαβατήριο
password *n* κωδικός πρόσβασης
past *adj* περασμένος
past *n* παρελθόν
paste *v* επικολλώ
paste *n* αλοιφή
pasteurize *v* αποστειρώνω

pastime *n* χόμπι, πάρεργο
pastor *n* πάστορας
pastoral *adj* ποιμενικός
pastry *n* ζύμη
pasture *n* βοσκότοπος
pat *n* χτυπηματάκι
patch *v* μπαλώνω
patch *n* μπάλωμα; κηλίδα
patent *n* ευρεσιτεχνία
patent *v* πατεντάρω
paternity *n* πατρότητα
path *n* μονοπάτι
pathetic *adj* αξιολύπητος
patience *n* υπομονή
patient *adj* υπομονετικός
patio *n* αίθριο
patriarch *n* πατριάρχης
patrimony *n* πατρική κληρονομία
patriot *n* πατριώτης
patriotic *adj* πατριωτικός
patrol *n* περιπολία
patron *n* προστάτης
patronage *n* προστασία
patronize *v* πατρονάρω
pattern *n* πρότυπο
pavement *n* πεζοδρόμιο
pavilion *n* περίπτερο
paw *n* πόδι ζώου
pawn *v* πιόνι
pawnbroker *n* ενεχυροδανειστής
pay *n* μισθός

pay

pay *iv* πληρώνω
pay back *v* ξεπληρώνω
pay off *v* εξοφλώ
pay slip *n* εκκαθαριστικό μισθοδοσίας
payable *adj* πληρωτέος
paycheck *n* επιταγή μισθοδοσίας
payee *n* δικαιούχος πληρωμής
payment *n* πληρωμή
payroll *n* μισθολόγιο
pea *n* μπιζέλι
peace *n* ειρήνη
peaceful *adj* ειρηνικός
peach *n* ροδάκινο
peacock *n* παγώνι
peak *n* κορυφή
peanut *n* φιστίκι
pear *n* αχλάδι
pearl *n* μαργαριτάρι
peasant *n* χωρικός
pebble *n* βότσαλο
peck *v* τσιμπώ
peck *n* ένα τέταρτο του μοδιού; τσίμπημα
peculiar *adj* ιδιόρρυθμος
pedagogy *n* παιδαγωγική
pedal *n* πετάλι
pedantic *adj* σχολαστικός
pedestrian *n* πεζός
peel *v* ξεφλουδίζω
peel *n* φλούδα
peep *v* κρυφοκοιτάζω

peer *n* ομότιμος
pelican *n* πελεκάνος
pellet *n* σφαιρίδιο
pen *n* στυλό
penalize *v* τιμωρώ
penalty *n* ποινή
penance *n* μετάνοια
penchant *n* επιρρέπεια
pencil *n* μολύβι
pendant *n* κρεμαστό κόσμημα
pending *adj* εκκρεμής
pendulum *n* εκκρεμές
penetrate *v* διεισδύω
penguin *n* πιγκουίνος
penicillin *n* πενικιλίνη
peninsula *n* χερσόνησος
penitent *n* μετανοών
penniless *adj* αδέκαρος
penny *n* σεντ; μικροποσό
pension *n* σύνταξη
pentagon *n* πεντάγωνο
pent-up *adj* περιορισμένος
people *n* άνθρωποι
pepper *n* πιπέρι
per *pre* ανά
perceive *v* αντιλαμβάνομαι
percent *n* τοις εκατό
percentage *n* ποσοστό
perception *n* αντίληψη
perennial *adj* πολυετής
perfect *adj* τέλειος
perfection *n* τελειότητα

phenomenon

perforate v τρυπώ
perforation n διάτρηση
perform v εκτελώ
performance n εκτέλεση; απόδοση; παράσταση
perfume n άρωμα
perhaps adv ίσως
peril n κίνδυνος
perilous adj επικίνδυνος
perimeter n περίμετρος
period n χρονική περίοδος; έμμηνος ρύση
perish v καταστρέφομαι
perishable adj ευπαθής
perjury n ψευδορκία
permanent adj μόνιμος
permeate v εμποτίζω
permission n άδεια
permit v επιτρέπω
pernicious adj ολέθριος
perpetrate v διαπράττω
persecute v καταδιώκω
persevere v εμμένω
persist v επιμένω
persistence n επιμονή
persistent adj επίμονος
person n άτομο
personal adj προσωπικός
personality n προσωπικότητα
personify v προσωποποιώ
personnel n προσωπικό
perspective n προοπτική

perspiration n ιδρώτας
perspire v ιδρώνω
persuade v πείθω
persuasion n πειθώ
persuasive adj πειστικός
pertain v αφορώ
pertinent adj σχετικός
perturb v αναστατώνω
perverse adj ξεροκέφαλος
pervert v διαστρέφω, εκμαυλίζω
pervert n διεστραμμένος
pessimism n απαισιοδοξία
pessimistic adj απαισιόδοξος
pest n παράσιτο
pester v ενοχλώ
pesticide n παρασιτοκτόνο
pet n κατοικίδιο ζώο
pet v χαϊδεύω
petal n πέταλο
petite adj μικροκαμωμένος
petition n αίτηση
petrified adj απολιθωμένος
petroleum n πετρέλαιο
pettiness n μικροπρέπεια
petty adj μικροπρεπής
pew n στασίδι
phantom n φάντασμα
pharmacist n φαρμακοποιός
pharmacy n φαρμακείο
phase n φάση
pheasant n φασιανός
phenomenon n φαινόμενο

philosopher

philosopher n φιλόσοφος
philosophy n φιλοσοφία
phobia n φοβία
phone n τηλέφωνο
phone v τηλεφωνώ
phony adj ψεύτικος
phosphorus n φώσφορος
photo n φωτογραφία
photocopy n φωτοτυπία
photograph v φωτογραφίζω
photographer n φωτογράφος
photography n φωτογραφία
phrase n φράση
physically adj σωματικά
physician n γιατρός
physics n φυσική
pianist n πιανίστας
piano n πιάνο
pick v επιλέγω
pick n επιλογή
pick up v σηκώνω; συνέρχομαι
pickpocket n πορτοφολάς
pickup n πικάπ; ημιφορτηγό
picture n εικόνα; ταινία
picture v φαντάζομαι
picturesque adj γραφικός
pie n πίτα
piece n κομμάτι
piecemeal adv με το κομμάτι
pier n αποβάθρα
pierce v τρυπώ, διαπερνώ
piercing n τρύπημα

piety n ευσέβεια
pig n γουρούνι
pigeon n περιστέρι
piggy bank n κουμπαράς
pile v συσσωρεύω
pile n σωρός
pile up v στοιβάζω
pilfer v σουφρώνω
pilgrim n προσκυνητής
pilgrimage n προσκύνημα
pill n χάπι
pillage v λεηλασία
pillar n κολόνα
pillow n μαξιλάρι
pillowcase n μαξιλαροθήκη
pilot n πιλότος
pimple n σπυρί
pin n καρφίτσα
pin v καρφιτσώνω
pincers n πένσα
pinch v τσιμπώ
pinch n τσίμπημα
pine n πεύκο
pineapple n ανανάς
pink adj ροζ
pinpoint v εντοπίζω
pint n πίντα
pioneer n πρωτοπόρος
pious adj ευσεβής
pipe n σωλήνας; πίπα; γκάιντα
pipeline n αγωγός
piracy n πειρατεία

pirate *n* πειρατής
pistol *n* πιστόλι
pit *n* λάκκος; λατομείο
pitch *v* εξακοντίζω; στήνω; εφορμώ
pitch-black *adj* κατάμαυρος
pitcher *n* κανάτα; υπαίθριος πωλητής
pitchfork *n* δίκρανο
pitfall *n* λούμπα
pitiful *adj* οικτρός
pity *n* οίκτος
placard *n* πλακάτ
placate *v* κατευνάζω
place *n* θέση
place *v* τοποθετώ
placid *adj* ατάραχος
plague *n* πανούκλα
plain *n* πεδιάδα
plain *adj* απλός
plainly *adv* σαφώς
plaintiff *n* ενάγων
plan *v* σχεδιάζω
plan *n* σχέδιο
plane *n* επίπεδο; αεροπλάνο; πλάτανος
planet *n* πλανήτης
plant *v* φυτό
plant *n* φυτεύω
plaster *n* γύψος
plaster *v* σοβατίζω
plastic *n* πλαστικό

plate *n* πιάτο; πλάκα
plateau *n* οροπέδιο
platform *n* πλατφόρμα
platinum *n* πλατίνα
platoon *n* διμοιρία
plausible *adj* ευλογοφανής
play *v* παίζω
play *n* παιχνίδι
player *n* παίχτης
playful *adj* παιχνιδιάρης
playground *n* παιδική χαρά
plea *n* έκκληση
plead *v* επικαλούμαι
pleasant *adj* ευχάριστος
please *v* παρακαλώ
pleasing *adj* ευχάριστος
pleasure *n* ευχαρίστηση
pleat *n* πιέτα
pleated *adj* πλισέ
pledge *v* υπόσχομαι
pledge *n* ενέχυρο
plentiful *adj* άφθονος
plenty *n* αφθονία
pliable *adj* εύκαμπτος
pliers *n* πένσα
plot *v* μηχανορραφώ
plot *n* πλοκή; σκευωρία; οικόπεδο
plow *v* οργώνω
ploy *n* τέχνασμα
pluck *v* μαδώ
plug *v* βουλώνω

plug *n* βύσμα
plum *n* δαμάσκηνο
plumber *n* υδραυλικός
plumbing *n* υδραυλικά
plummet *v* κατρακυλώ
plump *adj* παχουλός
plunder *v* λεηλατώ
plunge *v* βουτώ
plunge *n* βουτιά
plural *n* πληθυντικός
plus *adv* συν
plush *adj* βελούδο
plutonium *n* πλουτώνιο
pneumonia *n* πνευμονία
pocket *n* τσέπη
poem *n* ποίημα
poet *n* ποιητής
poetry *n* ποίηση
poignant *adj* οδυνηρός, οξύς
point *n* σημείο
point *v* δείχνω
pointed *adj* αιχμηρός
pointless *adj* άσκοπος
poise *n* παράστημα
poison *v* δηλητηριάζω
poison *n* δηλητήριο
poisoning *n* δηλητηρίαση
poisonous *adj* δηλητηριώδης
Poland *n* Πολωνία
polar *adj* πολικός
pole *n* κοντάρι; πόλος
police *n* αστυνομία
policeman *n* αστυνομικός
policy *n* πολιτική
Polish *adj* πολωνικός
polish *n* βερνίκι
polish *v* γυαλίζω
polite *adj* ευγενικός
politeness *n* ευγένεια
politician *n* πολιτικός
politics *n* πολιτική
poll *n* ψηφοφορία, δημοσκόπηση
pollen *n* γύρη
pollute *v* ρυπαίνω
pollution *n* ρύπανση
polygamist *adj* πολύγαμος
polygamy *n* πολυγαμία
pomegranate *n* ρόδι
pomposity *n* έπαρση
pond *n* λιμνούλα
ponder *v* αναλογίζομαι
pontiff *n* ποντίφικας
pool *n* πισίνα; λιμνούλα; δεξαμενή
pool *v* συγκεντρώνω
poor *n* φτωχός
poorly *adv* ανεπαρκώς
pop *v* σκάζω; πετάγομαι
popcorn *n* ποπ κορν
Pope *n* Πάπας
poppy *n* παπαρούνα
popular *adj* δημοφιλής
popularize *v* εκλαϊκεύω
populate *v* κατοικώ

population n πληθυσμός
porcelain n πορσελάνη
porch n βεράντα
porcupine n σκαντζόχοιρος
pore n πόρος
pork n χοιρινό
porous adj πορώδης
port n λιμάνι
portable adj φορητός
portent n κακός οιωνός
porter n αχθοφόρος
portion n μερίδα
portrait n πορτρέτο
portray v απεικονίζω
Portugal n Πορτογαλία
Portuguese adj πορτογαλικός
pose v ποζάρω
pose n πόζα
posh adj πολυτελής, στιλάτος
position n θέση
positive adj θετικός
possess v κατέχω
possession n κατοχή
possibility n δυνατότητα
possible adj εφικτός
post n δοκάρι; θέση
post v ταχυδρομώ; ενημερώνω
post office n ταχυδρομείο
postage n ταχυδρομικά τέλη
postcard n καρτ ποστάλ
poster n αφίσα
posterity n απόγονοι

postman n ταχυδρόμος
postmark n ταχυδρομική σφραγίδα
postpone v αναβάλλω
postponement n αναβολή
pot n κατσαρόλα; γλάστρα
potato n πατάτα
potent adj ισχυρός
potential adj δυνητικός
pothole n λακκούβα
poultry n πουλερικά
pound v κτυπώ
pound n λίρα; λίβρα
pour v χύνω
poverty n φτώχεια
powder n σκόνη
power n δύναμη; ενέργεια
powerful adj ισχυρός
powerless adj ανίσχυρος
practical adj πρακτικός
practice v πρακτική; εξάσκηση
practice n εξασκούμαι
practicing adj εν ενεργεία
pragmatist adj πραγματιστής
prairie n λιβάδι; σαβάνα
praise v επαινώ
praise n έπαινος
praiseworthy adj αξιέπαινος
prank n φάρσα
prawn n γαρίδα
pray v προσεύχομαι
prayer n προσευχή

preach v κηρύσσω
preacher n ιεροκήρυκας
preaching n κήρυγμα
preamble n προοίμιο
precarious adj επισφαλής
precaution n προφύλαξη
precede v προηγούμαι
precedent n προηγούμενο
preceding adj προηγούμενος
precept n δίδαγμα
precious adj πολύτιμος
precipice n γκρεμός
precipitate v επιταχύνω; καθιζάνω
precise adj ακριβής
precision n ακρίβεια
precocious adj μικρομέγαλος
precursor n πρόδρομος
predecessor n προκάτοχος
predicament n δύσκολη θέση
predict v προβλέπω
prediction n πρόβλεψη
predilection n προτίμηση
predisposed adj προδιατεθειμένος
predominate v κυριαρχώ
preempt v προλαμβάνω
prefabricate v προκατασκευάζω
preface n πρόλογος
prefer v προτιμώ
preference n προτίμηση
prefix n πρόθεμα

pregnancy n εγκυμοσύνη
pregnant adj έγκυος
prehistoric adj προϊστορικός
prejudice n προκατάληψη
preliminary adj προκαταρκτικός
prelude n προοίμιο
premature adj πρόωρος
premeditate v προσχεδιάζω
premeditation n προμελέτη
premier adj πρώτιστος
premise n βάση, προϋπόθεση
premises n κτίριο
premonition n προαίσθημα
preoccupation n ολοκληρωτική ενασχόληση
preoccupy v απασχολώ, απορροφώ
preparation n προετοιμασία
prepare v προετοιμάζω
preposition n πρόθεση
prerequisite n προαπαιτούμενο
prerogative n προνόμιο
prescribe v συνταγογραφώ
prescription n συνταγή
presence n παρουσία
present n δώρο
present adj παρών, τρέχων
present v παρουσιάζω
presentation n παρουσίαση
preserve v διατηρώ
preside v προεδρεύω
presidency n προεδρία

president *n* πρόεδρος
press *n* πίεση; τύπος
press *v* πιέζω
pressing *adj* πιεστικός
pressure *v* πιέζω
pressure *n* πίεση
prestige *n* κύρος
presume *v* υποθέτω, εκλαμβάνω
presumption *n* τεκμήριο
presuppose *v* προϋποθέτω
presupposition *n* προϋπόθεση
pretend *v* προσποιούμαι
pretense *n* πρόσχημα
pretension *n* αξίωση
pretty *adj* αρκετά
prevail *v* επικρατώ
prevalent *adj* κυρίαρχος
prevent *v* αποτρέπω
prevention *n* πρόληψη
preventive *adj* προληπτικός
preview *n* προεπισκόπηση
previous *adj* προηγούμενος
previously *adv* προηγουμένως
prey *n* λεία
price *n* τιμή
pricey *adj* ακριβός
prick *v* τρυπώ, τσιμπώ
pride *n* υπερηφάνεια
priest *n* παπάς
priestess *n* ιέρεια
priesthood *n* ιερατείο
primacy *n* πρωτείο

primarily *adv* πρωτίστως
prime *adj* πρωταρχικός
primitive *adj* πρωτόγονος
prince *n* πρίγκιπας
princess *n* πριγκίπισσα
principal *adj* κύριος
principle *n* αρχή
print *v* εκτυπώνω
print *n* εκτύπωση
printer *n* εκτυπωτής
printing *n* εκτύπωση
prior *adj* προηγούμενος
priority *n* προτεραιότητα
prism *n* πρίσμα
prison *n* φυλακή
prisoner *n* φυλακισμένος
privacy *n* ιδιωτική ζωή; απομόνωση
private *adj* ιδιωτικός
privilege *n* προνόμιο
prize *n* βραβείο
probability *n* πιθανότητα
probable *adj* πιθανός
probe *v* καθετήρας
probing *n* διερεύνηση
problem *n* πρόβλημα
problematic *adj* προβληματικός
procedure *n* διαδικασία
proceed *v* προχωρώ
proceedings *n* διαδικασία
proceeds *n* εισπράξεις
process *v* επεξεργάζομαι

process

process n διαδικασία
procession n πομπή
proclaim v διακηρύσσω
proclamation n διακήρυξη
procrastinate v χρονοτριβώ
procreate v τεκνοποιώ
procure v μεριμνώ; προμηθεύομαι
prod v τσιγκλώ
prodigious adj τεράστιος
prodigy n θαύμα
produce v παράγουν
produce n σοδειά; καρπός
product n προϊόν; γινόμενο
production n παραγωγή
productive adj παραγωγικός
profane adj βέβηλος
profess v διατείνομαι
profession n επάγγελμα
professional adj επαγγελματίας
professor n καθηγητής
proficiency n ικανότητα
proficient adj καταρτισμένος
profile n προφίλ
profit v αποκομίζω κέρδος
profit n κέρδος
profitable adj επικερδής
profound adj βαθύς, εμβριθής
program n πρόγραμμα
program v προγραμματίζω
programmer n προγραμματιστής
progress v προοδεύω

progress n πρόοδος
progressive adj προοδευτικός
prohibit v απαγορεύω
prohibition n απαγόρευση
project v προβάλλω
project n σχέδιο, έργο
projectile n βλήμα
prologue n πρόλογος
prolong v παρατείνω
promenade n περίπατος
prominent adj περίοπτος
promiscuous adj ανομοιογενής
promise n υπόσχεση
promote v προάγω
promotion n προαγωγή
prompt adj άμεσος
prone adj επιρρεπής
pronoun n αντωνυμία
pronounce v προφέρω
proof n απόδειξη
propaganda n προπαγάνδα
propagate v διαδίδω
propel v προωθώ
propensity n ροπή
proper adj κατάλληλος
properly adv δεόντως
property n ιδιοκτησία
prophecy n προφητεία
prophet n προφήτης
proportion n ποσοστό
proposal n πρόταση
propose v προτείνω

pull down

proposition *n* πρόταση
prose *n* πεζογραφία, πρόζα
prosecute *v* ενάγω, διώκω
prosecutor *n* κατήγορος
prospect *n* προοπτική
prosper *v* ευημερώ
prosperity *n* ευημερία
prosperous *adj* που ευημερεί
prostate *n* προστάτης
prostrate *adj* κατάκοιτος
protect *v* προστατεύω
protection *n* προστασία
protein *n* πρωτεΐνη
protest *v* διαμαρτύρομαι
protest *n* διαμαρτυρία
protocol *n* πρωτόκολλο
prototype *n* πρωτότυπο
protract *v* παρατείνω
protracted *adj* παρατεταμένος
protrude *v* προεξέχω
proud *adj* υπερήφανος
proudly *adv* υπερήφανα
prove *v* αποδεικνύω
proven *adj* αποδεδειγμένος
proverb *n* παροιμία
provide *v* παρέχω
providence *n* πρόνοια
providing that *c* υπό την προϋπόθεση ότι
province *n* επαρχία
provision *n* παροχή; πρόνοια
provisional *adj* προσωρινός

provocation *n* πρόκληση
provoke *v* προκαλώ
prowl *v* τριγυρίζω
prowler *n* περιφερόμενος με ύποπτους σκοπούς
proximity *n* εγγύτητα
proxy *n* εξουσιοδότηση
prudence *n* σύνεση
prudent *adj* συνετός
prune *v* κλαδεύω
prune *n* δαμάσκηνο
prurient *adj* λάγνος
pseudonym *n* ψευδώνυμο
psychiatrist *n* ψυχίατρος
psychiatry *n* ψυχιατρική
psychic *adj* μέντιουμ
psychology *n* ψυχολογία
psychopath *n* ψυχοπαθής
puberty *n* εφηβεία
public *adj* δημόσιος
publication *n* δημοσίευση
publicity *n* δημοσιότητα
publicly *adv* δημοσίως
publish *v* δημοσιεύω
publisher *n* εκδότης
pudding *n* πουτίγκα
puerile *adj* παιδαριώδης
puff *n* ρουφηξιά
puffy *adj* φουσκωμένος
pull *v* τραβώ
pull ahead *v* τραβώ μπροστά
pull down *v* κατεδαφίζω

pull out

pull out v αναχωρώ
pulley n τροχαλία
pulp n πολτός
pulpit n άμβωνας
pulsate v σφύζω
pulse n σφυγμός
pulverize v κονιορτοποιώ
pump v αντλώ
pump n αντλία
pumpkin n κολοκύθα
punch v γρονθοκοπώ; τρυπώ
punch n γροθιά; ποντς
punctual adj ακριβής
puncture n κλατάρισμα; παρακέντηση
punish v τιμωρώ
punishable adj αξιόποινος
punishment n τιμωρία
pupil n μαθητής; κόρη ματιού
puppet n μαριονέτα
puppy n κουτάβι
purchase v αγοράζω
purchase n αγορά
pure adj καθαρός
puree n πουρές
purgatory n καθαρτήριο
purge n εκκαθάριση
purge v καθαρίζω
purification n καθαρισμός
purify v καθαρίζω
purity n καθαρότητα
purple adj μωβ

purpose n σκοπός
purposely adv σκοπίμως
purse n πορτοφόλι
pursue v επιδιώκω
pursuit n επιδίωξη
pus n πύο
push v σπρώχνω
pushy adj πιεστικός
put iv βάζω
put aside v παραμερίζω
put away v βάζω στην άκρη; εγκλείω
put off v αναβάλλουμε
put out v σβήνω; ξεβολεύω
put up v φιλοξενώ; εκθέτω
put up with v ανέχομαι
putrid adj σάπιος
puzzle n παζλ
puzzling adj αινιγματικός
pyramid n πυραμίδα
python n πύθωνας

quagmire n βάλτος
quail n ορτύκι
quake v σεισμός
qualify v πληρώ τις προϋποθέσεις
quality n ποιότητα

qualm n ενδοιασμός
quandary n δίλημμα
quantity n ποσότητα
quarrel v φιλονικώ
quarrel n φιλονικία
quarrelsome adj εριστικός
quarry n λατομείο
quarter n τέταρτο; τρίμηνο
quarterly adj τριμηνιαίος
quarters n στρατώνας; τομείς; κλιμάκιο
quash v καταστέλλω
queen n βασίλισσα
queer adj αλλόκοτος
quell v καταπνίγω
quench v σβήνω
quest n αναζήτηση
question v ερωτώ
question n ερώτηση
questionable adj αμφισβητήσιμος
questionnaire n ερωτηματολόγιο
queue n ουρά
quick adj γρήγορος
quicken v επισπεύδω
quickly adv γρήγορα
quicksand n κινούμενη άμμος
quiet adj ήσυχος
quietness n ησυχία
quilt n πάπλωμα
quit iv παραιτούμαι

quite adv αρκετά
quiver v τρέμω
quiz v ερωτώ, ανακρίνω
quotation n προσφορά
quote v παραθέτω
quotient n πηλίκο

rabbi n ραβίνος
rabbit n κουνέλι
rabies n λύσσα
raccoon n ρακούν
race v τρέχω σε αγώνα
race n αγώνας δρόμου; φυλή
racism n ρατσισμός
racist adj ρατσιστής
racket n ρακέτα; απάτη; σαματάς
racketeering n απάτες
radar n ραντάρ
radiation n ακτινοβολία
radiator n καλοριφέρ
radical adj ριζικός
radio n ραδιόφωνο
radish n ραπανάκι
radius n ακτίνα
raffle n λοταρία
raft n σχεδία**

rag

rag *n* κουρέλι
rage *n* οργή
ragged *adj* τραχύς; αδέξιος
raid *n* επιδρομή
raid *v* εισβάλλω
raider *n* επιδρομέας
rail *n* κάγκελο
railroad *n* σιδηρόδρομος
rain *n* βροχή
rain *v* βρέχω
rainbow *n* ουράνιο τόξο
raincoat *n* αδιάβροχο
rainfall *n* βροχόπτωση
rainy *adj* βροχερός
raise *n* αύξηση αποδοχών
raise *v* σηκώνω; αυξάνω
raisin *n* σταφίδα
rake *n* τσουγκράνα
rally *n* συλλαλητήριο; ράλι
ram *n* κριάρι
ram *v* εμβολίζω
ramification *n* διακλάδωση; επίπτωση
ramp *n* ράμπα
rampage *v* ρημάζω
rampant *adj* αχαλίνωτος
ranch *n* ράντσο
rancor *n* κακόβουλη επίκριση
randomly *adv* τυχαία
range *n* σειρά; γκάμα; βεληνεκές
rank *n* βαθμός, σειρά
rank *v* κατατάσσω

ransack *v* κάνω φύλλο και φτερό
ransom *n* λύτρα
ransom *v* καταβάλλω λύτρα
rape *v* βιάζω
rape *n* βιασμός
rapid *adj* γρήγορος
rapist *n* βιαστής
rapport *n* συμπάθεια
rare *adj* σπάνιος
rarely *adv* σπανίως
rascal *n* κατεργάρης
rash *adj* βιαστικός
rash *n* εξάνθημα
raspberry *n* βατόμουρο
rat *n* αρουραίος
rate *n* τιμή; ρυθμός
rate *v* αποτιμώ
rather *adv* σχετικά, μάλλον
ratification *n* επικύρωση
ratify *v* επικυρώνω
ratio *n* αναλογία
ration *v* καταμερίζω
ration *n* μερίδα, σιτηρέσιο
rational *adj* λογικός
rationalize *v* εκλογικεύω
rattle *v* κροταλίζω
ravage *v* ρημάζω
ravage *n* καταστροφή
rave *v* παραληρώ
raven *n* κοράκι
ravine *n* φαράγγι
raw *adj* ωμός; ακατέργαστος

ray *n* ακτίνα
raze *v* ισοπεδώνω
razor *n* ξυράφι
reach *v* φθάνω
reach *n* απόσταση τεντωμένου χεριού; ευρύτητα
react *v* αντιδρώ
reaction *n* αντίδραση
read *iv* διαβάζω
reader *n* αναγνώστης
readiness *n* ετοιμότητα
reading *n* ανάγνωση
ready *adj* έτοιμος
real *adj* πραγματικός
realism *n* ρεαλισμός
reality *n* πραγματικότητα
realize *v* συνειδητοποιώ
really *adv* πραγματικά
realm *n* βασίλειο
realty *n* ακίνητη περιουσία
reap *v* αποκομίζω
reappear *v* επανεμφανίζομαι
rear *v* ανατρέφω
rear *n* οπίσθιο τμήμα
rear *adj* οπίσθιος
reason *v* επιχειρηματολογώ
reason *n* λόγος
reasonable *adj* λογικός
reasoning *n* συλλογισμός
reassure *v* καθησυχάζω
rebate *n* έκπτωση
rebel *v* επαναστατώ

rebel *n* επαναστάτης
rebellion *n* ανταρσία
rebirth *n* αναγέννηση
rebound *v* αναπηδώ
rebuff *v* σνομπάρω
rebuff *n* απόρριψη
rebuild *v* ανοικοδομώ
rebuke *v* επιπλήττω
rebuke *n* επίπληξη
rebut *v* αντικρούω
recall *v* ανακαλώ
recant *v* αποκηρύσσω
recap *v* ανακεφαλαιώνω
recapture *v* συλλαμβάνω εκ νέου; αναπολώ
recede *v* υποχωρώ
receipt *n* παραλαβή; απόδειξη
receive *v* λαμβάνω
recent *adj* πρόσφατος
reception *n* υποδοχή; δεξίωση
receptionist *n* ρεσεψιονίστ
receptive *adj* δεκτικός
recess *n* εσοχή; διακοπή εργασιών
recession *n* ύφεση
recharge *v* επαναφορτίζω
recipe *n* συνταγή
reciprocal *adj* αμοιβαίος
recital *n* ρεσιτάλ
recite *v* απαγγέλλω
reckless *adj* απερίσκεπτος
reckon *v* θεωρώ

reckon on v λογαριάζω
reclaim v ανακτώ
recline v πλαγιάζω
recluse n ερημίτης
recognition n αναγνώριση
recognize v αναγνωρίζω
recollect v αναπολώ
recollection n ανάμνηση
recommend v συνιστώ
recompense v ανταμείβω
recompense n ανταμοιβή
reconcile v συμφιλιώνω
reconsider v επανεξετάζω
reconstruct v ανακατασκευάζω
record v εγγράφω; ηχογραφώ
record n εγγραφή; μητρώο; ρεκόρ
recorder n μηχάνημα εγγραφής
recording n εγγραφή
recount n νέα καταμέτρηση
recoup v επανακτώ
recourse n προσφυγή
recover v ανακτώ
recovery n ανάκτηση
recreate v αναδημιουργώ
recreation n αναψυχή
recruit v επιστρατεύω, στρατολογώ
recruit n νεοσύλλεκτος
recruitment n στρατολόγηση
rectangle n ορθογώνιο παραλληλόγραμμο

rectangular adj ορθογώνιος
rectify v διορθώνω
rector n εφημέριος
rectum n πρωκτός
recuperate v ανακτώ
recur v επαναλαμβάνομαι
recurrence n επανάληψη
recycle v ανακυκλώνω
red adj κόκκινος
red tape n γραφειοκρατία
redden v κοκκινίζω
redeem v εξαργυρώνω
redemption n λύτρωση
red-hot adj καυτός
redo v ξανακάνω
redouble v αναδιπλασιάζω
redress v επανορθώνω
reduce v μειώνω
redundant adj περιττός
reed n καλάμι
reef n ύφαλος
reel n μπομπίνα
reelect v επανεκλέγω
reenactment n αναπαράσταση; αναθέσπιση
reentry n επανείσοδος
refer to v αναφέρομαι; ανατρέχω
referee n διαιτητής
reference n αναφορά
referendum n δημοψήφισμα
refill v ξαναγεμίζω
refinance v αναχρηματοδοτώ

relapse

refine *v* βελτιώνω
refinery *n* διυλιστήριο
reflect *v* αντικατοπτρίζω
reflection *n* αντανάκλαση
reflexive *adj* αντανακλαστικός
reform *v* μεταρρυθμίζω
reform *n* μεταρρύθμιση
refrain *v* αποφεύγω
refresh *v* ανανεώνω
refreshing *adj* αναζωογονητικός
refreshment *n* αναψυκτικό
refrigerate *v* καταψύχω
refuel *v* ανεφοδιάζω
refuge *n* καταφύγιο
refugee *n* πρόσφυγας
refund *v* επιστρέφω χρήματα
refund *n* επιστροφή χρημάτων
refurbish *v* ανακαινίζω
refusal *n* άρνηση
refuse *v* αρνούμαι
refuse *n* απορρίμματα
refute *v* αντικρούω
regain *v* ανακτώ
regal *adj* βασιλικός
regard *v* αντιμετωπίζω; αφορώ
regarding *pre* σχετικά με
regardless *adv* ανεξάρτητα
regards *n* χαιρετίσματα
regeneration *n* αναγέννηση
regent *n* αντιβασιλέας
regime *n* καθεστώς
regiment *n* σύνταγμα

region *n* περιοχή
regional *adj* περιφερειακός
register *v* καταχωρώ
registration *n* εγγραφή
regret *v* θλίβομαι; μετανιώνω
regret *n* λύπη
regrettable *adj* λυπηρός
regularity *n* κανονικότητα
regularly *adv* τακτικά
regulate *v* ρυθμίζω
regulation *n* ρύθμιση; κανονισμός
rehabilitate *v* αποκαθιστώ
rehearsal *n* πρόβα
rehearse *v* προβάρω
reign *v* βασιλεύω
reign *n* βασιλεία
reimburse *v* αποζημιώνω
reimbursement *n* αποζημίωση
rein *v* χαλιναγωγώ
rein *n* χαλινάρι
reindeer *n* τάρανδος
reinforce *v* ενισχύω
reinforcements *n* ενισχύσεις
reiterate *v* επαναλαμβάνω
reject *v* απορρίπτω
rejection *n* απόρριψη
rejoice *v* χαίρομαι
rejoin *v* επανεντάσσομαι; επανασυνδέω
rejuvenate *v* αναζωογονώ
relapse *n* υποτροπή

related

related *adj* σχετιζόμενος
relationship *n* σχέση
relative *adj* σχετικός
relative *n* συγγενής
relax *v* χαλαρώνω
relaxing *adj* χαλαρωτικός
relay *v* αναμεταδίδω
release *v* απελευθερώνω; εκλύω
relegate *v* υποβιβάζω
relent *v* υποχωρώ
relentless *adj* αμείλικτος
relevant *adj* σχετικός
reliable *adj* αξιόπιστος
reliance *n* εμπιστοσύνη; εξάρτηση
relic *n* λείψανο
relief *n* ανακούφιση
relieve *v* ανακουφίζω
religion *n* θρησκεία
religious *adj* θρησκευτικός
relinquish *v* εγκαταλείπω
relish *v* απολαμβάνω
relive *v* ξαναζώ
relocate *v* μετακομίζω
relocation *n* μετακόμιση
reluctant *adj* απρόθυμος
reluctantly *adv* διστακτικά
rely on *v* βασίζομαι
remain *v* παραμένω
remainder *n* υπόλοιπο
remaining *adj* υπόλοιπος
remains *n* απομεινάρια; λείψανα

remake *v* ξανακάνω
remark *v* παρατηρώ
remark *n* παρατήρηση
remarkable *adj* αξιοσημείωτος
remarry *v* ξαναπαντρεύομαι
remedy *v* γιατρεύω
remedy *n* γιατρικό
remember *v* θυμάμαι
remembrance *n* ανάμνηση
remind *v* υπενθυμίζω
reminder *n* υπενθύμιση
remission *n* άφεση; ύφεση
remit *v* εμβάζω; απαλλάσσω
remittance *n* έμβασμα
remnant *n* απομεινάρι
remodel *v* αναδιαμορφώνω
remorse *n* τύψεις
remorseful *adj* μετανοιωμένος
remote *adj* μακρινός
removal *n* αποκομιδή; αφαίρεση; μετακίνηση
remove *v* αφαιρώ
remunerate *v* αμείβω
renew *v* ανανεώνω
renewal *n* ανανέωση
renounce *v* αποκηρύσσω
renovate *v* ανακαινίζω
renovation *n* ανακαίνιση
renowned *adj* φημισμένος
rent *v* νοικιάζω
rent *n* ενοίκιο
reorganize *v* αναδιοργανώνω

reservation

repair v επισκευάζω
reparation n επανόρθωση, αποζημίωση
repatriate v επαναπατρίζω
repay v ξεπληρώνω
repayment n αποπληρωμή
repeal v ανακαλώ
repeal n ανάκληση
repeat v επαναλαμβάνω
repel v απωθώ
repent v μετανοώ
repentance n μετάνοια
repetition n επανάληψη
replace v αντικαθιστώ
replacement n αντικατάσταση
replay n επανάληψη
replenish v αναπληρώνω
replete adj γεμάτος
replica n απομίμηση
replicate v αναπαράγω, αντιγράφω
reply v απαντώ
reply n απάντηση
report v αναφέρω
report n αναφορά
reportedly adv κατά τα λεγόμενα
reporter n δημοσιογράφος
repose v αναπαύομαι
repose n ανάπαυση
represent v εκπροσωπώ
repress v καταστέλλω
repression n καταστολή
reprieve n αναστολή καταδίκης
reprint v ανατυπώνω
reprint n ανατύπωση
reprisal n αντεκδίκηση
reproach v μέμφομαι
reproach n μομφή
reproduce v αναπαράγω
reproduction n αναπαραγωγή
reptile n ερπετό
republic n δημοκρατία
repudiate v αποκηρύσσω
repugnant adj απεχθής
repulse v αποκρούω
repulse n απόκρουση
repulsive adj αποκρουστικός
reputation n φήμη
reputedly adv κατά κοινή εκτίμηση
request v ζητώ
request n αίτημα
require v απαιτώ
requirement n απαίτηση
rescue v διασώζω
rescue n διάσωση
research v ερευνώ
research n έρευνα
resemblance n ομοιότητα
resemble v μοιάζω
resent v δυσφορώ
resentment n δυσαρέσκεια
reservation n επιφύλαξη; προκράτηση

reserve

reserve v κλείνω; επιφυλάσσω
reservoir n δεξαμενή
reside v διαμένω
residence n κατοικία
residue n υπόλειμμα
resign v παραιτούμαι
resignation n παραίτηση
resilient adj ελαστικός
resist v αντιστέκομαι
resistance n αντίσταση
resolute adj αποφασιστικός
resolution n απόφαση; λύση; ψήφισμα
resolve v επιλύω
resort v καταφεύγω
resounding adj ηχηρός
resource n πόρος
respect v σέβομαι
respect n σεβασμός
respectful adj πλήρης σεβασμού
respective adj αντίστοιχος
respiration n αναπνοή
respite n ανάπαυλα
respond v απαντώ
response n απάντηση
responsibility n ευθύνη
responsible adj υπεύθυνος
responsive adj που ανταποκρίνεται με θέρμη
rest v ξεκουράζομαι
rest n ξεκούραση
rest room n τουαλέτα

restaurant n εστιατόριο
restful adj αναπαυτικός
restitution n αποκατάσταση
restless adj ανήσυχος
restoration n αποκατάσταση, αναστύλωση
restore v αποκαθιστώ
restrain v συγκρατώ
restraint n συγκράτηση, περιορισμός
restrict v περιορίζω
result n αποτέλεσμα
resume v ξαναρχίζω
resumption n επανάληψη
resurface v επανεμφανίζομαι
resurrection n ανάσταση
resuscitate v επαναφέρω στις αισθήσεις
retain v διατηρώ
retaliate v ασκώ αντίποινα
retaliation n αντίποινα
retarded adj καθυστερημένος
retention n διατήρηση
retire v αποσύρομαι; συνταξιοδοτούμαι
retirement n συνταξιοδότηση
retract v ανακαλώ
retreat v υποχωρώ
retreat n υποχώρηση
retrieval n ανάκτηση
retrieve v ανάκτηση
retroactive adj αναδρομικός

return v επιστρέφω
return n επιστροφή; απόδοση
reunion n επανένωση, ξανασμίξιμο
reveal v αποκαλύπτω
revealing adj αποκαλυπτικός
revel v διασκεδάζω
revelation n αποκάλυψη
revenge v εκδικούμαι
revenge n εκδίκηση
revenue n έσοδα
reverence n ευλάβεια
reversal n αντιστροφή
reverse n αντίστροφο
reversible adj αναστρέψιμος
revert v επανέρχομαι
review v επανεξετάζω
review n ανασκόπηση, επανεξέταση
revise v αναθεωρώ
revision n αναθεώρηση
revive v αναβιώνω
revoke v ανακαλώ
revolt v επαναστατώ
revolt n ανταρσία
revolting adj αποκρουστικός
revolve v περιστρέφομαι
revolver v περίστροφο
revue n επιθεώρηση
revulsion n μεταστροφή
reward v ανταμείβω
reward n ανταμοιβή

rewarding adj ικανοποιητικός
rheumatism n ρευματισμός
rhinoceros n ρινόκερος
rhyme n ομοιοκαταληξία
rhythm n ρυθμός
rib n πλευρό, παΐδι
ribbon n κορδέλα
rice n ρύζι
rich adj πλούσιος
rid of iv απαλλάσσω
riddle n αίνιγμα
ride iv καβαλώ; επιβαίνω
ridge n κορυφογραμμή
ridicule v γελοιοποιώ
ridicule n γελοιοποίηση
ridiculous adj γελοίος
rifle n τουφέκι
rift n ρήγμα; ρήξη
right adv σωστά; δεξιά
right adj δεξιός; σωστός
right n δικαίωμα; δεξιά πλευρά
rigid adj άκαμπτος
rigor n αυστηρότητα
rim n χείλος
ring iv κουδουνίζω
ring n δαχτυλίδι; κρίκος; κουδούνισμα
ringleader n αρχηγός σπείρας
rinse v ξεπλένω
riot v εξεγείρομαι
riot n εξέγερση
rip v σκίζω

rip apart

rip apart v σκίζω σε κομματάκια
rip off v κλέβω, εξαπατώ
ripe adj ώριμος
ripen v ωριμάζω
ripple n κυματισμός
rise iv ανεβαίνω
risk v διακινδυνεύω
risk n κίνδυνος
risky adj επικίνδυνος
rite n ιεροτελεστία
rival n αντίπαλος
rivalry n ανταγωνισμός
river n ποτάμι
rivet v καθηλώνω, καρφώνω
riveting adj καθηλωτικός
road n δρόμος
roam v περιπλανώμαι
roar v βρυχώμαι
roar n βρυχηθμός
roast v ψήνω
roast n ψητό
rob v ληστεύω
robber n ληστής
robbery n ληστεία
robe n ρόμπα
robust adj εύρωστος
rock n βράχος; ροκ
rock v λικνίζω
rocket n πύραυλος
rocky adj βραχώδης
rod n ράβδος
rodent n τρωκτικό

roll v κυλώ
roll n ρολό; ψωμάκι
romance n ειδύλλιο
roof n στέγη
room n δωμάτιο
roomy adj ευρύχωρος
rooster n πετεινός
root n ρίζα
rope n σκοινί
rosary n κομποσκοίνι
rose n τριαντάφυλλο
rosy adj ροδαλός, ρόδινος
rot v σαπίζω
rot n αποσύνθεση
rotate v περιστρέφω
rotation n περιστροφή
rotten adj σάπιος
rough adj τραχύς
round adj στρογγυλός
roundup n συγκέντρωση ζώων; σύνοψη ειδήσεων
rouse v ξυπνώ
rousing adj διεγερτικός
route n διαδρομή
routine n ρουτίνα
row v κωπηλατώ
row n σειρά
rowdy adj εριστικός
royal adj βασιλικός
royalty n βασιλικό αξίωμα; πνευματικά δικαιώματα
rub v τρίβω

rubber n καουτσούκ; γομολάστιχα
rubbish n σκουπίδια
rubble n χαλίκι
ruby n ρουμπίνι
rudder n πηδάλιο
rude adj αγενής
rudeness n αγένεια
rudimentary adj στοιχειώδης
rug n χαλί
ruin v ρημάζω
ruin n ερείπιο
rule v κανόνας; εξουσία
rule n κυβερνώ; διατάσσω
ruler n κυβερνήτης; χάρακας
rum n ρούμι
rumble v βροντώ
rumble n βροντή
rumor n φήμη
run iv τρέχω
run away v το σκάω
run into v συναντώ τυχαία
run out / εξαντλούμαι
run over v πατώ, χτυπώ
run up v υψώνω; συσσωρεύω
runner n δρομέας
runway n διάδρομος
rupture n ρήξη
rupture v διαρρηγνύω
rural adj αγροτικός
ruse n τέχνασμα
rush v βιάζομαι

Russia n Ρωσία
Russian adj ρωσικός
rust v σκουριά
rust n σκουριάζω
rustic adj χωριάτικος
rust-proof adj ανθεκτικός στη σκουριά
rusty adj σκουριασμένος
ruthless adj αδίστακτος
rye n σίκαλη

S

sabotage v σαμποτάρω
sabotage n σαμποτάζ
sack v λεηλατώ; απολύω
sack n λεηλασία
sacrament n μυστήριο
sacred adj ιερός
sacrifice n θυσία
sacrilege n ιεροσυλία
sad adj λυπημένος, λυπηρός
sadden v θλίβω
saddle n σέλα
sadist n σαδιστής
sadness n θλίψη
safe n χρηματοκιβώτιο
safe adj ασφαλής

safeguard

safeguard *n* προστασία
safety *n* ασφάλεια
sail *v* πλέω, σαλπάρω
sail *n* ιστιοπλοΐα
sailboat *n* ιστιοφόρο
sailor *n* ναύτης
saint *n* άγιος
salad *n* σαλάτα
salary *n* μισθός
sale *n* πώληση
sale slip *n* απόδειξη πώλησης
salesman *n* πωλητής
saliva *n* σάλιο
salmon *n* σολομός
saloon *n* μπαρ, σαλούν
salt *n* αλάτι
salty *adj* αλμυρός
salvage *v* διασώζω
salvation *n* σωτηρία
same *adj* ίδιος
sample *n* δείγμα
sanctify *v* καθαγιάζω
sanction *v* επιτρέπω
sanction *n* άδεια; κύρωση
sanctity *n* ιερότητα
sanctuary *n* ιερό
sand *n* άμμος
sandal *n* σανδάλι
sandpaper *n* γυαλόχαρτο
sandwich *n* σάντουιτς
sane *adj* συνετός
sanity *n* λογική

sap *n* χυμός φρούτου
sap *v* απομυζώ
sapphire *n* ζαφείρι
sarcasm *n* σαρκασμός
sarcastic *adj* σαρκαστικός
sardine *n* σαρδέλα
satanic *adj* σατανικός
satellite *n* δορυφόρος
satire *n* σάτιρα
satisfaction *n* ικανοποίηση
satisfactory *adj* ικανοποιητικός
satisfy *v* ικανοποιώ
saturate *v* διαποτίζω; γεμίζω
Saturday *n* Σάββατο
sauce *n* σάλτσα
saucepan *n* κατσαρόλα
saucer *n* πιατάκι
sausage *n* λουκάνικο
savage *adj* άγριος
savagery *n* αγριότητα
save *v* σώζω
savings *n* οικονομίες
savior *n* σωτήρας
savor *v* γεύομαι
saw *iv* πριονίζω
saw *n* πριόνι
say *iv* λέω
saying *n* ρητό
scaffolding *n* σκαλωσιά
scald *v* έγκαυμα
scale *v* απολεπίζω
scale *n* διαβάθμιση; κλίμακα

scalp n δέρμα του κρανίου	**scissors** n ψαλίδι
scam n απάτη	**scoff** v χλευάζω
scan v ανιχνεύω· σαρώνω	**scold** v επιπλήττω
scandal n σκάνδαλο	**scolding** n επίπληξη
scandalize v σκανδαλίζω	**scooter** n σκούτερ
scapegoat n αποδιοπομπαίος τράγος	**scope** n πεδίο, φάσμα
scar n ουλή	**scorch** v καψαλίζω
scarce adj σπάνιος	**score** n σκορ· βαθμολογία
scarcely adv μόλις	**score** v σκοράρω· βαθμολογώ
scarcity n έλλειψη	**scorn** v περιφρόνηση
scare v τρομάζω	**scornful** n περιφρονητικός
scare n τρομάρα	**scorpion** n σκορπιός
scare away v φοβίζω, διώχνω	**scoundrel** n κάθαρμα
scarf n κασκόλ	**scour** v καθαρίζω με τρίψιμο
scary adj τρομακτικός	**scourge** n μάστιγα
scatter v σκορπίζω	**scout** n πρόσκοπος
scenario n σενάριο	**scramble** v ανακατεύω
scene n σκηνή	**scrambled** adj κωδικοποιημένος· αυγά στραπατσάδα
scenery n τοπίο	**scrap** n ρετάλι· ίχνος
scenic adj γραφικός	**scrap** v απορρίπτω
scent n μυρωδιά	**scrape** v ξύνω
schedule v προγραμματίζω	**scratch** v γδέρνω
schedule n χρονοδιάγραμμα	**scratch** n αμυχή
scheme n σχέδιο	**scream** v ουρλιάζω
schism n σχίσμα	**scream** n κραυγή
scholar n λόγιος	**screech** v στριγκλίζω
scholarship n υποτροφία	**screen** n οθόνη· κόσκινο
school n σχολείο	**screen** v ελέγχω προσεκτικά· προβάλλω
science n επιστήμη	**screw** v βιδώνω
scientific adj επιστημονικός	**screw** n βίδα
scientist n επιστήμονας	

screwdriver

screwdriver *n* κατσαβίδι
scribble *v* μουντζουρώνω
script *n* γραφή
scroll *n* πάπυρος; κύλιση
scrub *v* τρίβω; ακυρώνω
scruple *n* ενδοιασμός
scrupulous *adj* σχολαστικός
scrutiny *n* αυστηρός έλεγχος
scuffle *n* διαγκωνισμός
sculptor *n* γλύπτης
sculpture *n* γλυπτική; γλυπτό
sea *n* θάλασσα
seafood *n* θαλασσινά
seagull *n* γλάρος
seal *v* σφραγίσει
seal *n* σφραγίδα; φώκια
seal off *v* απομονώνω
seam *n* ραφή
seamless *adj* μονοκόμματος
seamstress *n* ράφτρα
search *v* αναζητώ
search *n* αναζήτηση
seashore *n* ακροθαλασσιά
seasick *adj* που νιώθει ναυτία
seaside *adj* ακτή
season *n* εποχή
season *v* καθιστώ έμπειρο; καρυκεύω
seasonal *adj* εποχιακός
seasoning *n* καρύκευμα
seat *n* κάθισμα
seated *adj* καθιστός

secede *v* αποχωρώ
secluded *adj* απομονωμένος
seclusion *n* απομόνωση
second *n* δευτερόλεπτο
second *adj* δεύτερος
secondary *adj* δευτερεύων
secrecy *n* μυστικότητα
secret *n* μυστικό
secretary *n* γραμματέας
secretly *adv* κρυφά
sect *n* αίρεση
section *n* τμήμα; τομή
sector *n* τομέας
secure *v* ασφαλίζω
secure *adj* ασφαλής
security *n* ασφάλεια
sedate *v* ναρκώνω
sedation *n* νάρκωση
seduce *v* αποπλανώ
seduction *n* αποπλάνηση
see *iv* βλέπω
seed *n* σπόρος
seedless *adj* άσπορος
seedy *adj* ελεεινός
seek *iv* αναζητώ
seem *v* φαίνομαι να
see-through *adj* σιθρού
segment *n* τμήμα
segregate *v* διαχωρίζω
segregation *n* διαχωρισμός
seize *v* δράττομαι
seizure *n* κατάσχεση; κρίση

set off

seldom adv σπάνια
select v επιλέγω
selection n επιλογή
self-conscious adj συνεσταλμένος
self-esteem n αυτοεκτίμηση
self-evident adj αυτονόητος
self-interest n ιδιοτέλεια
selfish adj εγωιστικός
selfishness n εγωισμός
self-respect n αυτοσεβασμός
sell iv πωλώ
seller n πωλητής
sellout n εμπορικός θρίαμβος; ξεπούλημα
semblance n ομοιότητα
semester n εξάμηνο
seminary n ιερατική σχολή
senate n γερουσία
senator n γερουσιαστής
send iv στέλνω
sender n αποστολέας
senile adj γεροντικός
senior adj αρχαιότερος; ανώτερος
seniority n αρχαιότητα
sensation n αίσθηση
sense v αισθάνομαι
sense n αίσθηση
senseless adj αναίσθητος
sensible adj λογικός
sensitive adj ευαίσθητος
sensual adj αισθησιακός

sentence v καταδικάζω
sentence n πρόταση; ποινή
sentiment n συναίσθημα
sentimental adj συναισθηματικός
sentry n φρουρός
separate v διαχωρίζω
separate adj ξεχωριστός
separation n αποχωρισμός
September n Σεπτέμβριος
sequel n συνέχεια, δεύτερο μέρος
sequence n ακολουθία
serenade n σερενάτα
serene adj γαλήνιος
serenity n γαλήνη
sergeant n λοχίας
series n σειρά
serious adj σοβαρός
seriousness n σοβαρότητα
sermon n κήρυγμα
serpent n φίδι
serum n ορός
servant n υπηρέτης
serve v υπηρετώ; σερβίρω
service n υπηρεσία
service v συντηρώ
session n συνεδρία
set n σετ; σκηνικό
set iv θέτω; ρυθμίζω
set about v ξεκινώ, αρχινώ
set off v δίνω το έναυσμα; ξεκινώ για ταξίδι

set out

set out v διατυπώνω
set up up στήνω, ανεγείρω
setback n αναποδιά
setting n ρύθμιση
settle v εγκαθίσταμαι; ηρεμώ
settle down v τακτοποιούμαι
settle for v αρκούμαι, συμβιβάζομαι
settlement n διακανονισμός
settler n άποικος
setup n οργάνωση, συγκρότηση
seven adj επτά
seventeen adj δεκαεπτά
seventh adj έβδομος
seventy adj εβδομήντα
sever v κόβω
several adj αρκετοί
severance n αποκοπή
severe adj σοβαρός
severity n σοβαρότητα
sew v ράβω
sewage n απόβλητα
sewer n υπόνομος
sewing n ράψιμο
sex n φύλο; σεξ
sexuality n σεξουαλικότητα
shabby adj φθαρμένος
shack n καλύβα
shackle n χειροπέδες
shade n σκιά
shadow n σκιά
shady adj σκιερός; ύποπτος

shake iv τρέμω
shaken adj χτυπημένο
shaky adj ασταθής
shallow adj ρηχός
sham n απάτη
shambles n ακαταστασία
shame v ντροπιάζω
shame n ντροπή
shameful adj επαίσχυντος
shameless adj αδιάντροπος
shape v διαμορφώνω
shape n σχήμα; φυσική κατάσταση
share v μοιράζομαι
share n μετοχή
shareholder n μέτοχος
shark n καρχαρίας
sharp adj αιχμηρός
sharpen v ακονίζω
sharpener n ξύστρα, ακονιστήρι
shatter v συντρίβω
shattering adj συνταρακτικός
shave v ξυρίζω
she pro αυτή
shear iv κόβω
shed iv ρίχνω, χύνω
shed n υπόστεγο
sheep n πρόβατο
sheet n σεντόνι; στρώμα; φύλλο
shelf n ράφι
shell v ξεφλουδίζω
shell n κέλυφος

shellfish *n* όστρακα
shelter *v* προσφέρω καταφύγιο
shelter *n* καταφύγιο
shelves *n* ράφια
shepherd *n* βοσκός
sherry *n* σέρυ
shield *v* προασπίζω
shield *n* ασπίδα
shift *n* μετατόπιση
shift *v* μετατοπίζω
shine *n* γυαλάδα
shine *iv* λάμψη
shiny *adj* λαμπερός
ship *n* πλοίο
ship *v* αποστέλλω με πλοίο
shipment *n* αποστολή, φορτίο
shipwreck *n* ναυάγιο
shipyard *n* ναυπηγείο
shirk *v* φυγοπονώ
shirt *n* πουκάμισο
shiver *v* τρέμω
shiver *n* ρίγος
shock *v* σοκάρω
shock *n* σοκ; δόνηση
shocking *adj* συγκλονιστικός
shoddy *adj* φτηνιάρικος
shoe *n* παπούτσι
shoe polish *n* βερνίκι παπουτσιών
shoe store *n* κατάστημα υποδημάτων
shoelace *n* κορδόνι

shoot *iv* πυροβολώ
shoot down *v* καταρρίπτω
shop *v* ψωνίζω
shop *n* κατάστημα
shoplifting *n* κλοπή από κατάστημα
shopping *n* ψώνια
shore *n* ακτή
short *adj* κοντός; σύντομος
shortage *n* έλλειψη
shortcoming *n* αδυναμία
shortcut *n* συντόμευση
shorten *v* συντομεύω
shorthand *n* στενογραφία
short-lived *adj* βραχύβιος
shortly *adv* προσεχώς
shorts *n* σορτς
shortsighted *adj* μυωπικός
shot *n* βολή; ευκαιρία
shotgun *n* κυνηγετικό όπλο
shoulder *n* ώμος
shout *v* φωνάζω
shout *n* κραυγή
shouting *n* ξεφωνητό
shove *v* σπρώχνω
shovel *n* φτυάρι
shovel *v* φτυαρίζω
show *iv* δείχνω
show off *v* επιδεικνύω
show up *v* εμφανίζομαι
showdown *n* αναμέτρηση
shower *n* ντους

shrapnel

shrapnel *n* θραύσμα
shred *v* κομματιάζω
shred *n* κομματάκι
shrewd *adj* δαιμόνιος
shriek *v* στριγκλίζω
shriek *n* ξεφωνητό
shrimp *n* γαρίδα
shrine *n* βωμός
shrink *iv* συρρικνώνομαι
shroud *n* σάβανο
shrouded *adj* τυλιγμένος
shrub *n* θάμνος
shrug *v* σηκώνω τους ώμους
shudder *n* ανατριχίλα
shudder *v* ανατριχιάζω
shuffle *v* ανακατεύω
shun *v* αποφεύγω
shut *iv* κλείνω
shut off *v* αποκόπτω
shut up *v* βγάζω το σκασμό
shuttle *v* πηγαινοέρχομαι
shy *adj* ντροπαλός
shyness *n* ντροπαλότητα
sick *adj* άρρωστος
sicken *v* αηδιάζω
sickening *adj* αηδιαστικός
sickle *n* δρεπάνι
sickness *n* ασθένεια
side *n* πλευρά
sideburns *n* φαβορίτες
sidestep *v* παραμερίζω
sidewalk *n* πεζοδρόμιο

sideways *adv* πλαγίως
siege *n* πολιορκώ
siege *v* πολιορκία
sift *v* κοσκινίζω
sigh *n* αναστεναγμός
sigh *v* αναστενάζω
sight *n* θέαμα
sightseeing *v* ξενάγηση σε αξιοθέατα
sign *v* υπογράφω
sign *n* σήμα
signal *n* σήμα
signal *v* σηματοδοτώ
signature *n* υπογραφή
significance *n* σημασία
significant *adj* σημαντικός
signify *v* σημαίνω
silence *n* σιωπή
silence *v* φιμώνω, σιγάζω
silent *adj* σιωπηλός
silhouette *n* σιλουέτα
silk *n* μετάξι
silly *adj* ανόητος
silver *n* ασήμι
silver-plated *adj* επάργυρος
silversmith *n* αργυροχόος
silverware *n* ασημικά
similar *adj* παρόμοιος
similarity *n* ομοιότητα
simmer *v* σιγοβράζω
simple *adj* απλός
simplicity *n* απλότητα
simplify *v* απλοποιώ

skirt

simply *adv* απλά
simulate *v* προσομοιώνω
simultaneous *adj* ταυτόχρονος
sin *v* αμαρτάνω
sin *n* αμαρτία
since *c* έκτοτε, αφότου
since *pre* από; μέχρι τώρα
since then *adv* από τότε
sincere *adj* ειλικρινής
sincerity *n* ειλικρίνεια
sinful *adj* αμαρτωλός
sing *iv* τραγουδώ
singer *n* τραγουδιστής
single *n* μονόκλινο; σινγκλ
single *adj* μόνος; ανύπαντρος
singlehanded *adj* αβοήθητος; με το ένα χέρι
single-minded *adj* αποφασισμένος, προσηλωμένος
singular *adj* ενικός
sinister *adj* μοχθηρός
sink *n* νεροχύτης
sink *iv* βουλιάζω
sink in *v* απορροφώμαι
sinner *n* αμαρτωλός
sip *v* αργοπίνω
sip *n* γουλιά
sir *n* κύριος
siren *n* σειρήνα
sirloin *n* κόντρα φιλέτο
sissy *adj* φοβητσιάρης
sister *n* αδελφή

sister-in-law *n* κουνιάδα
sit *iv* κάθομαι
site *n* τοποθεσία
sitting *n* συνεδρίαση
situated *adj* που βρίσκεται
situation *n* κατάσταση
six *adj* έξι
sixteen *adj* δεκαέξι
sixth *adj* έκτος
sixty *adj* εξήντα
sizable *adj* ευμεγέθης
size *n* μέγεθος
size up *v* εκτιμώ, υπολογίζω
skate *v* κάνω πατινάζ
skate *n* παγοπέδιλο
skeleton *n* σκελετός
skeptic *n* σκεπτικιστής
skeptic *adj* δύσπιστος
sketch *v* σκιτσάρω
sketch *n* σκίτσο
sketchy *adj* αποσπασματικός
ski *v* κάνω σκι
skill *n* επιδεξιότητα
skillful *adj* επιδέξιος
skim *v* ξαφρίζω
skin *v* γδέρνω
skin *n* δέρμα
skinny *adj* κοκαλιάρης
skip *v* παραλείπω
skip *n* αναπήδηση
skirmish *n* αψιμαχία
skirt *n* φούστα

skull n κρανίο
sky n ουρανός
skylight n φεγγίτης
skyscraper n ουρανοξύστης
slab n πλάκα
slack adj χαλαρός
slacken v χαλαρώνω
slacks n γυναικείο παντελόνι
slam v κοπανώ
slander n συκοφαντία
slanted adj λοξός
slap n χαστούκι
slap v χαστουκίζω
slash n σχισμή
slash v σχίζω
slate n σχιστόλιθος
slaughter v σφάζω
slaughter n σφαγή
slave n δούλος
slavery n δουλεία
slay iv σκοτώνω
sleazy adj ελεεινός, ρυπαρός
sleep iv κοιμάμαι
sleep n ύπνος
sleeve n μανίκι
sleeveless adj αμάνικος
sleigh n έλκηθρο
slender adj λεπτός
slice v κόβω σε φέτες
slice n φέτα
slide iv τσουλώ
slightly adv ελαφρώς

slim adj λεπτός
slip v γλιστρώ
slip n γλίστρημα
slipper n παντόφλα
slippery adj ολισθηρός
slit iv σχισμή
slob adj τσαπατσούλης
slogan n σύνθημα
slope n κλίση
sloppy adj τσαπατσούλης
slot n σχισμή
slow adj αργός
slow down v επιβραδύνω
slow motion n αργή κίνηση
slowly adv αργά
sluggish adj αργοκίνητος
slum n φτωχογειτονιά
slump v σημειώνω κάμψη
slump n ύφεση
slur v τραυλίζω
sly adj ύπουλος
smack n σκαμπίλι
smack v σκαμπιλίζω
small adj μικρός
smallpox n ευλογία
smart adj έξυπνος
smash v θρυμματίζω
smear n κηλίδα
smear v επαλείφω
smell n μυρωδιά
smell iv μυρίζω
smelly adj δύσοσμος

solace

smile *v* χαμογελώ
smile *n* χαμόγελο
smoke *v* καπνός
smoked *adj* καπνιστός
smoker *n* καπνιστής
smoking gun *n* αδιάσειστες ενδείξεις
smooth *v* λειαίνω
smooth *adj* λείος; ομαλός
smoothly *adv* ομαλά
smoothness *n* ομαλότητα
smother *v* πνίγω
smuggler *n* λαθρέμπορος
snack *n* κολατσιό
snack *v* κολατσίζω
snail *n* σαλιγκάρι
snake *n* φίδι
snap *v* σπάζω; μιλώ απότομα
snapshot *n* στιγμιότυπο
snare *v* παγιδεύω
snare *n* παγίδα
snatch *v* αρπάζω
sneak *v* κινούμαι αθόρυβα
sneeze *v* φταρνίζομαι
sneeze *n* φτάρνισμα
sniff *v* μυρίζω
sniper *n* ελεύθερος σκοπευτής
snitch *v* καταδότης, καρφί
snooze *v* παίρνω έναν υπνάκο
snore *v* ροχαλίζω
snore *n* ροχαλητό
snow *v* χιονίζω
snow *n* χιόνι
snowfall *n* χιονόπτωση
snowflake *n* νιφάδα χιονιού
snub *v* σνομπάρω
snub *n* προσβολή, ταπείνωση
soak *v* μουλιάζω
soak in *v* απορροφώμαι με
soak up *v* απορροφώ, ρουφάω
soar *v* ίπταμαι; εκτοξεύομαι
sob *v* κλαίω με λυγμούς
sob *n* λυγμός
sober *adj* νηφάλιος
so-called *adj* λεγόμενος
sociable *adj* κοινωνικός
socialism *n* σοσιαλισμός
socialist *adj* σοσιαλιστής
socialize *v* συναναστρέφομαι; κοινωνικοποιώ
society *n* κοινωνία
sock *n* κάλτσα
sod *n* γκαζόν
soda *n* σόδα; αναψυκτικό
sofa *n* καναπές
soft *adj* μαλακός
soften *v* μαλακώνω
softly *adv* μαλακά
softness *n* απαλότητα
soggy *adj* μουσκεμένος
soil *v* λερώνω
soil *n* χώμα
soiled *adj* λερωμένος
solace *n* παρηγοριά

solar *adj* ηλιακός
solder *v* κασσιτεροκολλώ
soldier *n* στρατιώτης
sold-out *adj* κάτι που έχει ξεπουλήσει
sole *n* σόλα, πέλμα
sole *adj* μοναδικός, μόνος
solely *adv* μόνο
solemn *adj* σοβαρός
solicit *v* επιζητώ
solid *adj* στερεός
solidarity *n* αλληλεγγύη
solitary *adj* μοναχικός
solitude *n* μοναξιά
soluble *adj* διαλυτός
solution *n* λύση; διάλυμα
solve *v* επιλύω
solvent *adj* φερέγγυος, αξιόχρεος
somber *adj* μελαγχολικός
some *adj* μερικοί
somebody *pro* κάποιος
someday *adv* κάποια μέρα
somehow *adv* κάπως
someone *pro* κάποιος
something *pro* κάτι
sometimes *adv* μερικές φορές
someway *adv* κατά κάποιο τρόπο
somewhat *adv* κάπως
son *n* γιος
song *n* τραγούδι
son-in-law *n* γαμπρός, σύζυγος κόρης

soon *adv* σύντομα
soothe *v* καλμάρω
sorcerer *n* μάγος
sorcery *n* μαγεία
sore *n* πληγή
sore *adj* πονεμένος
sorrow *n* λύπη
sorrowful *adj* θλιμμένος
sorry *adj* λυπημένος
sort *n* είδος
sort out *v* τακτοποιώ, ξεκαθαρίζω
soul *n* ψυχή
sound *n* ήχος
sound *v* ακούγομαι
sound out *v* εκμαιεύω
soup *n* σούπα
sour *adj* ξινός
source *n* πηγή
south *n* νότος
southbound *adv* προς το νότο
southeast *n* νοτιοανατολικά
southern *adj* νότιος
southerner *n* κάτοικος του νότου
southwest *n* νοτιοδυτικά
souvenir *n* αναμνηστικό
sovereign *adj* κυρίαρχος
sovereignty *n* κυριαρχία
soviet *adj* σοβιετικός
sow *iv* σπείρω
spa *n* σπα
space *n* διάστημα; χώρος

space out *v* ζαλίζομαι, σαστίζω
spacious *adj* ευρύχωρος
spade *n* φτυάρι
Spain *n* Ισπανία
span *v* εκτείνομαι
span *n* διάρκεια
Spaniard *n* Ισπανός
Spanish *adj* ισπανικός
spank *v* δέρνω
spanking *n* ξυλιές
spare *v* χαρίζομαι
spare *adj* εφεδρικός
spare part *n* ανταλλακτικό
sparingly *adv* με φειδώ
spark *n* σπίθα
spark off *v* πυροδοτώ
spark plug *n* μπουζί
sparkle *v* λάμπω
sparrow *n* σπουργίτι
sparse *adj* αραιός
spasm *n* σπασμός
speak *iv* μιλώ
speaker *n* ομιλητής; ηχείο
spear *n* δόρυ
spearhead *v* αιχμή δόρατος
special *adj* ειδικός; εξαιρετικός
specialize *v* ειδικεύομαι
specialty *n* ειδικότητα
species *n* είδος
specific *adj* συγκεκριμένος
specimen *n* δείγμα
speck *n* κηλίδα

spectacle *n* θέαμα
spectator *n* θεατής
speculate *v* εικάζω; κερδοσκοπώ
speculation *n* εικασία; κερδοσκοπία
speech *n* ομιλία
speechless *adj* άφωνος
speed *iv* κινούμαι με ταχύτητα
speed *n* ταχύτητα
speedily *adv* γρήγορα
speedy *adj* γρήγορος
spell *iv* συλλαβίζω
spell *n* ξόρκι
spelling *n* ορθογραφία
spend *iv* ξοδεύω
spending *n* δαπάνες
sperm *n* σπέρμα
sphere *n* σφαίρα
spice *n* μπαχαρικό
spicy *adj* πικάντικος
spider *n* αράχνη
spider web *n* ιστός αράχνης
spill *iv* χύνω
spill *n* πτώση
spin *iv* περιστρέφω
spine *n* σπονδυλική στήλη
spineless *adj* ασπόνδυλος
spinster *n* γεροντοκόρη
spirit *n* πνεύμα; οινοπνευματώδες ποτό
spiritual *adj* πνευματικός
spit *iv* φτύνω

spite n εμπάθεια
spiteful adj εμπαθής
splash v πιτσιλώ
splendid adj υπέροχος
splendor n μεγαλείο
splint n νάρθηκας
splinter n σκλήθρα
splinter v θρυμματίζω
split n χωρισμός; ρήξη
split iv σχίζομαι; χωρίζω
split up v χωρίζω με κάποιον
spoil v χαλώ
spoils n λάφυρα
sponge n σφουγγάρι
sponsor n χορηγός
spontaneity n αυθορμητισμός
spontaneous adj αυθόρμητος
spooky adj τρομακτικός
spool n καρούλι
spoon n κουτάλι
spoonful n κουταλιά
sporadic adj σποραδικός
sport n σπορ
sportsman n φίλαθλος
sporty adj αθλητικός
spot v εντοπίζω; λεκιάζω
spot n σημείο; κηλίδα
spotless adj πεντακάθαρος
spotlight n προβολέας
spouse n σύζυγος
sprain v στραμπουλίζω
sprawl v εξαπλώνομαι

spray v ψεκάζω
spread iv απλώνω; διαδίδω
spring iv εκτινάσσομαι
spring n άνοιξη; αναπήδηση; πηγή; ελατήριο
springboard n βατήρας
sprinkle v πασπαλίζω
sprout v φυτρώνω
spruce up up κάνω πιο κομψό
spur v ωθώ
spur n κέντρισμα; σπιρούνι
spy v κατασκοπεύω
spy n κατάσκοπος
squalid adj άθλιος
squander v χαραμίζω
square adj τετράγωνος
square n πλατεία; τετράγωνο
squash v συνθλίβω
squeak v τρίζω
squeaky adj τσιριχτός
squeamish adj σεμνότυφος, σιχασιάρης
squeeze v συμπιέζω
squeeze in v στριμώχνω
squid n καλαμάρι
squirrel n σκίουρος
stab v μαχαιρώνω
stab n μαχαιριά
stability n σταθερότητα
stable adj σταθερός
stable n στάβλος
stack v στοιβάζω

stack *n* καμινάδα; στοίβα
staff *n* προσωπικό; μπαστούνι
staff *v* επανδρώνω
stage *n* σκηνή; στάδιο
stage *v* οργανώνω
stagger *v* τρεκλίζω
staggering *adj* συγκλονιστικός
stagnant *adj* στάσιμος
stagnate *v* λιμνάζω
stagnation *n* στασιμότητα
stain *v* λεκιάζω
stain *n* λεκές
stair *n* σκαλί
staircase *n* σκάλα
stairs *n* σκάλες
stake *n* στοίχημα
stake *v* στοιχηματίζω
stale *adj* μπαγιάτικος
stalemate *n* ισοπαλία; αδιέξοδο
stalk *v* καταδιώκω ύπουλα
stalk *n* κοτσάνι
stall *n* πάγκος
stall *v* καθυστερώ; παύω να λειτουργώ
stammer *v* τραυλίζω
stamp *v* σφραγίζω
stamp *n* σφραγίδα
stamp out *v* εξαλείφω
stampede *n* ποδοβολητό, πανικός
stand *iv* στέκομαι; υπομένω
stand *n* θέση; στάση
stand for *v* αντιπροσωπεύω
stand out *v* ξεχωρίζω
stand up *v* σηκώνομαι
standard *n* πρότυπο
standardize *v* τυποποιώ
standing *n* περιωπή
standpoint *n* άποψη
standstill *adj* ακίνητος
staple *v* συρράπτω
staple *n* συρραπτικό
stapler *n* συρραπτικό
star *n* αστέρι
starch *n* άμυλο
starchy *adj* αμυλώδης
stare *v* κοιτάζω επίμονα
stark *adj* ολοσχερής
start *v* ξεκινώ
start *n* ξεκίνημα
startle *v* ξαφνιάζω
startled *adj* αιφνιδιασμένος
starvation *n* πείνα
starve *v* λιμοκτονώ
state *n* κατάσταση; πολιτεία
state *v* δηλώνω
statement *n* δήλωση
station *n* σταθμός
stationary *adj* ακίνητος
stationery *n* χαρτικά
statistic *n* στατιστική
statue *n* άγαλμα
status *n* κατάσταση; κύρος
statute *n* νόμος

staunch

staunch *adj* αφοσιωμένος
stay *v* μένω
stay *n* διαμονή
steady *adj* σταθερός
steak *n* μπριζόλα
steal *iv* κλέβω
stealthy *adj* μουλωχτός
steam *n* ατμός
steel *n* ατσάλι
steep *adj* απότομος
stem *n* στέλεχος
stem *v* ανακόπτω; προέρχομαι
stench *n* δυσωδία
step *n* βήμα
step *v* βηματίζω
step down *v* παραιτούμαι
step out *v* βγαίνω
step up *v* αυξάνω
stepbrother *n* ετεροθαλής αδελφός
step-by-step *adv* βήμα-βήμα
stepdaughter *n* θετή κόρη
stepfather *n* πατριός
stepladder *n* φορητή σκάλα
stepmother *n* μητριά
stepsister *n* ετεροθαλής αδελφή
stepson *n* θετός γιος
sterile *adj* στείρος; αποστειρωμένος
sterilize *v* στειρώνω; αποστειρώνω
stern *n* πρύμνη

stern *adj* αυστηρός
sternly *adv* αυστηρά
stew *n* στιφάδο
stewardess *n* γυναίκα αεροσυνοδός
stick *n* ραβδί
stick *iv* χώνω
stick around *v* παραμένω
stick out *v* προεξέχω
stick to *v* τηρώ
sticker *n* αυτοκόλλητο
sticky *adj* κολλώδης
stiff *adj* δύσκαμπτος
stiffen *v* σκληραίνω
stiffness *n* ακαμψία
stifle *v* καταπνίγω
stifling *adj* αποπνικτικός
still *adj* ακίνητος; μη ανθρακούχος
still *adv* ακόμη
stimulant *n* διεγερτικό
stimulate *v* διεγείρω
stimulus *n* ερέθισμα
sting *iv* τσιμπώ
sting *n* τσίμπημα
stinging *adj* τσουχτερός
stingy *adj* τσιγκούνης
stink *iv* βρωμοκοπώ
stink *n* δυσοσμία
stinking *adj* βρομερός
stipulate *v* καθορίζω
stir *v* ανακατεύω
stir up *v* ξεσηκώνω

stitch v ράβω
stitch n βελονιά; ράμμα
stock v εφοδιάζω
stock n μετοχή; απόθεμα
stocking n κάλτσα
stockpile n απόθεμα
stockroom n αποθήκη
stoic adj στωικός
stomach n στομάχι
stone n πέτρα
stone v λ.θοβολώ
stool n σκαμνί; κόπρανα
stop v σταματώ
stop n στάση
stop by v περνώ από
stop over v διανυκτερεύω
storage n αποθήκευση; αποθήκη
store v αποθηκεύω
store n κατάστημα
stork n πελαργός
storm n καταιγίδα
stormy adj θυελλώδης
story n ιστορία; υπόθεση
stove n σόμπα; εστία μαγειρέματος
straight adj ευθύγραμμος
straighten out v ξεκαθαρίζω
strain v τεντώνω; στραμπουλίζω
strain n τέντωμα; διάστρεμμα
strained adj τεταμένος
strainer n σουρωτήρι
strait n στενό

stranded adj αποκλεισμένος
strange adj παράξενος
stranger n ξένος
strangle v πνίγω
strap n λουρί
strategy n στρατηγική
straw n άχυρο; καλαμάκι
strawberry n φράουλα
stray adj αδέσποτος
stray v ξεστρατίζω
stream n ρυάκι
street n δρόμος
streetcar n τραμ
streetlight n φανάρι
strength n δύναμη
strengthen v ενισχύω
strenuous adj επίπονος
stress n στρες
stressful adj αγχωτικός
stretch n τέντωμα
stretch v τεντώνω
stretcher n φορείο
strict adj αυστηρός
stride iv διασκελίζω
strife n διαμάχη
strike n απεργία
strike iv απεργώ
strike back v ανταποδίδω χτύπημα
strike out v απαλείφω
strike up v αρχίζω
striking n εντυπωσιακός

string *n* κορδόνι; χορδή
stringent *adj* αυστηρός
strip *n* λωρίδα; γδύσιμο
strip *v* γδύνομαι
stripe *n* ρίγα
striped *adj* ριγέ
strive *iv* πασχίζω
stroke *n* χτύπημα; εγκεφαλικό
stroll *v* βολτάρω
strong *adj* ισχυρός
structure *n* δομή
struggle *v* παλεύω
struggle *n* πάλη
stub *n* στέλεχος; υπόλειμμα
stubborn *adj* πεισματάρης
student *n* φοιτητής
study *v* μελετώ
stuff *n* πράγμα
stuff *v* παραγεμίζω
stuffing *n* γέμιση
stuffy *adj* αποπνικτικός
stumble *v* παραπατώ
stun *v* θαμπώνω
stunning *adj* εκθαμβωτικός
stupendous *adj* εκπληκτικός
stupid *adj* βλάκας
stupidity *n* βλακεία
sturdy *adj* ανθεκτικός
stutter *v* τραυλίζω
style *n* στυλ
subdue *v* υποτάσσω
subdued *adj* υποτονικός; χαμηλός

subject *v* υποτάσσω; υποβάλλω σε
subject *n* θέμα
sublime *adj* ανυπέρβλητος
submerge *v* βυθίζω
submissive *adj* υποτακτικός
submit *v* υποβάλλω
subpoena *v* κλητεύω
subpoena *n* κλήτευση
subscribe *v* γίνομαι συνδρομητής
subscription *n* συνδρομή
subsequent *adj* μεταγενέστερος
subsidiary *adj* θυγατρικός
subsidize *v* επιδοτώ
subsidy *n* επιδότηση
subsist *v* συντηρούμαι
substance *n* ουσία
substandard *adj* υποδεέστερος
substantial *adj* ουσιώδης
substitute *v* υποκαθιστώ
substitute *n* υποκατάστατο
subtitle *n* υπότιτλος
subtle *adj* λεπτός
subtract *v* αφαιρώ
subtraction *n* αφαίρεση
suburb *n* προάστιο
subway *n* υπόγειος σιδηρόδρομος
succeed *v* πετυχαίνω
success *n* επιτυχία
successful *adj* επιτυχής
successor *n* διάδοχος
succulent *adj* ζουμερός
succumb *v* υποκύπτω

such *adj* τέτοιος
suck *v* ρουφώ
sucker *adj* κορόιδο
sudden *adj* αιφνίδιος
suddenly *adv* ξαφνικά
sue *v* μηνύω
suffer *v* υποφέρω
suffer from *v* πάσχω από
suffering *n* ταλαιπωρία
sufficient *adj* επαρκής
suffocate *n* ασφυκτιώ
sugar *n* ζάχαρη
suggest *v* προτείνω
suggestion *n* πρόταση
suggestive *adj* υποδηλωτικός
suicide *n* αυτοκτονία
suit *n* κοστούμι
suitable *adj* κατάλληλος
suitcase *n* βαλίτσα
sulfur *n* θείο
sullen *adj* βαρύθυμος
sum *n* άθροισμα
sum up *v* συνοψίζω
summarize *v* συνοψίζω
summary *n* περίληψη
summer *n* καλοκαίρι
summit *n* κορυφή; σύνοδος κορυφής
summon *v* καλώ
sumptuous *adj* πολυτελής
sun *n* ήλιος
sun block *n* αντηλιακό

sunburn *n* ηλιακό έγκαυμα
Sunday *n* Κυριακή
sundown *n* ηλιοβασίλεμα
sunglasses *n* γυαλιά ηλίου
sunken *adj* βυθισμένος
sunny *adj* ηλιόλουστος
sunrise *n* ανατολή ηλίου
sunset *n* ηλιοβασίλεμα
superb *adj* έξοχος
superfluous *adj* περιττός
superior *adj* ανώτερος
superiority *n* υπεροχή
supermarket *n* σούπερ μάρκετ
superpower *n* υπερδύναμη
supersede *v* διαδέχομαι
superstition *n* προκατάληψη
supervise *v* επιβλέπω
supervision *n* επίβλεψη
supper *n* δείπνο
supple *adj* εύπλαστος
supplier *n* προμηθευτής
supplies *n* προμήθειες
supply *v* προμηθεύω
support *v* υποστηρίζω
supporter *n* υποστηρικτής
suppose *v* υποθέτω
supposing *c* υποτεθεί
supposition *n* υποθέτοντας ότι
suppress *v* καταστέλλω
supremacy *n* υπεροχή
supreme *adj* ανώτατος
surcharge *n* προσαύξηση

sure *adj* βέβαιος
surely *adv* ασφαλώς
surf *v* σερφάρω
surface *n* επιφάνεια
surge *n* εφόρμηση, κύμα
surgeon *n* χειρουργός
surgical *adv* χειρουργικός
surname *n* επώνυμο
surpass *v* ξεπερνώ
surplus *n* πλεόνασμα
surprise *v* ξαφνιάζω, εκπλήσσω
surprise *n* έκπληξη
surrender *v* παραδίδομαι
surround *v* περικυκλώνω
surroundings *n* περίγυρος
surveillance *n* επιτήρηση
survey *n* έρευνα
survival *n* επιβίωση
survive *v* επιβιώνω
survivor *n* επιζών
susceptible *adj* ευπαθής, ευάλωτος
suspect *v* υποπτεύομαι
suspect *n* ύποπτος
suspend *v* αναστέλλω
suspenders *n* τιράντες
suspense *n* αγωνία
suspension *n* ανάρτηση
suspicion *n* υποψία
suspicious *adj* καχύποπτος
sustain *v* διατηρώ
sustenance *n* διατροφή

swallow *v* καταπίνω
swamp *n* βάλτος
swamped *adj* κατακλυσμένος
swan *n* κύκνος
swap *v* ανταλλάσσω
swap *n* ανταλλαγή
swarm *v* συρρέω
swarm *n* σμήνος
sway *v* ταλαντεύομαι
swear *iv* ορκίζομαι; βρίζω
sweat *n* ιδρώτας
sweat *v* ιδρώνω
sweater *n* πουλόβερ; μπλούζα
Sweden *n* Σουηδία
Swedish *adj* σουηδικός
sweep *iv* σκουπίζω
sweet *adj* γλυκός
sweeten *v* γλυκαίνω
sweetheart *n* αγαπημένος
sweetness *n* γλύκα
sweets *n* γλυκίσματα
swell *iv* φουσκώνω
swelling *n* πρήξιμο
swift *adj* γοργός
swim *iv* κολυμπώ
swimmer *n* κολυμβητής
swimming *n* κολύμπι
swindle *v* εξαπατώ
swindle *n* απάτη
swindler *n* απατεώνας
swing *iv* αιωρούμαι
swing *n* κούνια

Swiss *adj* ελβετικός
switch *v* μεταστρέφω, αλλάζω
switch *n* διακόπτης; μεταστροφή
switch off *v* σβήνω
switch on *v* ανάβω
Switzerland *n* Ελβετία
swivel *v* περιστρέφω
swollen *adj* πρησμένος
sword *n* ξίφος
swordfish *n* ξιφίας
syllable *n* συλλαβή
symbol *n* σύμβολο
symbolic *adj* συμβολικός
symmetry *n* συμμετρία
sympathize *v* συμπονώ
sympathy *n* συμπόνια
symphony *n* συμφωνία
symptom *n* σύμπτωμα
synagogue *n* συναγωγή
synchronize *v* συγχρονίζω
synod *n* σύνοδος
synonym *n* συνώνυμο
synthesis *n* σύνθεση
syphilis *n* σύφιλη
syringe *n* σύριγγα
syrup *n* σιρόπι
system *n* σύστημα
systematic *adj* συστηματικός

table *n* τραπέζι
tablecloth *n* τραπεζομάντιλο
tablespoon *n* κουτάλι της σούπας
tablet *n* δισκίο
tack *n* πινέζα
tackle *v* αντιμετωπίζω
tact *n* λεπτότητα
tactful *adj* προσεκτικός
tactical *adj* τακτικός
tactics *n* τακτική
tag *n* ετικέτα
tail *n* ουρά
tail *v* παρακολουθώ στενά
tailor *n* ράφτης
tainted *adj* σπιλωμένος
take *iv* παίρνω
take apart *v* αποσυναρμολογώ
take away *v* παίρνω μαζί μου
take back *v* παίρνω πίσω
take in *v* αντιλαμβάνομαι
take off *v* απογειώνομαι
take out *v* βγάζω έξω
take over *v* αναλαμβάνω
tale *n* ιστορία
talent *n* ταλέντο
talk *v* μιλώ
talkative *adj* ομιλητικός
tall *adj* ψηλός

tame v δαμάζω
tangent n εφαπτομένη
tangerine n μανταρίνι
tangible adj απτός
tangle n μπλέξιμο
tank n δεξαμενή
tanned adj μαυρισμένος
tantamount to adj ισοδυναμεί με
tantrum n έκρηξη οργής
tap n χτυπώ ελαφρά
tap into v έχω πρόσβαση σε; αξιοποιώ
tape n ταινία
tape recorder n μαγνητόφωνο
tapestry n ταπισερί
tar n πίσσα
tarantula n ταραντούλα
tardy adv αργός
target n στόχος
tariff n ταρίφα; δασμός
tarnish v αμαυρώνω
tart n τάρτα
tartar n πέτρα δοντιών
task n έργο, αποστολή
taste v γεύομαι
taste n γεύση
tasteful adj καλαίσθητος
tasteless adj άγευστος
tasty adj γευστικός
tavern n ταβέρνα
tax n φόρος
tea n τσάι

teach iv διδάσκω
teacher n δάσκαλος
team n ομάδα
teapot n τσαγιέρα
tear iv δακρύζω
tear n δάκρυ; σχίσιμο
tearful adj δακρυσμένος
tease v πειράζω; ξαίνω
teaspoon n κουταλάκι του γλυκού
technical adj τεχνικός
technicality n επουσιώδης λεπτομέρεια
technician n τεχνικός
technique n τεχνική
technology n τεχνολογία
tedious adj κουραστικός
tedium n ανία
teenager n έφηβος
teeth n δόντια
telegram n τηλεγράφημα
telepathy n τηλεπάθεια
telephone n τηλέφωνο
telescope n τηλεσκόπιο
televise v μεταδίδω τηλεοπτικώς
television n τηλεόραση
tell iv λέω
teller n ταμίας
telling adj αποκαλυπτικός; αποφασιστικός
temper n διάθεση; ιδιοσυγκρασία

therapy

temperature *n* θερμοκρασία
tempest *n* τρικυμία
temple *n* ναός
temporary *adj* προσωρινός
tempt *v* δελεάζω
temptation *n* πειρασμός
tempting *adj* δελεαστικός
ten *adj* δέκα
tenacity *n* επιμονή
tenant *n* ένοικος
tendency *n* τάση
tender *adj* τρυφερός
tenderness *n* τρυφερότητα
tennis *n* τένις
tenor *n* τενόρος; κεντρική ιδέα
tense *adj* τεταμένος
tension *n* ένταση
tent *n* σκηνή
tentacle *n* πλοκάμι
tentative *adj* διστακτικός
tenth *n* δέκατος
tenuous *adj* λεπτός
tepid *adj* χλιαρός
term *n* περίοδος; όρος
terminate *v* τερματίζω
terminology *n* ορολογία
termite *n* τερμίτης
terms *n* όροι
terrace *n* ταράτσα
terrain *n* έδαφος
terrestrial *adj* επίγειος, γήινος
terrible *adj* τρομερός

terrific *adj* καταπληκτικός
terrify *v* τρομάζω
terrifying *adj* τρομακτικός
territory *n* έδαφος
terror *n* τρόμος
terrorism *n* τρομοκρατία
terrorist *n* τρομοκράτης
terrorize *v* τρομοκρατώ
terse *adj* λακωνικός
test *v* δοκιμάζω
test *n* δοκιμή; τεστ
testament *n* διαθήκη
testify *v* μαρτυρώ
testimony *n* μαρτυρία
text *n* κείμενο
textbook *n* εγχειρίδιο
texture *n* υφή
thank *v* ευχαριστώ
thankful *adj* ευγνώμων
thanks *n* ευχαριστία
that *adj* ότι; πως; που
thaw *v* λιώνω
thaw *n* τήξη
theater *n* θέατρο
theft *n* κλοπή
theme *n* θέμα
themselves *pro* αυτοί οι ίδιοι
then *adv* τότε
theologian *n* θεολόγος
theology *n* θεολογία
theory *n* θεωρία
therapy *n* θεραπεία

there

there *adv* εκεί
therefore *adv* επομένως
thermometer *n* θερμόμετρο
thermostat *n* θερμοστάτης
these *adj* αυτοί, αυτά
thesis *n* διατριβή
they *pro* αυτοί
thick *adj* πάχος
thicken *v* πήζω
thickness *n* πάχος
thief *n* κλέφτης
thigh *n* μηρός
thin *adj* λεπτός
thing *n* πράγμα
think *iv* νομίζω
thinly *adv* αραιά
third *adj* τρίτος
thirst *v* δίψα
thirsty *adj* διψασμένος
thirteen *adj* δεκατρία
thirty *adj* τριάντα
this *adj* αυτό
thorn *n* αγκάθι
thorny *adj* αγκαθωτός
thorough *adj* πλήρης
those *adj* εκείνοι
though *c* αν και
thought *n* σκέψη
thoughtful *adj* σκεπτικός; ευγενικός
thousand *adj* χίλιοι
thread *v* περνώ κλωστή
thread *n* κλωστή
threat *n* απειλή
threaten *v* απειλώ
three *adj* τρεις
thresh *v* αλωνίζω
threshold *n* κατώφλι
thrifty *adj* λιτός
thrill *v* συγκλονίζω
thrill *n* ανατριχίλα
thrive *v* ευημερώ
throat *n* λαιμός
throb *n* παλμός
throb *v* δονούμαι
thrombosis *n* θρόμβωση
throne *n* θρόνος
throng *n* πλήθος
through *pre* μέσω
throw *iv* πετώ
throw away *v* ξεφορτώνομαι
throw up *v* κάνω εμετό
thug *n* κακοποιός
thumb *n* αντίχειρας
thumbtack *n* πινέζα
thunder *n* βροντή
thunderbolt *n* κεραυνός
thunderstorm *n* καταιγίδα
Thursday *n* Πέμπτη
thus *adv* έτσι
thwart *v* ματαιώνω
thyroid *n* θυρεοειδής
tickle *v* γαργαλάω
tickle *n* γαργαλητό

tonight

ticklish *adj* γαργαλιάρης
tidal wave *n* παλιρροϊκό κύμα
tide *n* παλίρροια
tidy *adj* τακτοποιημένος
tie *v* δένω
tie *n* γραβάτα; δεσμός
tiger *n* τίγρης
tight *adj* σφιχτός
tighten *v* σφίγγω
tile *n* πλακάκι
till *adv* έως
till *v* οργώνω
tilt *v* γέρνω
timber *n* ξυλεία
time *n* χρόνος; ώρα
time *v* χρονομετρώ
timeless *adj* διαχρονικός
timely *adj* έγκαιρος
times *n* φορές
timetable *n* χρονοδιάγραμμα
timid *adj* συνεσταλμένος
timidity *n* ατολμία
tin *n* κονσέρβα; κασσίτερος
tiny *adj* μικροσκοπικός
tip *n* αιχμηρή άκρη; κορυφή; φιλοδώρημα; συμβουλή
tiptoe *v* περπατώ στα νύχια των ποδιών
tire *n* ελαστικό
tire *v* κουράζω
tired *adj* κουρασμένος
tiredness *n* κούραση
tireless *adj* ακούραστος
tiresome *adj* κουραστικός
tissue *n* χαρτομάντιλο; ιστός
title *n* τίτλος
to *pre* προς; έως; να; σε
toad *n* βάτραχος
toast *v* φρυγανίζω
toast *n* τοστ, φρυγανιά
toaster *n* φρυγανιέρα
tobacco *n* καπνός
today *adv* σήμερα
toddler *n* νήπιο
toe *n* δάχτυλο ποδιού
toenail *n* νύχι ποδιού
together *adv* μαζί
toil *v* μοχθώ
toilet *n* τουαλέτα
token *n* ένδειξη
tolerable *adj* ανεκτός
tolerance *n* ανοχή
tolerate *v* ανέχομαι
toll *n* διόδια
tomato *n* ντομάτα
tomb *n* τάφος
tombstone *n* ταφόπλακα
tomorrow *adv* αύριο
ton *n* τόνος
tone *n* τόνος, ήχος
tongs *n* τσιμπίδα
tongue *n* γλώσσα
tonic *n* τόνικ; τονωτικό
tonight *adv* απόψε

tonsil

tonsil *n* αμυγδαλή
too *adv* επίσης; υπερβολικά
tool *n* εργαλείο
tooth *n* δόντι
toothache *n* πονόδοντος
toothpick *n* οδοντογλυφίδα
top *n* κορυφή
topic *n* θέμα
topple *v* ανατρέπω
torch *n* δάδα
torment *v* βασανίζω
torment *n* βάσανο
torrent *n* χείμαρρος
torrid *adj* καυτός
torso *n* κορμί, κορμός
tortoise *n* χελώνα
torture *v* βασανίζω
torture *n* βασανιστήρια
toss *v* τινάζω
total *adj* συνολικός
totalitarian *adj* ολοκληρωτικός
totality *n* ολότητα
touch *n* άγγιγμα
touch *v* αγγίζω
touch on *v* θίξω
touch up *v* ρετουσάρω
touching *adj* συγκινητικός
tough *adj* σκληρός
toughen *v* σκληραίνω
tour *n* περιοδεία
tourism *n* τουρισμός
tourist *n* τουρίστας

tournament *n* τουρνουά
tow *v* ρυμουλκώ
tow truck *n* γερανός
towards *pre* προς
towel *n* πετσέτα
tower *n* πύργος
towering *adj* πανύψηλος
town *n* πόλη
town hall *n* δημαρχείο
toxic *adj* τοξικός
toxin *n* τοξίνη
toy *n* παιχνίδι
trace *v* χνογράφω
track *n* τροχιά; μονοπάτι; στίβος
track *v* παρακολουθώ
traction *n* ισχύς έλξης
tractor *n* τρακτέρ
trade *n* εμπόριο
trade *v* εμπορεύομαι
trademark *n* εμπορικό σήμα
trader *n* έμπορος
tradition *n* παράδοση
traffic *n* κυκλοφορία, κίνηση
traffic *v* διακινώ
tragedy *n* τραγωδία
tragic *adj* τραγικός
trail *v* ακολουθώ τα ίχνη
trail *n* μονοπάτι
trailer *n* τροχόσπιτο
train *n* τρένο
train *v* εκπαιδεύω
trainee *n* ασκούμενος

trickle

trainer n προπονητής
training n εκπαίδευση; προπόνηση
trait n χαρακτηριστικό
traitor n προδότης
trajectory n τροχιά
tram n τραμ
trample v τσαλαπατώ
trance n έκσταση
tranquility n ηρεμία
transaction n συναλλαγή
transcend v υπερβαίνω
transcribe v αντιγράφω
transfer v μεταφέρω
transfer n μεταφορά
transform v μετασχηματίζω
transformation n μετασχηματισμός
transfusion n μετάγγιση
transient adj παροδικός
transit n διαμετακόμιση
transition n μετάβαση
translate v μεταφράζω
translator n μεταφραστής
transmit v μεταδίδω
transparent adj διαφανής
transplant v μεταμοσχεύω
transport v μεταφέρω
trap n παγίδα
trap v παγιδεύω
trash n σκουπίδια
trash can n σκουπιδοτενεκές
traumatic adj τραυματικός
traumatize v τραυματίζω
travel v ταξιδεύω
traveler n ταξιδιώτης
tray n δίσκος
treacherous adj προδοτικός
treachery n προδοσία
tread iv πατώ
treason n προδοσία
treasure n θησαυρός
treasurer n ταμίας
treat v νοσηλεύω
treat n απόλαυση; κέρασμα
treatment n συμπεριφορά; θεραπεία
treaty n συνθήκη
tree n δέντρο
tremble v τρέμω
tremendous adj τεράστιος
tremor n τρεμούλα
trench n χαράκωμα
trend n τάση
trendy adj μοντέρνος
trespass v καταπατώ
trial n δοκιμή; δίκη
triangle n τρίγωνο
tribe n φυλή
tribulation n δοκιμασία
tribunal n δικαστήριο
tribute n αφιέρωμα
trick v εξαπατώ
trick n κόλπο
trickle v σταλάζω

tricky

tricky *adj* δύσκολος
trigger *v* πυροδοτώ
trigger *n* σκανδάλη
trim *v* ψαλιδίζω
trimester *n* τρίμηνο
trimmings *n* κομμένα τμήματα; γαρνιτούρες
trip *n* ταξίδι
trip *v* σκοντάφτω
triple *adj* τριπλός
tripod *n* τρίποδο
triumph *n* θρίαμβος
triumphant *adj* θριαμβευτικός
trivial *adj* ασήμαντος
trivialize *v* ευτελίζω
trolley *n* καροτσάκι
troop *n* στράτευμα
trophy *n* τρόπαιο
tropic *n* τροπικός
tropical *adj* τροπικός
trouble *n* μπελάς
trouble *v* προβληματίζω
troublesome *adj* ενοχλητικός
trousers *n* παντελόνι
trout *n* πέστροφα
truce *n* εκεχειρία
truck *n* φορτηγό
trucker *n* οδηγός φορτηγού
trumped-up *adj* χαλκευμένος
trumpet *n* τρομπέτα
trunk *n* κορμός; κορμί; προβοσκίδα; πορτ-μπαγκάζ

trust *v* εμπιστεύομαι
trust *n* εμπιστοσύνη
truth *n* αλήθεια
truthful *adj* αληθής
try *v* προσπαθώ; δικάζω; δοκιμάζω
tub *n* μπανιέρα
tuberculosis *n* φυματίωση
Tuesday *n* Τρίτη
tuition *n* δίδακτρα
tulip *n* τουλίπα
tumble *v* κατρακυλώ
tummy *n* κοιλιά
tumor *n* όγκος
tumult *n* αναβρασμός
tumultuous *adj* ταραχώδης
tuna *n* τόνος
tune *n* αρμονία; μελωδία
tune *v* κουρδίζω; συντονίζω
tune up *v* κουρδίζω
tunic *n* χιτώνιο
tunnel *n* σήραγγα
turbine *n* τουρμπίνα
turbulence *n* ανατάραξη
turf *n* γκαζόν
Turk *adj* Τούρκος
Turkey *n* Τουρκία
turmoil *adj* αναταραχή
turn *n* στροφή; τροπή; σειρά
turn *v* περιστρέφω
turn back *v* γυρίζω προς τα πίσω
turn down *v* χαμηλώνω

undecided

turn in *v* καταδίδω
turn off *v* σβήνω
turn on *v* ανάβω
turn out *v* παρίσταμαι; καταλήγω
turn over *v* αναποδογυρίζω
turn up *v* εμφανίζομαι; αυξάνω
turret *n* πυργίσκος
turtle *n* χελώνα
tusk *n* χαυλιόδοντας
tutor *n* δάσκαλος
tweezers *n* τσιμπιδάκι
twelfth *adj* δωδέκατος
twelve *adj* δώδεκα
twentieth *adj* εικοστός
twenty *adj* είκοσι
twice *adv* δυο φορές
twilight *n* λυκόφως
twin *n* δίδυμος
twinkle *v* λαμπυρίζω
twist *v* διαστρέφω
twist *n* συστροφή; νέα τροπή
twisted *adj* στριφτός; διαταραγμένος
twister *n* ανεμοστρόβιλος
two *adj* δύο
tycoon *n* μεγιστάνας
type *n* τύπος
type *v* δακτυλογραφώ
typical *adj* τυπικός
tyranny *n* τυραννία
tyrant *n* τύραννος

U

ugliness *n* ασχήμια
ugly *adj* άσχημος
ulcer *n* έλκος
ultimate *adj* τελικός; απόλυτος
ultimatum *n* τελεσίγραφο
ultrasound *n* υπέρηχος
umbrella *n* ομπρέλα
umpire *n* διαιτητής
unable *adj* ανίκανος
unanimity *n* ομοφωνία
unarmed *adj* άοπλος
unassuming *adj* μετριόφρων
unattached *adj* αδέσμευτος
unavoidable *adj* αναπόφευκτος
unaware *adj* ανήξερος
unbearable *adj* ανυπόφορος
unbeatable *adj* ανίκητος
unbelievable *adj* απίστευτος
unbiased *adj* αμερόληπτος
unbroken *adj* άθικτος; ασταμάτητος
unbutton *v* ξεκουμπώνω
uncertain *adj* αβέβαιος
uncle *n* θείος
uncomfortable *adj* άβολος
uncommon *adj* ασυνήθιστος
unconscious *adj* αναίσθητος
uncover *v* ξεσκεπάζω
undecided *adj* αναποφάσιστος

undeniable *adj* αναμφισβήτητος
under *pre* υπό, κάτωθεν
undercover *adj* μυστικός
underdog *n* αουτσάιντερ
undergo *v* υποβάλλομαι σε
underground *adj* υπόγειος
underlie *v* υποκρύπτομαι
underline *v* υπογραμμίζω
underlying *adj* υποκείμενος
undermine *v* υπονομεύω
underneath *pre* κάτω από
underpass *n* υπόγεια διάβαση
understand *v* καταλαβαίνω
understandable *adj* κατανοητός
understanding *adj* κατανόηση
undertake *v* αναλαμβάνω
underwear *n* εσώρουχα
underwrite *v* αναδοχή
undeserved *adj* άδικος
undesirable *adj* ανεπιθύμητος
undisputed *adj* αδιαφιλονίκητος
undo *v* αναιρώ
undoubtedly *adv* αναμφίβολα
undress *v* γδύνω
undue *adj* αδικαιολόγητος
unearth *v* ξεθάβω
uneasiness *n* ανησυχία
uneasy *adj* ανήσυχος
uneducated *adj* αμόρφωτος
unemployed *adj* άνεργος
unemployment *n* ανεργία
unending *adj* ατέλειωτος

unequal *adj* άνισος
unequivocal *adj* αδιαμφισβήτητος
uneven *adj* άνισος
uneventful *adj* ήσυχος
unexpected *adj* απροσδόκητος
unfailing *adj* αδιάλειπτος
unfair *adj* αθέμιτος
unfairly *adv* άδικα
unfairness *n* αδικία, μεροληψία
unfaithful *adj* άπιστος
unfamiliar *adj* άγνωστος
unfasten *v* λύνω
unfavorable *adj* δυσμενής
unfit *adj* ακατάλληλος; ανίκανος
unfold *v* ξεδιπλώνω
unforeseen *adj* απρόβλεπτος
unforgettable *adj* αξέχαστος
unfounded *adj* αβάσιμος
unfriendly *adj* εχθρικός
unfurnished *adj* μη επιπλωμένος
ungrateful *adj* αχάριστος
unhappiness *n* δυστυχία
unhappy *adj* δυστυχής
unharmed *adj* αβλαβής
unhealthy *adj* ανθυγιεινός
unheard-of *adj* ανήκουστος
unhurt *adj* σώος
unification *n* ενοποίηση
uniform *n* στολή
uniformity *n* ομοιομορφία
unify *v* ενοποιώ

unwrap

unilateral *adj* μονομερής
union *n* ένωση
unique *adj* μοναδικός
unit *n* μονάδα
unite *v* ενώνω
unity *n* ενότητα
universal *adj* καθολικός
universe *n* σύμπαν
university *n* πανεπιστήμιο
unjust *adj* άδικος
unjustified *adj* αδικαιολόγητος
unknown *adj* άγνωστος
unlawful *adj* παράνομος
unleaded *adj* αμόλυβδος
unleash *v* εξαπολύω
unless *c* εκτός
unlike *adj* σε αντίθεση με
unlikely *adj* απίθανος
unlimited *adj* απεριόριστος
unload *v* ξεφορτώνω
unlock *v* ξεκλειδώνω
unlucky *adj* άτυχος
unmarried *adj* άγαμος
unmask *v* αφαιρώ το προσωπείο
unmistakable *adj* αλάνθαστος
unnecessary *adj* περιττός
unnoticed *adj* απαρατήρητος
unoccupied *adj* μη κατειλημμένος
unofficially *adv* ανεπίσημα
unpack *v* ξεπακετάρω
unpleasant *adj* δυσάρεστος

unplug *v* αποσυνδέω
unpopular *adj* μη δημοφιλής
unpredictable *adj* απρόβλεπτος
unprofitable *adj* ασύμφορος
unprotected *adj* απροστάτευτος
unravel *v* ξεμπερδεύω
unreal *adj* φανταστικός
unrealistic *adj* εξωπραγματικός
unreasonable *adj* παράλογος
unrelated *adj* άσχετος
unreliable *adj* αναξιόπιστος
unrest *n* αναταραχή
unsafe *adj* ανασφαλής
unselfish *adj* ανιδιοτελής
unspeakable *adj* ανείπωτος
unstable *adj* ασταθής
unsteady *adj* ασταθής
unsuccessful *adj* ανεπιτυχής
unsuitable *adj* ακατάλληλος
unsuspecting *adj* ανυποψίαστος
unthinkable *adj* αδιανόητος
untie *v* λύνω
until *pre* μέχρι
untimely *adj* πρόωρος
untouchable *adj* άθικτος
untrue *adj* αναληθής
unusual *adj* ασυνήθης
unveil *v* αποκαλύπτω
unwillingly *adv* απρόθυμα
unwind *v* ξετυλίγω; χαλαρώνω
unwise *adj* ασύνετος
unwrap *v* ξεδιπλώνω

upbringing n ανατροφή
upcoming adj επερχόμενος
update v ενημερώνω
upgrade v αναβαθμίζω
upheaval n αναστάτωση, ανακατάταξη
uphill adv ανηφορικά
uphold v υπεραμύνομαι
upholstery n ταπετσαρία
upkeep n συντήρηση
upon pre πάνω, επί, σε
upper adj ανώτερος
upright adj όρθιος
uprising n εξέγερση
uproar n ορυμαγδός
uproot v ξεριζώνω
upset v συγχύζω
upside-down adv ανάποδα
upstairs adv επάνω
uptight adj νευρικός
up-to-date adj ενημερωμένος
upturn n ανάκαμψη
upwards adv προς τα πάνω
urban adj αστικός
urge n παρόρμηση
urge v παροτρύνω
urgency n επείγον
urgent adj επείγων
urinate v ουρώ
urine n ούρα
urn n υδρία, τεφροδόχος
us pre εμάς

usage n χρήση
use v χρησιμοποιώ
use n χρήση
used to adj συνηθισμένος να
useful adj χρήσιμος
usefulness n χρησιμότητα
useless adj άχρηστος
user n χρήστης
usher n κλητήρας; ταξιθέτης
usual adj συνήθης
usurp v σφετερίζομαι
utensil n σκεύος
uterus n μήτρα
utilize v χρησιμοποιώ
utmost adj ύψιστος
utter v αρθρώνω

vacancy n κενή θέση
vacant adj κενός
vacate v εκκενώνω
vacation n διακοπές
vaccinate v εμβολιάζω
vaccine n εμβόλιο
vacillate v ταλαντεύομαι
vagrant n περιπλανώμενος
vague adj ασαφής

vain *adj* μάταιος
vainly *adv* μάταια
valiant *adj* γενναίος
valid *adj* έγκυρος
validate *v* επικυρώνω
validity *n* εγκυρότητα
valley *n* κοιλάδα
valuable *adj* πολύτιμος
value *n* αξία; τιμή
value *v* αποτιμώ
valve *n* βαλβίδα
vampire *n* βρικόλακας
van *n* βαν
vandal *n* βάνδαλος
vandalism *n* βανδαλισμός
vandalize *v* βανδαλίζω
vanguard *n* εμπροσθοφυλακή
vanish *v* εξαφανίζομαι
vanity *n* ματαιοδοξία
vanquish *v* κατατροπώνω
vaporize *v* εξατμίζω
variable *adj* μεταβλητός
varied *adj* ετερόκλητος, ποικίλος
variety *n* ποικιλία
various *adj* διάφορος
varnish *v* λουστράρω
varnish *n* βερνίκι
vary *v* ποικίλλω
vase *n* βάζο
vast *adj* τεράστιος
veal *n* μοσχαρίσιο κρέας
veer *v* γυρίζω

vegetable *n* λαχανικό
vegetarian *n* χορτοφάγος
vegetation *n* βλάστηση
vehicle *n* όχημα
veil *n* πέπλο
vein *n* φλέβα
velocity *n* ταχύτητα
velvet *n* βελούδο
venerate *v* σέβομαι
vengeance *n* εκδίκηση
venison *n* κρέας ελαφιού
venom *n* δηλητήριο
vent *n* οπή εξαερισμού
ventilate *v* αερίζω
ventilation *n* αερισμός
venture *v* επιχειρώ
venture *n* επιχείρηση; εγχείρημα
verb *n* ρήμα
verbally *adv* προφορικά
verbatim *adv* αυτολεξεί
verdict *n* ετυμηγορία
verge *n* παρυφή; χείλος
verification *n* επαλήθευση
verify *v* επαληθεύω
versatile *adj* ευπροσάρμοστος
verse *n* στίχος
versed *adj* εντριβής, γνώστης
version *n* εκδοχή; έκδοση
versus *pre* έναντι
vertebra *n* σπόνδυλος
very *adv* πολύ
vessel *n* σκάφος; αγγείο

vest

- **vest** *n* γιλέκο
- **vestige** *n* ίχνος
- **veteran** *n* βετεράνος
- **veterinarian** *n* κτηνίατρος
- **veto** *v* βέτο
- **viaduct** *n* οδογέφυρα
- **vibrant** *adj* ζωηρός
- **vibrate** *v* δονούμαι
- **vibration** *n* δόνηση
- **vice** *n* μοχθηρία
- **vicinity** *n* γειτνίαση
- **vicious** *adj* μοχθηρός
- **victim** *n* θύμα
- **victimize** *v* στοχοποιώ, κατατρέχω
- **victor** *n* νικητής
- **victorious** *adj* νικηφόρος
- **victory** *n* νίκη
- **view** *n* θέα; άποψη
- **view** *v* θεωρώ
- **viewpoint** *n* άποψη
- **vigil** *n* αγρυπνία
- **village** *n* χωριό
- **villager** *n* χωρικός
- **villain** *n* κακούργος
- **vindicate** *v* δικαιώνω
- **vindictive** *adj* εκδικητικός
- **vine** *n* κλήμα
- **vinegar** *n* ξύδι
- **vineyard** *n* αμπέλι
- **violate** *v* παραβιάζω
- **violence** *n* βία

- **violent** *adj* βίαιος
- **violet** *n* βιολέτα
- **violin** *n* βιολί
- **violinist** *n* βιολιστής
- **viper** *n* οχιά
- **virgin** *n* παρθένα
- **virginity** *n* παρθενιά
- **virile** *adj* ανδροπρεπής
- **virility** *n* ανδρισμός
- **virtually** *adv* ουσιαστικά
- **virtue** *n* αρετή
- **virtuous** *adj* ενάρετος
- **virulent** *adj* δηλητηριώδης; λυσσαλέος
- **virus** *n* ιός
- **visibility** *n* ορατότητα
- **visible** *adj* ορατός
- **vision** *n* όραση
- **visit** *n* επίσκεψη
- **visit** *v* επισκέπτομαι
- **visitor** *n* επισκέπτης
- **visual** *adj* οπτικός
- **visualize** *v* σχηματίζω νοερή εικόνα
- **vital** *adj* ζωτικός
- **vitality** *n* ζωτικότητα
- **vitamin** *n* βιταμίνη
- **vivacious** *adj* ζωηρός
- **vivid** *adj* έντονος
- **vocabulary** *n* λεξιλόγιο
- **vocation** *n* επάγγελμα
- **vogue** *n* μόδα

voice n φωνή
void adj ακυρώνω
volatile adj πτητικός
volcano n ηφαίστειο
volleyball n βόλεϊ
voltage n τάση
volume n όγκος
volunteer n εθελοντής
vomit v εμετός
vomit n κάνω εμετό
vote v ψηφίζω
vote n ψήφος
voting n ψηφοφορία
vouch for v εγγυώμαι για
voucher n κουπόνι
vow v ορκίζομαι
vowel n φωνήεν
voyage v ταξίδι
voyager n ταξιδιώτης
vulgar adj χυδαίος
vulgarity n χυδαιότητα
vulnerable adj ευάλωτος
vulture n όρνεο

wafer n μπισκοτάκι; όστια
wag v κουνώ
wage n μισθός
wage v διενεργώ
wagon n κλινάμαξα
wail v ουρλιάζω; κλαίω γοερά
wail n ουρλιαχτό; θρήνος
waist n μέση
wait v περιμένω
waiter n σερβιτόρος
waiting n αναμονή
waitress n σερβιτόρα
waive v παραιτούμαι
wake up iv ξυπνώ
walk v περπατώ
walk n περίπατος
walkout n απεργία
wall n τοίχος
wallet n πορτοφόλι
walnut n καρύδι
walrus n θαλάσσιος ίππος
waltz n βαλς
wander v περιπλανιέμαι
wanderer n περιπλανώμενος
wane v φθίνω
want v θέλω
war n πόλεμος
ward n πτέρυγα
warden n αρχιφύλακας

wardrobe n ντουλάπα
warehouse n αποθήκη
warfare n πόλεμος
warm adj ζεστός
warm up v ζεσταίνω, ζεσταίνομαι
warmth n ζεστασιά
warn v προειδοποιώ
warning n προειδοποίηση
warp v στρέβλωση
warped adj στρεβλωμένος; διεστραμμένος
warrant v εγγυώμαι; δικαιολογώ
warrant n ένταλμα
warranty n εγγύηση
warrior n πολεμιστής
warship n πολεμικό πλοίο
wart n μυρμηγκιά
wary adj προσεκτικός
wash v πλένω
washable adj που μπορεί να πλυθεί
wasp n σφήκα
waste v χαραμίζω
waste n σπατάλη; απόβλητο
waste basket n κάλαθος αχρήστων
wasteful adj σπάταλος
watch n ρολόι; βάρδια
watch v βλέπω
watch out v προσέχω
watchful adj άγρυπνος
watchmaker n ωρολογοποιός

water n νερό
water v ποτίζω
water down v νερώνω
water heater n θερμοσίφωνας
waterfall n καταρράκτης
watermelon n καρπούζι
waterproof adj αδιάβροχος
watershed n κρίσιμη καμπή; νεροχωρίστρα
watertight adj στεγανός
watery adj νερουλός
watt n βατ
wave n κύμα; χειρονομία
wave v κυματίζω; χαιρετώ
waver v αμφιταλαντεύομαι
wavy adj κυματιστός
wax n κερί
way n τρόπος
way in n είσοδος
way out n έξοδος
we pro εμείς
weak adj αδύναμος
weaken v αποδυναμώνω
weakness n αδυναμία
wealth n πλούτος
wealthy adj πλούσιος
weapon n όπλο
wear n ρουχισμός; φθορά
wear iv φορώ; φθείρω
wear down v εξουθενώνω
wear out v καταπονώ
weary adj κουρασμένος

weather *n* καιρός
weave *iv* υφαίνω
web *n* ιστός
web site *n* ιστοσελίδα
wed *iv* παντρεύομαι
wedding *n* γάμος
wedge *n* σφήνα
Wednesday *n* Τετάρτη
weed *n* αγριόχορτο
weed *v* ξεβοτανίζω
week *n* εβδομάδα
weekday *adj* καθημερινή
weekend *n* σαββατοκύριακο
weekly *adv* εβδομαδιαίος
weep *iv* κλαίω
weigh *v* ζυγίζω
weight *n* βάρος
weird *adj* αλλόκοτος
welcome *v* καλωσορίζω
welcome *n* καλωσόρισμα
weld *v* συγκολλώ
welder *n* συγκολλητής
welfare *n* ευημερία; κοινωνική πρόνοια
well *n* πηγάδι; πετρελαιοπηγή
well *adj* καλός; υγιής
well-known *adj* γνωστός
well-to-do *adj* εύπορος
west *n* δύση
westbound *adv* προς τα δυτικά
western *adj* δυτικός
westerner *adj* κάτοικος της δύσης

wet *adj* υγρός
whale *n* φάλαινα
wharf *n* αποβάθρα
what *adj* τι
whatever *adj* οποιουδήποτε είδους ή βαθμού
wheat *n* σιτάρι
wheel *n* τροχός
wheelbarrow *n* χειράμαξα
wheelchair *n* αναπηρική καρέκλα
wheeze *v* αγκομαχώ
when *adv* όταν
whenever *adv* οποτεδήποτε
where *adv* όπου
whereabouts *n* τοποθεσία
whereas *c* ενώ
whereupon *c* κατόπιν του οποίου, οπότε
wherever *c* οπουδήποτε
whether *c* αν
which *adj* ο οποίος
while *c* ενώ
whim *n* ιδιοτροπία
whine *v* κλαψουρίζω
whip *v* μαστιγώνω
whip *n* μαστίγιο
whirl *v* στροβιλίζομαι
whirlpool *n* ρουφήχτρα
whiskers *n* γένι, μουστάκι
whisper *v* ψιθυρίζω
whisper *n* ψίθυρος

whistle v σφυρίζω
whistle n σφύριγμα
white adj λευκός
whiten v ασπρίζω
whittle v σκαλίζω
who pro που, ποιος
whoever pro οποιοσδήποτε
whole adj ολόκληρος
wholehearted adj ολόψυχος
wholesale n χονδρική πώληση
wholesome adj υγιεινός
whom pro ποιον
why adv γιατί
wicked adj κακός
wickedness n κακία
wide adj ευρύς
widely adv ευρέως
widen v διευρύνω
widespread adj διαδεδομένος
widow n χήρα
widower n χήρος
width n πλάτος
wield v χειρίζομαι
wife n γυναίκα, σύζυγος
wig n περούκα
wiggle v κουνάω
wild adj άγριος
wild boar n αγριόχοιρος
wilderness n ερημιά
wildlife n άγρια φύση
will n θα
willfully adv εσκεμμένα; επίμονα

willing adj πρόθυμος
willingly adv οικειοθελώς
willingness n προθυμία
willow n ιτιά
wily adj πανούργος
wimp adj λαπάς
win iv κερδίζω
win back v ξανακερδίζω
wind n άνεμος
wind iv τυλίγω
wind up v καταλήγω; εκνευρίζω
winding adj στριφτός, γυριστός
windmill n ανεμόμυλος
window n παράθυρο
windpipe n τραχεία
windshield n παρμπρίζ
windy adj ανεμώδης
wine n κρασί
winery n οινοποιείο
wing n φτερό
wink n κλείσιμο του ματιού
wink v κλείνω το μάτι
winner n νικητής
winter n χειμώνας
wipe v σκουπίζω
wipe out v αφανίζω
wire n σύρμα; καλώδιο
wireless adj ασύρματος
wisdom n σοφία
wise adj σοφός
wish v επιθυμώ; εύχομαι
wish n επιθυμία; ευχή

wrath

wit *n* πνεύμα
witch *n* μάγισσα
witchcraft *n* μαγεία
with *pre* με
withdraw *v* αποσύρω
withdrawal *n* απόσυρση
withdrawn *adj* ακοινώνητος
wither *v* μαραίνω
withhold *iv* παρακρατώ
within *pre* εντός
without *pre* χωρίς
withstand *v* αντέχω
witness *n* μάρτυρας
witty *adj* πνευματώδης
wives *n* σύζυγοι, γυναίκες
wizard *n* μάγος
wobble *v* ταλαντεύομαι
woes *n* βάσανα
wolf *n* λύκος
woman *n* γυναίκα
womb *n* μήτρα
women *n* γυναίκες
wonder *v* αναρωτιέμαι
wonder *n* θαύμα
wonderful *adj* θαυμάσιος
wood *n* ξύλο
wooden *adj* ξύλινος
wool *n* μαλλί
woolen *adj* μάλλινος
word *n* λέξη
wording *n* διατύπωση
work *n* εργασία

work *v* εργάζομαι
work out *v* ασκούμαι
workable *adj* εφικτός; σε κατάσταση λειτουργίας
workbook *n* βιβλίο ασκήσεων
worker *n* εργάτης
workshop *n* συνεργείο
world *n* κόσμος
worldly *adj* εγκόσμιος; περπατημένος
worldwide *adj* παγκόσμιος
worm *n* σκουλήκι
worn-out *adj* φθαρμένος
worrisome *adj* ανησυχητικός
worry *v* ανησυχώ
worry *n* ανησυχία
worse *adj* χειρότερος
worsen *v* χειροτερεύω
worship *v* λατρεία
worst *adj* χείριστος
worth *adj* αξίας, αξιόλογος
worthless *adj* άνευ αξίας
worthwhile *adj* αξίζει τον κόπο
worthy *adj* άξιος
would-be *adj* επίδοξος
wound *n* πληγή
wound *v* τραυματίζω
woven *adj* υφαντός
wrap *v* τυλίγω
wrap up *v* ολοκληρώνω
wrapping *n* περιτύλιγμα
wrath *n* οργή

wreath n στεφάνι
wreck n ναυάγιο
wreckage n συντρίμμια
wrench n κλειδί
wrestle v παλεύω
wrestler n παλαιστής
wrestling n πάλη
wretched adj αξιολύπητος
wring iv στραγγίζω
wrinkle v ρυτιδώνω
wrinkle n ρυτίδα
wrist n καρπού
write iv γράφω
write down v σημειώνω
writer n συγγραφέας
writhe v σπαρταρώ, σφαδάζω
writing n γραφή; συγγραφή
written adj γραπτός
wrong adj λανθασμένος

yacht n θαλαμηγός
yam n γλυκοπατάτα
yard n αυλή; γιάρδα
yarn n νήμα
yawn n χασμουρητό
yawn v χασμουριέμαι
year n έτος
yearly adv ετήσια
yearn v ποθώ
yeast n ζύμη
yell v φωνάζω
yellow adj κίτρινος
yes adv ναι
yesterday adv χτες
yet c ακόμη
yield v αποδίδω; παραδίδομαι
yield n σοδειά; απόδοση
yoke n ζυγός
yolk n κρόκος
you pro εσύ, εσείς
young adj νέος
youngster n νεαρός
your adj δικό σου
yours pro δικό σου
yourself pro τον εαυτό σου
youth n νεολαία
youthful adj νεανικός

zoology

zap v κάνω ζάπινγκ; τσιμπάω
zeal n ζήλος
zealous adj ενθουσιώδης
zebra n ζέβρα
zero n μηδέν
zest n ενθουσιασμός
zinc n ψευδάργυρος
zip code n ταχυδρομικός κώδικας
zipper n φερμουάρ
zone n ζώνη
zoo n ζωολογικός κήπος
zoology n ζωολογία

Greek-English

Bilingual Dictionaries, Inc.

Abbreviations

a - article
n - noun
e - exclamation
pro - pronoun
adj - adjective
adv - adverb
v - verb
pre - preposition
c - conjunction

Α

αβασάνιστα *adv* lightly
αβάσιμος *adj* flimsy; baseless, groundless, unfounded
αβέβαιος *adj* uncertain
αβλαβής *adj* harmless; unharmed
αβοήθητος *adj* singlehanded
άβολος *adj* inconvenient, uncomfortable
αβυσσαλέος *adj* abysmal
άβυσσος *n* abyss
αγαθά *n* goods
άγαλμα *n* statue
αγαμία *n* celibacy
άγαμος *adj* celibate; unmarried
αγάπη *n* love
αγαπημένος *adj* favorite
αγαπημένος *n* sweetheart
αγαπητός *adj* beloved, dear
αγαπώ *v* love
αγγαρεία *n* chore
αγγείο *n* vessel
αγγελιαφόρος *n* herald, messenger
αγγελικός *adj* angelic
άγγελος *n* angel
άγγιγμα *n* touch
αγγίζω *v* touch
αγγίζω τα όρια *v* border on
Αγγλία *n* England
Αγγλικανός *adj* Anglican
αγγλικός *adj* English
αγγούρι *n* cucumber
αγελάδα *n* cow
αγελαδάρης *n* cowboy
αγένεια *n* discourtesy, rudeness
αγενής *adj* impolite, rude
άγευστος *adj* tasteless
Αγία Γραφή *n* bible
αγιασμός *n* benediction
αγιοποιώ *v* canonize
άγιος *adj* holy
άγιος *n* saint
αγιότητα *n* holiness
αγκάθι *n* thorn
αγκαθωτός *adj* thorny
αγκαλιά *n* lap
αγκαλιάζω *v* cuddle, embrace, hug
αγκάλιασμα *n* embrace
αγκινάρα *n* artichoke
αγκομαχώ *v* gasp, wheeze
αγκράφα *n* buckle
άγκυρα *n* anchor
αγκυροβόλιο *n* berth
αγκυροβολώ *v* moor
αγκώνας *n* elbow
άγνοια *n* ignorance
αγνός *adj* chaste
αγνότητα *n* chastity
αγνοώ *v* disregard, ignore
αγνωστικιστής *n* agnostic
άγνωστος *adj* unfamiliar, unknown

άγονος *adj* arid, barren, infertile
αγορά *n* market; purchase
αγοράζω *v* buy, purchase
αγοραστής *n* buyer
αγόρι *n* boy
αγράμματος *adj* illiterate
άγρια φύση *n* wildlife
αγριογούρουνο *n* hog
άγριος *adj* ferocious, fierce, savage, wild
αγριότητα *n* ferocity, harshness, savagery
αγριόχοιρος *n* wild boar
αγριόχορτο *n* weed
αγροικία *v* lodge
αγρόκτημα *n* farmyard
αγροτικός *adj* rural
αγρυπνία *n* vigil
άγρυπνος *adj* alert, watchful
αγχόνη *n* gallows
αγχωτικός *adj* stressful
αγωγή *n* lawsuit
αγωγός *n* conductor; duct, pipeline
αγώνας *n* match
αγώνας δρόμου *n* race
αγωνία *n* agony, anguish, suspense
αγωνιώδης *adj* agonizing
άδεια *n* sanction, license, permission
άδεια διακοπών *n* holiday
άδεια εισόδου *n* pass
αδειάζω *v* exhaust, empty
άδειος *adj* empty
αδέκαρος *adj* penniless
αδελφή *n* sister
αδελφικός *adj* brotherly, fraternal
αδελφοί *n* brethren
αδελφός *n* brother
αδελφότητα *n* fellowship, brotherhood, fraternity
αδένας *n* gland
αδέξιος *adj* inept, ragged, awkward, clumsy
αδεξιότητα *n* clumsiness
αδέσμευτος *adj* unattached
αδέσποτος *adj* stray
αδιάβροχο *n* raincoat
αδιάβροχος *adj* waterproof
αδιάθετος *adj* indisposed
αδιαίρετος *adj* indivisible
αδιάκοπα *adv* ceaselessly
αδιάκοπος *adj* incessant
αδιακρισία *n* indiscretion
αδιάκριτος *adj* indiscreet
αδιάλειπτος *adj* unfailing
αδιάλλακτος *adj* bitter, adamant, implacable
αδιαλλαξία *n* intolerance
αδιάλυτος *adj* insoluble
αδιαμφισβήτητος *adj* indisputable, unequivocal

αδιανόητος *adj* unthinkable
αδιάντροπος *adj* shameless
αδιάσειστες ενδείξεις *n* smoking gun
αδιαφανής *adj* opaque
αδιαφιλονίκητος *adj* undisputed
αδιαφορία *n* indifference
αδιάφορος *adj* indifferent
αδιάψευστος *adj* irrefutable
αδιεκπεραίωτες εργασίες *n* backlog
αδιέξοδο *n* stalemate, dead end
αδιέξοδος *adj* deadlock
άδικα *adv* unfairly
αδικαιολόγητος *adj* undue, unjustified
αδίκημα *v* malpractice
αδίκημα *n* offense
αδικία *n* unfairness, injustice
άδικος *adj* undeserved, unjust
αδιόρθωτος *adj* incorrigible
αδίστακτος *adj* ruthless
αδυναμία *n* frailty, shortcoming, weakness
αδύναμος *adj* faint, feeble, weak
αδύνατος *adj* impossible
αδυνατώ να παρατηρήσω *v* look through
αεράκι *n* breeze
αέρας *n* air
αερίζω *v* air, ventilate
αέριο *n* gas

αερισμός *n* ventilation
αερογραμμή *n* airline
αεροδρόμιο *n* airport
αεροδρόμιο χωρίς σταθμό επιβατών *n* airfield
αεροπειρατείας *n* hijack
αεροπλάνο *n* plane, airplane
αεροπορία *n* aviation
αεροπορικό ταχυδρομείο *n* airmail
αεροπορικός ναύλος *n* airfare
αεροπόρος *n* aviator, flier
αεροσκάφος *n* craft, aircraft
αεροστεγής *adj* airtight
αετός *n* eagle
άζωτο *n* nitrogen
αηδία *n* disgust
αηδιάζω *v* sicken
αηδιαστικός *adj* disgusting, sickening
αηδόνι *n* nightingale
αθανασία *n* immortality
αθάνατος *adj* immortal
αθεϊσμός *n* atheism
αθεϊστής *n* atheist
αθέμιτος *adj* unfair
άθεος *adj* godless
αθεράπευτος *adj* incurable
αθέτηση *n* breach
άθικτος *adj* unbroken, intact; untouchable
αθλητής *n* athlete

αθλητικός

αθλητικός *adj* athletic, sporty
άθλιος *adj* lousy, miserable, squalid
άθροισμα *n* sum
αθώος *adj* innocent
αθωότητα *n* innocence
αθωώνω *v* absolve, acquit
αθώωση *n* absolution, acquittal
αίθουσα *n* chamber, auditorium, hall
αίθουσα αναμονής *n* lounge
αίθουσα διδασκαλίας *n* classroom
αίθουσα χορού *n* ballroom
αίθριο *n* patio
αίθριος *adj* clear
αίμα *n* blood
αιματηρός *adj* bloody, gory
αιμοδιψής *adj* bloodthirsty
αιμορραγία *n* bleeding, hemorrhage
αιμορραγώ *v* bleed
αίνιγμα *n* riddle
αινιγματικός *adj* puzzling
αίρεση *n* heresy, sect
αιρετικός *adj* heretic
αίρω φυλετικό διαχωρισμό *v* desegregate
αισθάνομαι *v* feel, sense
αισθάνομαι φαγούρα *v* itch
αίσθηση *n* sensation, sense
αισθησιακός *adj* sensual
αισθητικός *adj* aesthetic
αισιοδοξία *n* optimism
αισιόδοξος *adj* optimistic
αίσχος *n* outrage
αισχρός *adj* obscene, outrageous
αισχρότητα *n* obscenity
αίτημα *n* request
αίτηση *n* application, petition
αιτία *n* cause
αιτούμαι *v* apply
αιτών *n* applicant
αιφνιδιασμένος *adj* startled
αιφνίδιος *adj* sudden
αιχμαλωσία *n* captivity
αιχμαλωτίζω *v* captivate
αιχμάλωτος *n* captive
αιχμή δόρατος *v* spearhead
αιχμηρή άκρη *n* tip
αιχμηρός *adj* pointed, sharp
αιώνας *n* century
αιώνιος *adj* everlasting
αιωνιότητα *n* eternity
αιώρα *n* hammock
αιωρούμαι *v* dangle, swing, hover
ακαδημαϊκός *adj* academic
ακαδημία *n* academy
ακαθαρσίες *n* crap
ακάθαρτος *adj* filthy, impure
άκαμπτος *adj* inflexible, rigid
ακαμψία *n* stiffness
ακανόνιστος *adj* irregular

ακυρώνω

άκαρδος *adj* heartless
ακατάλληλος *adj* unfit, improper, inappropriate, unsuitable
ακαταμάχητος *adj* irresistible
ακαταστασία *n* shambles
ακατάστατος *adj* messy
ακατέργαστος *adj* raw, crude
ακατόρθωτος *adj* impossible
ακεραιότητα *n* integrity
ακίνητη περιουσία *n* realty
ακινητοποιώ *v* immobilize
ακίνητος *adj* still, immobile, motionless, standstill, stationary
ακλόνητος *adj* firm
ακοή *n* hearing
ακοινώνητος *adj* withdrawn
ακολουθία *n* sequence
ακόλουθος *n* disciple
ακολουθώ *v* follow
ακολουθώ τα ίχνη *v* trail
ακόμα περισσότερο *c* even more
ακόμη *adv* still
ακόμη *c* yet
ακόμη και αν *c* even if
ακονίζω *v* sharpen
ακονιστήρι *n* sharpener
ακορντεόν *n* accordion
ακούγομαι *v* sound
ακούραστος *adj* tireless
ακουστικά *n* earphones, headphones
ακουστικός *adj* acoustic
ακούω *v* hear, listen
άκρα *n* extremities
ακραίος *adj* extreme
ακράτεια *n* incontinence
ακριβά *adv* dearly
ακρίβεια *n* accuracy, precision
ακριβής *adj* accurate, exact, precise, punctual
ακριβός *adj* expensive, pricey
ακρίδα *n* locust
άκρο *n* edge, limb
ακροατήριο *n* audience
ακροατής *n* listener
ακροβάτης *n* acrobat
ακρογωνιαίος λίθος *n* cornerstone
ακροδάκτυλο *n* fingertip
ακροθαλασσιά *n* seashore
ακρότητες *n* extremities
ακρωτηριάζω *v* amputate, mutilate
ακρωτηριασμός *n* amputation
ακρωτήριο *n* cape
ακτή *n* coast, shore
ακτή *adj* seaside
ακτίνα *n* radius, ray
ακτινοβολία *n* radiation
ακτινογραφία *n* X-ray
ακτογραμμή *n* coastline
άκυρος *adj* null
άκυρος *n* invalid
ακυρώνω *v* cancel, annul, call off, invalidate, scrub
ακυρώνω *adj* void

ακύρωση *n* annulment, cancellation
αλαζονεία *n* arrogance
αλαζονικός *adj* arrogant
αλάθητος *adj* foolproof
άλαλος *adj* dumb
αλάνθαστος *adj* infallible, unmistakable
αλάτι *n* salt
άλγεβρα *n* algebra
αλέθω *v* grind
αλεξιπτωτιστής *n* paratrooper
αλεξίπτωτο *n* chute, parachute
αλεπού *n* fox
αλεύρι *n* flour
αλήθεια *n* truth
αληθής *adj* truthful
αλήτης *n* bum, hoodlum
αλιγάτορας *n* alligator
αλκοολικός *adj* alcoholic
αλκοολισμός *n* alcoholism
αλλά *c* but
αλλαγή *n* change
αλλάζω *v* switch, change
αλλεργία *n* allergy
αλλεργικός *adj* allergic
αλληγορία *n* allegory
αλληλεγγύη *n* solidarity
αλλιώς *adv* else, otherwise
αλλοδαπός *n* alien, foreigner
αλλόκοτος *adj* odd, grotesque, queer, weird
άλλος *adj* another, other
άλλοτε *adv* once
αλλού *adv* elsewhere
αλλόφρων *adj* distraught
άλμα *n* jump, leap
αλμανάκ *n* almanac
αλμυρός *adj* salty
αλογάκι *v* nag
άλογο *n* horse
άλογο ιππασίας *n* mount
αλοιφή *n* ointment; paste
αλουμίνιο *n* aluminum
αλυσίδα *n* chain
αλυσοδένω *v* chain
αλυσοπρίονο *n* chainsaw
αλφάβητο *n* alphabet
αλωνίζω *v* thresh
αμάνικος *adj* sleeveless
άμαξα *n* carriage, coach
αμάξι *n* auto
αμαρτάνω *v* sin
αμαρτία *n* sin
αμαρτωλός *adj* sinful
αμαρτωλός *n* sinner
αμαυρώνω *v* darken, tarnish
αμβλύνω *v* dull
αμβλύτητα *n* bluntness
άμβωνας *n* pulpit
αμείβω *v* remunerate
αμείλικτος *adj* relentless
αμέλεια *n* negligence
αμελής *adj* lax, negligent

ανάγνωση

άμεμπτος *adj* blameless
Αμερικανός *adj* American
αμερόληπτος *adj* impartial, unbiasec
άμεσος *adj* prompt
αμέσως *adv* immediately
αμετάβλητος *adj* immutable
αμετάκλητος *adj* irrevocable
αμέτρητος *adj* countless
άμμος *n* sand
αμμωνία *n* ammonia
αμνησία *n* amnesia
αμνηστία *n* amnesty
αμοιβαία *adj* each other
αμοιβαία *adv* mutually
αμοιβαίος *adj* reciprocal
αμοιβή *n* fee
αμόλυβδος *adj* unleaded
αμόνι *n* anvil
άμορφος *adj* amorphous
αμόρφωτος *adj* uneducated
αμπαζούρ *n* lampshade
αμπέλι *n* vineyard
άμπωτη *ν* ebb
αμυγδαλή *n* tonsil
αμύγδαλο *n* almond
άμυλο *n* starch
αμυλώδης *adj* starchy
άμυνα *n* defense
αμυντικός *n* defender
αμυχή *n* graze, scratch
αμφιβάλλω *v* doubt
αμφίβιος *adj* amphibious
αμφιβολία *n* doubt
αμφίβολος *adj* doubtful, dubious
αμφίεση *n* guise, clothing
αμφιθέατρο *n* amphitheater
αμφίθυμος *adj* ambivalent
αμφιλεγόμενος *adj* controversial
αμφισβητήσιμος *adj* questionable
αμφίσημος *adj* ambivalent
αμφιταλαντεύομαι *v* waver
αν *c* whether
αν και *c* though
αν όλα πάνε καλά *adv* hopefully
ανά *pre* per
αναβαθμίζω *v* upgrade
αναβάλλουμε *v* put off
αναβάλλω *v* defer, postpone
αναβιώνω *v* revive
αναβολή *n* postponement
αναβοσβήνω *v* blink
αναβρασμός *n* tumult
ανάβω *v* light, kindle, switch on, turn on
αναγέννηση *n* rebirth, regeneration
αναγκαιότητα *n* necessity
ανάγκη *n* need
αναγνωρίζω *v* acknowledge, recognize
αναγνώριση *n* recognition
ανάγνωση *n* reading

αναγνώστης *n* reader
αναγορεύω *v* acclaim
αναδεικνύω *v* heighten
αναδημιουργώ *v* recreate
αναδιαμορφώνω *v* remodel
αναδιοργανώνω *v* reorganize
αναδιπλασιάζω *v* redouble
αναδοχή *v* underwrite
αναδρομικός *adj* retroactive
αναδύομαι *v* emerge
αναζήτηση *n* quest, search
αναζητώ *v* look for, search, seek
αναζωογονητικός *adj* refreshing
αναζωογονώ *v* rejuvenate
αναθεματίζω *v* darn, damn
ανάθεση *n* assignment
αναθέσπιση *n* reenactment
αναθέτω *n* mandate
αναθέτω *v* entrust, allocate, assign, delegate
αναθεώρηση *n* revision
αναθεωρώ *v* overhaul, revise
αναθυμιάσεις *n* fumes
αναιδής *adj* cocky
αναιμία *n* anemia
αναιμικός *adj* anemic
αναιρώ *v* undo
αναισθησία *n* anesthesia
αναίσθητος *adj* insensitive, senseless, unconscious
ανακαινίζω *v* refurbish, renovate
ανακαίνιση *n* renovation

ανακαλύπτω *v* discover
ανακάλυψη *n* discovery
ανακαλώ *v* recall, repeal, retract, revoke
ανάκαμψη *n* upturn
ανακατασκευάζω *v* reconstruct
ανακατάταξη *n* upheaval
ανακατεύομαι *v* intrude, meddle
ανακατεύω *v* mingle, scramble, shuffle, stir
ανακεφαλαιώνω *v* recap
ανακινώ *v* bring up
ανάκληση *n* repeal
ανακοινώνω *v* announce
ανακοίνωση *n* announcement, notice
ανακόπτω *v* stem
ανακουφίζω *v* alleviate, ease, relieve
ανακούφιση *n* relief
ανακριβής *adj* imprecise, inaccurate
ανακρίνω *v* quiz; interrogate
ανάκριση *n* inquisition
ανάκτηση *n* recovery, retrieval
ανάκτηση *v* retrieve
ανάκτορο *n* court
ανακτώ *v* reclaim, recover, recuperate, regain
ανακυκλώνω *v* recycle
ανακύπτω *v* come up

ανακωχή *n* armistice
αναλαμβάνω *v* take over, undertake
αναλαμπή *n* gleam
ανάλγητος *adj* callous
αναληθής *adj* untrue
αναλογία *n* analogy; ratio
αναλογίζομαι *v* ponder
αναλόγιο *n* lectern
ανάλυση *n* analysis, breakdown
αναλυτικός *adj* comprehensive
αναλύω *v* analyze
αναλώσιμος *adj* disposable
αναμένω *v* await, expect
αναμεταδίδω *v* relay
αναμέτρηση *n* showdown
αναμιγνύω *v* blend, mix
ανάμικτος *adj* assorted
αναμμένος *adv* alight
ανάμνηση *n* recollection, remembrance
αναμνηστικό *n* souvenir
αναμονή *n* waiting
αναμφίβολα *adv* undoubtedly
αναμφισβήτητος *adj* undeniable
ανανάς *n* pineapple
άνανδρα *adv* cowardly
ανανεώνω *v* refresh, renew
ανανέωση *n* renewal
αναξιόπιστος *adj* unreliable
αναπαράγω *v* replicate, reproduce

αναπαραγωγή *n* reproduction
αναπαράσταση *n* reenactment
ανάπαυλα *n* respite
αναπαύομαι *v* repose
ανάπαυση *n* repose
αναπαυτικός *adj* restful
αναπήδηση *n* spring, bounce, skip
αναπηδώ *v* buck; bound, bounce, rebound
αναπηρία *n* affliction, disability
αναπηρική καρέκλα *n* wheelchair
ανάπηρος *adj* cripple, disabled
αναπληρώνω *v* make up for, replenish
αναπνέω *v* breathe
αναπνοή *n* breath, breathing, respiration
ανάποδα *adv* inside out, upside-down
αναποδιά *n* hitch, set back
αναποδογυρίζω *v* turn over
αναπολώ *v* recapture, recollect
αναποτελεσματικός *adj* ineffective
αναποφασιστικότητα *n* indecision
αναποφάσιστος *adj* indecisive, undecided
αναπόφευκτος *adj* inevitable, unavoidable

αναπτήρας

αναπτήρας *n* lighter
ανάπτυξη *n* deployment; development, growth
αναπτύσσομαι *v* grow
αναπτύσσω *v* deploy; develop
αναρίθμητος *adj* innumerable
ανάρμοστος *adj* inept
αναρρωτήριο *n* infirmary
ανάρτηση *n* suspension
αναρχία *n* anarchy
αναρχικός *n* anarchist
αναρωτιέμαι *v* wonder
ανασκόπηση *n* review
ανάσταση *n* resurrection
αναστατώνω *v* perturb
αναστάτωση *n* upheaval, commotion, disruption
αναστέλλω *v* suspend
αναστεναγμός *n* sigh
αναστενάζω *v* sigh
αναστολή *n* arrest
αναστολή καταδίκης *n* reprieve
αναστρέψιμος *adj* reversible
αναστύλωση *n* restoration
ανασφάλεια *n* insecurity
ανασφαλής *adj* unsafe
ανατάραξη *n* turbulence
αναταραχή *adj* turmoil
αναταραχή *n* unrest
ανατινάζω *v* blow up
ανατολή *n* east
Ανατολή *n* orient

ανατολή ηλίου *n* sunrise
ανατολικά *adv* eastward
ανατολικός *adj* eastern, oriental
ανατομία *n* anatomy
ανατρέπω *v* bring down, overthrow, overturn, topple, capsize
ανατρέφω *v* foster, nurture, rear
ανατρέχω *v* refer to, go back to
ανατριχιάζω *v* shudder
ανατριχιαστικός *adj* creepy
ανατριχίλα *n* shudder; thrill
ανατροπή *n* overthrow
ανατροφή *n* upbringing
ανατροφοδότηση *n* feedback
ανατυπώνω *v* reprint
ανατύπωση *n* reprint
αναφαίνομαι *v* loom
αναφέρομαι *v* refer to
αναφέρω *v* mention, report
αναφλέγομαι *v* ignite
αναφορά *n* mention, reference, report
αναχρηματοδοτώ *v* refinance
αναχώρηση *n* departure
αναχωρώ *v* depart, pull out
αναψυκτικό *n* soda, refreshment
αναψυχή *n* recreation
άνδρας *n* man
ανδρείκελο *n* dummy
άνδρες *n* men
ανδρισμός *n* virility

ανδροπρέπεια *n* manliness
ανδροπρεπής *adj* manly, virile
ανεβαίνω *v* come up, ascend, go up, rise
ανεγείρω *v* erect
ανεγκέφαλος *adj* mindless
ανειλικρίνεια *n* insincerity
ανειλικρινής *adj* insincere
ανείπωτος *adj* unspeakable
ανέκδοτο *n* anecdote
ανεκτίμητος *adj* invaluable
ανεκτός *adj* tolerable
ανελέητος *adj* merciless
ανελκύω *v* hoist
ανέμελος *adj* carefree, casual
ανεμιστήρας *n* fan
ανεμοβλογιά *n* chicken pox
ανεμόμυλος *n* windmill
άνεμος *n* wind
ανεμοστρόβιλος *n* twister
ανεμώδης *adj* windy
ανέντιμος *adj* crooked, dishonest
ανεντιμότητα *n* dishonesty
ανεξαρτησία *n* independence
ανεξάρτητα *adv* regardless
ανεξάρτητος *adj* independent, irrespective
ανεξήγητος *adj* inexplicable
ανεπανόρθωτος *adj* irreparable
ανεπαρκής *adj* inadequate, inefficient, insufficient
ανεπαρκώς *adv* poorly

ανεπιθύμητος *adj* undesirable
ανεπίσημα *adv* unofficially
ανεπίσημος *adj* informal
ανεπισημότητα *n* informality
ανεπιτυχής *adj* unsuccessful
ανεργία *n* unemployment
άνεργος *adj* jobless, unemployed
ανέρχομαι *v* move up
ανέρχομαι σε *v* amount to
άνεση *n* comfort, convenience, ease
άνετος *adj* comfortable, cozy
άνευ αξίας *adj* worthless
ανέφικτο *n* impossibility
ανεφοδιάζω *v* refuel
ανέχομαι *v* connive; put up with, tolerate
ανήθικος *adj* evil, immoral
ανηθικότητα *n* immorality
ανήκουστος *adj* unheard-of
ανήκω *v* belong
ανήλικος *n* minor, juvenile
ανήμπορος *adj* helpless
ανήξερος *adj* unaware
ανησυχητικός *adj* alarming, disturbing, worrisome
ανησυχία *n* anxiety, concern, uneasiness, worry
ανήσυχος *adj* anxious, restless, uneasy
ανησυχώ *v* worry
ανηφορικά *adv* uphill

ανθεκτικός *adj* durable, sturdy
ανθεκτικός στη σκουριά *adj* rust-proof
ανθίζω *v* bloom, blossom, flourish
ανθοδέσμη *n* bunch
άνθρακας *n* coal
ανθρώπινο γένος *n* humankind
ανθρώπινο ον *n* human being
ανθρώπινος *adj* human
ανθρωπιστικές επιστήμες *n* humanities
άνθρωποι *n* men, people
ανθρωποκτονία *n* homicide, manslaughter
ανθρωποκυνηγητό *n* manhunt
άνθρωπος *n* man
ανθρωπότητα *n* mankind
ανθρωποφάγος *n* cannibal
ανθυγιεινός *adj* unhealthy
ανία *n* boredom, tedium
ανίδεος *adj* ignorant
ανιδιοτελής *adj* disinterested; unselfish
ανίκανος *adj* unfit, incapable, unable, incompetent, impotent
ανικανότητα *n* inability, incompetence
ανίκητος *adj* invincible, unbeatable
ανισορροπία *n* imbalance
ανισόρροπος *adj* deranged, lunatic
ανισόρροπος *n* madman
άνισος *adj* unequal, uneven
ανισότητα *n* disparity, inequality
ανίσχυρος *adj* powerless
ανιχνευτής *n* detector
ανιχνεύω *v* scan, detect
ανιψιά *n* niece
ανιψιός *n* nephew
ανοησία *n* nonsense
ανόητος *n* fool
ανόητος *adj* silly
άνοιγμα *n* opening
άνοιγμα πόρτας *n* doorway
ανοίγομαι *v* open up
ανοίγω *v* open
ανοίγω με βία *v* break open
ανοικοδομώ *v* rebuild
άνοιξη *n* spring
ανοιχτήρι κονσέρβας *n* can opener
ανοιχτόμυαλος *adj* open-minded
ανοιχτός *adj* open
ανομοιογενής *adj* promiscuous
ανόμοιος *adj* dissimilar
ανοσοποιώ *v* immunize
άνοστος *adj* bland, insipid
ανοχή *n* tolerance
ανταγωνίζομαι *v* contend, compete
ανταγωνισμός *n* competition, rivalry
ανταγωνιστής *n* competitor

ανταγωνιστικός *adj* competitive
ανταλλαγή *n* interchange, swap
ανταλλακτικό *n* spare part
ανταλλάσσω *v* barter, exchange, interchange, swap
ανταμείβω *v* recompense, reward
ανταμοιβή *n* recompense, reward
αντανάκλαση *n* reflection
αντανακλαστικός *adj* reflexive
ανταποδίδω *v* hit back
ανταποδίδω χτύπημα *v* strike back
ανταποκριτής *n* correspondent
ανταρσία *n* insurgency, mutiny, rebellion, revolt
αντάρτης *n* guerrilla, partisan
αντεκδίκηση *n* reprisal
αντέχω *v* withstand
αντηλιακό *n* sun block
αντί *adv* instead
αντιβασιλέας *n* regent
αντιβιοτικό *n* antibiotic
αντίγραφο *n* copy
αντιγράφω *v* replicate, copy, duplicate, transcribe
αντιδικώ *v* litigate
αντίδοτο *n* antidote
αντιδράσεις *n* feedback; backlash
αντίδραση *n* reaction

αντιδρώ *v* react
αντίθεση *n* contrast
αντίθετο *n* opposite
αντίθετος *adj* averse, contrary, opposite
αντικαθιστώ *v* replace
αντικατάσταση *n* replacement
αντικατοπτρίζω *v* reflect
αντικείμενο *n* item, article, object
αντικρίζω *v* face
αντικρουόμενος *adj* conflicting
αντικρούω *v* contradict, rebut, refute
αντίκτυπος *n* impact
αντιλαμβάνομαι *v* apprehend, take in; perceive
αντίληψη *n* perception
αντιλόπη *n* antelope
αντιμετωπίζω *v* face, confront, face up to; regard, deal, cope; tackle; counter
αντιξοότητα *n* adversity
αντίο *n* farewell
αντιπάθεια *n* antipathy
αντιπάθεια *v* dislike
αντιπαθώ *n* dislike
αντίπαλος *n* adversary, opponent, rival
αντιπαραβάλλω *v* contrast
αντιπαράθεση *n* confrontation, controversy

αντιπαρατίθεμαι v antagonize
αντιπαρέρχομαι v brush aside, discount
αντίποινα n retaliation
αντιπολίτευση n opposition
αντιπροσωπεία n delegation
αντιπροσωπεύω v represent, stand for
αντιπρόσωπος n agent, delegate
αντίρρηση n objection
αντισταθμίζω v compensate, offset
αντίσταση n opposition, resistance
αντιστέκομαι v buck, resist
αντίστοιχος adj corresponding, respective
αντιστοιχώ v correspond
αντίστροφα adv conversely
αντιστροφή n reversal
αντίστροφη μέτρηση n countdown
αντίστροφο n reverse
αντιτίθεμαι v object
αντίφαση n contradiction
αντιφρονών adj dissident
αντίχειρας n thumb
αντλία n pump
αντλώ v pump
άντρο n cavern
αντσούγια n anchovy
αντωνυμία n pronoun

ανυπακοή n disobedience
ανυπάκουος adj disobedient
ανύπαντρος adj single
ανυπεράσπιστος adj defenseless
ανυπέρβλητος adj sublime
ανυπολόγιστος n incalculable
ανυπομονησία n impatience
ανυπόμονος adj impatient
ανυπόφορος adj intolerable, unbearable
ανυποψίαστος adj oblivious, unsuspecting
ανυψώνω v elevate
ανύψωση n elevation
άνω κάτω τελεία n colon
ανώδυνος adj painless
ανωμαλία n abnormality
ανώμαλος adj abnormal; bumpy
ανωνυμία n anonymity
ανώνυμος adj anonymous
ανώριμος adj immature
ανωριμότητα n immaturity
ανώτατος adj supreme
ανώτερος adj senior, superior, upper
αξέχαστος adj memorable, unforgettable
αξία n value
αξιαγάπητος adj darling, likable, lovable
αξίας adj worth
αξιέπαινος adj praiseworthy

απάνθρωπος

αξίζει τον κόπο *adj* worthwhile
αξίζω *v* deserve, merit
αξιολάτρευτος *adj* adorable
αξιολόγηση *n* appraisal, assessment
αξιόλογος *adj* worth
αξιολογώ *v* appraise, assess, evaluate
αξιολύπητος *adj* pathetic; wretched
αξιοπιστία *n* credibility
αξιόπιστος *adj* credible, dependable, reliable
αξιόποινος *adj* punishable
αξιοποιώ *v* tap into
αξιοπρέπεια *n* dignity
αξιοπρεπής *adj* decent
άξιος *adj* deserving, worthy
αξιοσημείωτη *adj* noticeable
αξιοσημείωτος *adj* notable, noteworthy, remarkable
αξιόχρεος *adj* solvent
αξίωμα *n* axiom
αξίωμα ή θητεία του Πάπα *n* papacy
αξιωματικός *n* officer
αξιωματούχος *n* dignitary
αξίωση *n* pretension
άξονας *n* axis
άξονας τροχού *n* axle
άοπλος *adj* unarmed
αόρατος *adj* invisible

αόριστος *adj* indefinite
αουτσάιντερ *n* underdog
απαγγέλλω *v* recite
απαγκιστρώνω *v* extricate
απαγόρευση *n* ban, prohibition
απαγόρευση κυκλοφορίας *n* curfew
απαγορεύω *v* ban, forbid, prohibit
απάγω *v* abduct, kidnap
απαγωγέας *n* kidnapper
απαγωγή *n* abduction, kidnapping
απάθεια *n* apathy
απαισιοδοξία *n* pessimism
απαισιόδοξος *adj* pessimistic
απαίσιος *adj* lurid, awful, grisly
απαίτηση *n* demand, claim, requirement
απαιτητικός *adj* needy, challenging, demanding
απαιτώ *v* demand, necessitate, require
απαλείφω *v* strike out
απαλλαγή *n* exemption
απαλλασσόμενος *adj* exempt
απαλλάσσω *v* absolve, remit, excuse, exonerate; rid of
απαλλοτριώνω *v* expropriate
απαλότητα *n* softness
απαλύνω *v* cushion
απάνθρωπος *adj* inhuman

απάντηση *n* answer, reply, response
απαντώ *v* answer, reply, respond
απαράδεκτος *adj* disgraceful, inadmissible
απαραίτητος *adj* indispensable, necessary
απαρατήρητος *adj* unnoticed
απαριθμώ *v* enumerate
απαρνούμαι *v* disown
απαρχαιωμένος *adj* antiquated, obsolete, outdated
απασχολημένος *adj* engaged; busy
απασχολώ *v* preoccupy, obsess, employ
απάτες *n* racketeering
απατεώνας *n* cheater, con man, crook, swindler
απάτη *n* racket, fraud, scam, sham, swindle
απατηλός *adj* elusive
άπαχος *adj* lean
απειθώ *v* disobey
απεικονίζω *v* depict, illustrate, portray
απεικόνιση σε κινούμενο σχέδιο *n* animation
απειλή *n* menace, threat
απειλητικός *adj* dire
απειλώ *v* threaten
άπειρος *adj* inexperienced; infinite

απέλαση *n* expulsion, deportation
απελαύνω *v* deport
απελευθερώνομαι *v* break free
απελευθερώνω *v* release, emancipate, free, liberate
απελευθέρωση *n* liberation
απελπισία *n* despair
απελπισμένος *adj* desperate, hopeless
απέναντι *pre* across, opposite
απένταρος *adj* broke
απεραντοσύνη *n* immensity
απεργία *n* strike, walkout
απεργώ *v* strike
απεριόριστος *adj* boundless, unlimited
απερίσκεπτος *adj* reckless
απεριτίφ *n* aperitif
απεσταλμένος *n* envoy
απευθύνω *v* address
απεχθάνομαι *v* abhor, detest, loathe
απέχθεια *n* loathing
απεχθής *adj* detestable, odious, repugnant
απέχω *v* abstain
απίθανος *adj* improbable, unlikely
απίστευτος *adj* incredible, unbelievable
απιστία *n* disloyalty, infidelity
άπιστος *adj* disloyal, unfaithful
απλά *adv* simply

απληστία *n* greed
άπληστος *adj* avid, greedy
απλοποιώ *v* simplify
απλός *adj* plain, simple
απλότητα *n* simplicity
απλώνω *v* spread
απλώς *adv* merely
από *pre* of, since, by, from
από κάτω *adv* below
από κοινού *adv* jointly
από τότε *adv* since then
αποβάθρα *n* dock, pier, wharf
αποβάλλω *v* abort, eject, expel; miscarry
αποβιβάζομαι *v* get down, disembark
απόβλητα *n* sewage
απόβλητο *n* waste
αποβολή *n* miscarriage
απόγειο *n* heyday
απογειώνομαι *v* take off
απογειώνω *v* lift off
απογείωση *n* lift-off
απόγευμα *n* afternoon
απογοητευμένος *adj* disenchanted
απογοήτευση *n* frustration, disappointment
απογοητευτικός *adj* disappointing
απογοητεύω *v* frustrate, disappoint, let down
απόγονοι *n* posterity

απόγονος *n* offspring, descendant
απογραφή *n* census; inventory
αποδεδειγμένος *adj* proven
αποδεικνύω *v* attest, demonstrate, prove
απόδειξη *n* receipt, evidence, proof
απόδειξη πώλησης *n* sale slip
αποδεκατίζω *v* decimate
αποδεκτός *adj* acceptable
αποδέχομαι *v* accept
αποδίδω *v* yield, attribute
αποδιοπομπαίος τράγος *n* scapegoat
αποδιοργανωμένος *adj* disorganized
αποδοκιμάζω *v* deplore, disapprove
αποδοκιμασία *n* disapproval
απόδοση *n* performance, return, yield
αποδοτικός *adj* efficient
αποδοτικότητα *n* efficiency
αποδοχή *n* acceptance
αποδυναμώνω *v* deaden, weaken
αποδυτήρια *n* locker room
αποζημιώνω *v* compensate, indemnify, reimburse
αποζημίωση *n* reparation, compensation, indemnity, reimbursement

αποθανών *adj* deceased
αποθάρρυνση *n* discouragement
αποθαρρυντικός *adj* discouraging
αποθαρρύνω *v* demoralize, discourage, dishearten
απόθεμα *n* stock, stockpile
αποθήκευση *n* storage
αποθηκεύω *v* store
αποθήκη *n* storage, depot, stockroom, warehouse
αποθήκη καυσίμων *n* bunker
αποικία *n* colony
αποικιακός *adj* colonial
αποικίζω *v* colonize
αποικισμός *n* colonization
άποικος *n* settler
αποκαθιστώ *v* rehabilitate, restore
αποκαλυπτικός *adj* telling, revealing
αποκαλύπτω *v* disclose, divulge, reveal, unveil
αποκάλυψη *n* apocalypse, revelation
αποκαρδιώνω *v* dismay
αποκαρδίωση *n* dismay
αποκατάσταση *n* restoration, restitution
αποκεφαλίζω *v* behead, decapitate

αποκηρύσσω *v* recant, renounce, repudiate
αποκλεισμένος *adj* stranded
αποκλεισμός *n* blockade
αποκλείω *v* bar, cordon off, disqualify, exclude
απόκληρος *adj* outcast
αποκληρώνω *v* disinherit
απόκλιση *n* declension
αποκοιμιέμαι *v* drop off
αποκομιδή *n* removal
αποκομίζω *v* derive, reap
αποκομίζω κέρδος *v* profit
απόκομμα *n* clipping
αποκοπή *n* severance
αποκόπτω *v* clip, shut off
απόκρουση *n* repulse
αποκρουστικός *adj* appalling, gross, obnoxious, repulsive, revolting
αποκρούω *v* fend off, repulse
αποκρυπτογραφώ *v* decipher
αποκρύπτω *v* conceal, mask
απόκρυφος *adj* occult
αποκτηνώνω *v* brutalize
απόκτηση *n* acquisition
αποκτώ *v* acquire, obtain
αποκτώ διαύγεια *v* clear
απολαμβάνω *v* bask, enjoy, relish
απόλαυση *n* treat, delight, enjoyment, gusto

απολαυστικός *adj* enjoyable, exhilarating
απολεπίζω *v* scale
απολίθωμα *n* fossil
απολιθωμένος *adj* petrified
απολογία *n* apology
απολογούμαι *v* apologize
απολυμαίνω *v* disinfect
απολυμαίνω με αναθυμιάσεις *v* fumigate
απολυμαντικό *n* disinfectant
απόλυση *n* discharge, dismissal
απολυταρχικός *adj* authoritarian
απόλυτος *adj* ultimate, absolute
απολύω *v* dismiss, sack, discharge, lay off
απόμακρος *adj* aloof
απομακρύνομαι *v* drift apart
απομακρύνω *v* clear
απομακρυσμένος *adj* faraway
απομεινάρι *n* remnant
απομεινάρια *n* remains
απομίμηση *n* imitation, replica
απομνημονεύματα *n* memoirs
απομονωμένος *adj* secluded
απομονώνω *v* insulate, isolate, seal off
απομόνωση *n* privacy, isolation, seclusion
απομυζώ *v* sap
απομυθοποιώ *v* debunk
απονέμω *v* award

αποξενωμένος *adj* estranged
αποξηραμένος *adj* dried
απόπειρα *n* attempt
αποπλάνηση *n* seduction
αποπλανώ *v* seduce
αποπληρωμή *n* repayment
αποπνικτικός *adj* stifling, stuffy
αποποιούμαι *v* disclaim
αποπροσανατολισμένος *adj* disoriented
άπορος *adj* needy, indigent
απορρίμματα *n* refuse
απορρίπτω *v* dismiss, discard, reject, scrap; overrule
απορρίπτω *n* dump
απόρριψη *n* rebuff, rejection
απορροή *v* drain
απόρροια *n* corollary
απορροφημένος *adj* engrossed
απορροφητικός *adj* absorbent
απορροφούμαι *v* obsess
απορροφώ *v* preoccupy, soak up, absorb
απορροφώμαι *v* sink in
απορροφώμαι με *v* soak in
απορρυπαντικό *n* detergent
αποσιωπώ *v* hush up
αποσκελετωμένος *adj* emaciated
αποσκευές *n* baggage, luggage
αποσμητικό *n* deodorant
απόσπασμα *n* excerpt

αποσπασματικός

αποσπασματικός *adj* sketchy
αποσπώ *v* extort, detach
αποσπώ την προσοχή *v* distract
αποστάζω *v* distill
απόσταση *n* distance
απόσταση σε μίλια *n* mileage
απόσταση τεντωμένου χεριού *n* reach
αποστασία *n* defection
αποστειρωμένος *adj* sterile
αποστειρώνω *v* sterilize, pasteurize
αποστέλλω *v* dispatch
αποστέλλω με πλοίο *v* ship
αποστηθίζω *v* memorize
αποστολέας *n* sender
αποστολή *n* shipment, task, consignment, mission
αποστολικός *adj* apostolic
απόστολος *n* apostle
αποστροφή *n* aversion, distaste
απόστροφος *n* apostrophe
αποσυναρμολογώ *v* dismantle, take apart
αποσυνδέομαι *v* log off
αποσυνδέω *v* disconnect, unplug
αποσύνθεση *n* decay, disintegration, rot
αποσυντίθεμαι *v* decompose, disintegrate
αποσύρομαι *v* retire, bow out

απόσυρση *n* withdrawal
αποσύρω *v* withdraw
αποτέλεσμα *n* effect, outcome, result
αποτελεσματικός *adj* effective
αποτελεσματικότητα *n* effectiveness
αποτελούμαι *v* consist
αποτεφρώνω *v* cremate
αποτιμώ *v* rate, value
απότομα *adv* abruptly
απότομη αύξηση *n* boom
απότομος *adj* blunt, brusque, steep
αποτρέπω *v* avert, deter, foil, prevent
αποτροπή *n* deterrence
αποτσίγαρο *n* butt
αποτυγχάνω *v* fail, fall through, flunk
αποτυχημένος *n* loser
αποτυχία *n* failure
απουσία *n* absence
αποφάγια *n* leftovers
απόφαση *n* resolution, decision
αποφασίζω *v* decide
αποφασισμένος *adj* single-minded
αποφασιστικός *adj* telling, decisive, resolute
αποφεύγω *v* fend, avoid, dodge, evade, refrain, shun

αρθρώνω

αποφεύξιμος *adj* avoidable
απόφθεγμα *n* maxim
αποφοίτηση *n* graduation
αποφοιτώ *v* graduate
αποφυγή *n* avoidance
απόφυση *n* appendix
αποχέτευση *n* drainage
αποχή *n* abstinence
απόχρωση επιδερμίδας *n* complexion
αποχώρηση *n* exodus
αποχωρισμός *n* separation
αποχωρώ *v* secede
απόψε *adv* tonight
άποψη *n* view, aspect, outlook, standpoint, viewpoint
απρέπεια *n* impertinence, indecency
απρεπής *adj* impertinent
Απρίλιος *n* April
απρόβλεπτος *adj* unforeseen, unpredictable
απρόθυμα *adv* grudgingly, unwillingly
απρόθυμος *adj* reluctant
απροσάρμοστος *adj* misfit
απροσδόκητος *adj* unexpected
απρόσεκτος *adj* careless
απροσεξία *n* carelessness, oversight
απρόσιτος *adj* inaccessible
απροστάτευτος *adj* unprotected
απρόσωπος *adj* impersonal

άπταιστα *adv* fluently
απτός *adj* concrete, tangible
απύθμενος *adj* bottomless, crass
απωθώ *v* drive away, repel
απώλεια *n* casualty, loss
απών *adj* absent
Αραβικός *adj* Arabic
αραιά *adv* thinly
αραιός *adj* sparse
αραιώνω *v* dilute
αράχνη *n* spider
αραχνοΰφαντος *adj* flimsy
αργά *adv* late; slowly
αργαλειός *n* loom
αργή κίνηση *n* slow motion
αργία *n* holiday
αργοκίνητος *adj* sluggish
αργοπίνω *v* sip
αργοπορώ *v* linger
αργός *adj* slow
αργός *adv* tardy
αργοσβήνω *v* die out
αργότερα *adj* later
αργυροχόος *n* silversmith
άρδευση *n* irrigation
αρένα *n* arena
αρετή *n* virtue
Άρης *n* Mars
αρθρίτιδα *n* arthritis
άρθρο *n* article
αρθρώνω *v* articulate, hinge, utter

άρθρωση n articulation, joint
αρίθμηση n count
αριθμητική n arithmetic
αριθμομηχανή n calculator
αριθμός n number
αριθμός νεκρών n death toll
αριστείο n medallion
αριστερά adv left
αριστερά n left
αριστερός adj left
αριστοκράτης n aristocrat, nobleman
αριστοκρατία n aristocracy
αριστοκρατικός adj classy, genteel
άριστος adj best, excellent, fine
αριστούργημα n masterpiece
αρκετά adv enough, quite
αρκετά adj pretty
αρκετοί adj several
αρκετός adj fair
αρκούδα n bear
αρκούμαι v settle for
αρκτικός adj arctic
αρμόδιος adj competent
αρμοδιότητα n competence
αρμονία n tune, harmony
άρνηση n denial, refusal
αρνητικό n negative
αρνητικός adj negative
αρνί n lamb
αρνούμαι v decline, deny, refuse

αρουραίος n rat
άρπα n harp
αρπάζω v grab, grip, grasp, hold on to; snatch, catch; claw
αρραβώνας n engagement
αρραβωνιάζω v engage
αρραβωνιασμένος adj engaged
αρραβωνιαστικός n fiancé
αρρενωπός adj masculine
αρρωσταίνω v go down
άρρωστος adj ill, sick
αρσενικό n arsenic
αρσενικό ζώο n buck
αρσενικός n male
αρσενικός κύκνος n cob
αρτηρία n artery
αρτοποιείο n bakery
αρτοποιός n baker
αρχαϊκός adj archaic
αρχαιολογία n archaeology
αρχαίος adj ancient
αρχαιότερος adj senior
αρχαιότητα n antiquity, seniority
αρχάριος n beginner, novice
αρχείο n file, archive
αρχειοθετώ v file
αρχή n beginning, inception; principle
αρχηγείο n headquarters
αρχηγός n chief
αρχηγός σπείρας n ringleader
αρχιεπίσκοπος n archbishop

αστερισμός

αρχίζω *v* begin, commence, strike up
αρχικά *adv* initially, originally
αρχικά *n* initials
αρχικό γράμμα *n* initial
αρχικός *adj* initial
αρχινώ *v* set about
αρχιτεκτονική *n* architecture
αρχιτέκτων *n* architect
αρχιφύλακας *n* warden
άρχοντας *n* lord
αρχοντιά *n* nobility
αρχοντικό *n* mansion
άρωμα *n* fragrance, perfume
αρωματικός *adj* aromatic, fragrant
ασανσέρ *n* elevator
ασαφής *adj* obscure, fuzzy, ambiguous, vague
ασβέστης *n* lime
ασβεστόλιθος *n* limestone
ασεβής *adj* disrespectful
ασελγής *adj* lewd
ασήμαντος *adj* insignificant, trivial
ασήμαντος *n* lightweight
ασήμι *n* silver
ασημικά *n* silverware
ασθένεια *n* ailment, illness, sickness
ασθενής που αναρρώνει *adj* convalescent
ασθενοφόρο *n* ambulance
άσθμα *n* asthma
ασθματικός *adj* asthmatic
άσκηση *n* drill, exercise
ασκητικός *adj* ascetic
άσκοπος *adj* aimless, pointless
ασκούμαι *v* exercise, work out
ασκούμενος *n* trainee
ασκώ *v* exercise
ασκώ αντίποινα *v* retaliate
ασκώ πολιτική πίεση *v* lobby
ασπίδα *n* shield
ασπιρίνη *n* aspirin
ασπόνδυλος *adj* spineless
άσπορος *adj* seedless
ασπράδι *n* egg white
ασπρίζω *v* whiten
άσσος *n* ace
αστάθεια *n* instability
ασταθής *adj* shaky, unstable, unsteady
αστακός *n* lobster
ασταμάτητα *adv* nonstop
ασταμάτητος *adj* unbroken
άστατος *adj* fickle
άστεγος *adj* homeless
αστειεύομαι *v* joke
αστείο *n* joke
αστείος *adj* lame, funny
αστέρι *n* star
αστερίσκος *n* asterisk
αστερισμός *n* constellation

αστεροειδής *n* asteroid
αστεροσκοπείο *n* observatory
αστικός *adj* civic, civil, urban
αστός *adj* bourgeois
άστοχος *adj* misguided
αστοχώ *v* miss
αστράγαλος *n* ankle
αστραπή *n* lightning
αστράφτω *v* gleam
αστρολογία *n* astrology
αστρολόγος *n* astrologer
αστροναύτης *n* astronaut
αστρονομία *n* astronomy
αστρονομικός *adj* astronomic
αστρονόμος *n* astronomer
αστυνομία *n* police
αστυνομικός *n* cop, policeman
αστυνόμος *n* marshal
ασυγχώρητος *adj* inexcusable
ασυλία *n* immunity
άσυλο *n* asylum
ασυμβίβαστος *adj* incompatible
ασύμφορος *adj* unprofitable
ασυμφωνία *n* discrepancy
ασύμφωνος *adj* discordant
ασυνάρτητος *adj* incoherent
ασυναφής *adj* extraneous
ασυνεπής *adj* inconsistent
ασύνετος *adj* unwise
ασυνήθης *adj* unusual
ασυνήθιστος *adj* uncommon
ασύρματος *adj* cordless, wireless

ασφάλεια *n* safety, security
ασφάλεια πίνακα *n* fuse
ασφαλής *adj* safe, secure
ασφαλίζω *v* fasten, insure, secure
ασφάλιση *n* insurance
άσφαλτος *n* asphalt
ασφαλώς *adv* surely
ασφυκτιώ *n* suffocate
ασφυξία *n* asphyxiation
άσχετος *adj* irrelevant, unrelated
άσχετος με την ηθική *adj* amoral
ασχήμια *n* ugliness
άσχημος *adj* ugly
άσωτος *adj* dissolute
αταίριαστος *adj* incompatible
άτακτος *adj* mischievous, naughty
αταξία *n* disorder, mischief
ατάραχος *adj* cool, composed, placid
άτεκνος *adj* childless
ατέλεια *n* imperfection
ατελείωτος *adj* endless
ατέλειωτος *adj* unending
ατελής *adj* incomplete
ατενίζω *v* behold, gaze
ατιμωρησία *n* impunity
ατίμωση *n* dishonor
ατιμωτικός *adj* dishonorable
ατμός *n* steam
ατμόσφαιρα *n* atmosphere

αυτονόητος

ατμοσφαιρικός *adj* atmospheric
ατολμία *n* timidity
ατομικός *adj* atomic
άτομο *n* atom; person
ατρόμητος *adj* intrepid
ατροφία *v* atrophy
άτρωτος *adj* immune
ατσάλι *n* steel
ατύχημα *n* accident
ατυχία *n* misfortune
άτυχος *adj* unlucky
αυγά στραπατσάδα *adj* scrambled
αυγή *n* dawn
αυγό *n* egg
Αύγουστος *n* August
αυθάδης *adj* insolent
αυθαίρετος *adj* arbitrary
αυθεντικός *adj* authentic
αυθεντικότητα *n* authenticity
αυθορμητισμός *n* spontaneity
αυθόρμητος *adj* spontaneous
αυλάκι *n* channel, furrow, groove
αυλή *n* yard, courtyard; court
αυξανόμενος *adj* increasing
αυξάνω *v* turn up, raise, increase, step up
αύξηση *n* increase
αύξηση αποδοχών *n* raise
αϋπνία *n* insomnia
αύριο *adv* tomorrow
αυστηρά *adv* sternly
αυστηρός *adj* stern, strict, stringent
αυστηρός έλεγχος *n* scrutiny
αυστηρότητα *n* rigor
αυτά *adj* these
αυταπάτη *n* delusion
αυταρχικός *adj* bossy, despotic, domineering, overbearing
αυτή *pro* her, she
αυτή η ίδια *pro* herself
αυτής *pro* hers
αυτί *n* ear
αυτό *adj* this
αυτόγραφο *n* autograph
αυτοεκτίμηση *n* self-esteem
αυτοί *adj* these
αυτοί *pro* they
αυτοί οι ίδιοι *pro* themselves
αυτοκίνητο *n* automobile, car
αυτοκινητόδρομος *n* freeway, highway
αυτοκόλλητο *n* sticker
αυτοκράτειρα *n* empress
αυτοκράτορας *n* emperor
αυτοκρατορία *n* empire
αυτοκρατορικός *adj* imperial
αυτοκτονία *n* suicide
αυτοκυριαρχία *n* composure
αυτολεξεί *adv* verbatim
αυτόματος *adj* automatic
αυτονόητος *adj* implicit, self-evident

αυτονομία *n* autonomy
αυτόνομος *adj* autonomous
αυτοπεποίθηση *n* confidence
αυτόπτης μάρτυρας *n* eyewitness
αυτός *pro* he
αυτοσεβασμός *n* self-respect
αυτοσχεδιάζω *v* improvise
αυτοσχέδιος *adv* impromptu
αυτού *pro* his
αυτοψία *n* autopsy
αφαίρεση *n* removal, deduction, subtraction
αφαιρετέος *adj* deductible
αφαιρούμενος *adj* detachable
αφαιρώ *v* deduct, remove, subtract
αφαιρώ το προσωπείο *v* unmask
αφαλός *n* belly button
αφάνεια *n* obscurity
αφανίζω *v* wipe out
αφανισμένος *adj* extinct
αφελής *adj* naive
αφέντης *n* master
αφεντικό *n* boss
άφεση *n* remission
αφήνω *v* let go, drop off, let, leave
αφήνω έκθαμβο *v* dazzle
αφήνω πίσω *v* outrun
αφηρημένος *adj* abstract

αφθονία *n* abundance, affluence, plenty
άφθονος *adj* affluent, abundant, ample, plentiful
αφθονώ *v* abound
αφιέρωμα *n* tribute
αφιερώνω *v* consecrate, dedicate, devote
αφιέρωση *n* dedication
αφικνούμαι *v* come in
άφιξη *n* arrival
αφίσα *n* poster
αφομοιώνω *v* digest, assimilate
αφομοίωση *n* assimilation
αφοπλίζω *v* defuse, disarm
αφοπλισμός *n* disarmament
αφορώ *v* regard, involve, pertain
αφοσιωμένος *adj* committed, staunch
αφοσίωση *n* devotion, loyalty
αφότου *c* since
αφροδισιακός *adj* aphrodisiac
αφρός *n* foam
αφυδατώνω *v* dehydrate
αφυπνίζομαι *v* awake
αφύπνιση *n* awakening
αφυπνισμένος *adj* awake
αφύσικος *adj* abnormal
άφωνος *adj* mute, speechless
αχαλίνωτος *adj* rampant
αχαριστία *n* ingratitude
αχάριστος *adj* ungrateful

αχθοφόρος *n* porter
αχιβάδα *n* clam
αχλάδι *n* pear
αχόρταγος *adj* insatiable
αχρησία *n* disuse
αχρηστεύω *v* incapacitate
άχρηστος *adj* useless
άχυρα *n* hay
άχυρο *n* straw
αχώριστος *adj* inseparable
αψεγάδιαστος *adj* immaculate
αψηφώ *v* defy
αψίδα *n* arch
αψιμαχία *n* skirmish
άψογος *adj* flawless, impeccable
άψυχος *adj* lifeless

B

βαγόνι *n* carriage
βάζο *n* vase
βάζω *v* lay; put
βάζω στην άκρη *v* put away
βαθαίνω *v* deepen
βαθιά πληγή *n* gash
βαθιά ριζωμένος *adj* ingrained
βαθμολογία *n* score
βαθμολογώ *v* score, grade

βαθμονομώ *v* calibrate
βαθμός *n* rank, degree, grade
βάθος *n* depth
βαθούλωμα *v* dent
βαθουλώνω *n* dent
βαθυγάλαζος *adj* navy blue
βαθύς *adj* profound, deep
βακτήρια *n* bacteria
βαλβίδα *n* valve
βαλίτσα *n* suitcase
βαλς *n* waltz
βάλσαμο *n* balm
βαλσαμώνω *v* embalm
βάλτος *n* bog, quagmire, swamp
βαλτώνω *v* bog down
βαμβάκι *n* cotton
βαμβακίνα *n* buzzard
βαν *n* van
βάναυσος *adj* abusive
βανδαλίζω *v* vandalize
βανδαλισμός *n* vandalism
βάνδαλος *n* vandal
βαπτίζω *v* baptize
βάπτισμα *n* baptism
βαρβαρικός *adj* barbaric
βαρβαρισμός *n* barbarism
βάρβαρος *n* barbarian
βάρδια *n* watch
βαρελάκι *n* keg
βαρέλι *n* butt; barrel
βαρεμένος *adj* bored
βαρετός *adj* dull, boring

βαριεστημένος *adj* disinterested
βάρκα *n* boat
βαρόμετρο *n* barometer
βάρος *n* burden, weight
βαρούλκο *n* hoist
βαρύθυμος *adj* sullen
βαρύς *adj* heavy
βαρυσήμαντος *adj* meaningful, momentous
βαρύτητα *n* gravity, heaviness
βάσανα *n* woes
βασανίζομαι *v* agonize
βασανίζω *v* torment, torture
βασανιστήρια *n* torture
βασανιστικός *adj* excruciating
βάσανο *n* torment
βάση *n* premise, basis; foot, base
βάση δεδομένων *n* database
βασίζομαι *v* rely on
βασίζω *v* base
βασικά *n* basics
βασικός *adj* basic; grassroots
βασιλεία *n* reign
βασίλειο *n* kingdom, realm
βασιλεύω *v* reign
βασιλιάς *n* king
βασιλικό αξίωμα *n* royalty
βασιλικός *adj* regal, royal
βασίλισσα *n* queen
βατ *n* watt
βάτα *n* padding
βατήρας *n* springboard

βατόμουρο *n* blackberry, raspberry
βάτραχος *n* frog, toad
βαφή *n* dye
βαφτίζω *v* christen
βάφτιση *n* christening
βάφω *v* dye
βγάζω *v* break out
βγάζω έξω *v* take out
βγάζω το σκασμό *v* shut up
βγαίνω *v* come out, get out, step out
βγαίνω με κάποιον *v* go out
βδέλλα *n* leech
βέβαιος *adj* certain, confident, sure
βεβαιότητα *n* certainty
βεβαιώνω *v* certify, assert, affirm
βέβηλος *adj* profane
βεβηλώνω *v* defile, desecrate
βελανίδι *n* acorn
βελανιδιά *n* oak
Βέλγιο *n* Belgium
Βέλγος *adj* Belgian
βεληνεκές *n* range
βελόνα *n* needle
βελονιά *n* stitch
βέλος *n* arrow, dart
βελούδο *adj* plush
βελούδο *n* velvet
βελτιώνω *v* improve, refine
βελτίωση *n* improvement

βενζίνη *n* gasoline
βεράντα *n* porch
βερίκοκο *n* apricot
βερνίκι *n* polish, varnish
βερνίκι παπουτσιών *n* shoe polish
βετεράνος *n* veteran
βέτο *v* veto
βήμα *n* foot, footstep, pace, step
βήμα-βήμα *adv* step-by-step
βηματίζω *v* pace, step
βήχας *n* cough
βήχω *v* cough
βία *n* violence
βιάζομαι *v* hurry, rush
βιάζω *v* rape
βίαια *adv* forcibly
βιαιοπραγία *n* assault, battery
βίαιος *adj* violent
βιασμός *n* rape
βιάσου *v* hurry up
βιαστής *n* rapist
βιαστικά *adv* hastily, hurriedly
βιαστικός *adj* hasty
βιαστικός *v* rash
βιασύνη *n* haste
βιβλιάριο *n* booklet
βιβλικός *adj* biblical
βιβλίο *n* book
βιβλίο ασκήσεων *n* workbook
βιβλιογραφία *n* bibliography
βιβλιοθηκάριος *n* librarian

βιβλιοθήκη *n* bookcase; library
βιβλιοπωλείο *n* bookstore
βιβλιοπώλης *n* bookseller
βίδα *n* screw
βιδώνω *v* bolt, screw
βιογραφία *n* biography
βιολέτα *n* violet
βιολί *n* fiddle, violin
βιολιστής *n* violinist
βιολογία *n* biology
βιολογικός *adj* biological
βιομηχανία *n* industry
βιοπορισμός *n* livelihood
βίσωνας *n* bison
βιταμίνη *n* vitamin
βιτρίνα *n* front
βλαβερός *adj* hurtful
βλάβη *n* damage, detriment, harm
βλάκας *n* dope, goof, moron
βλάκας *adj* stupid
βλακεία *n* stupidity
βλακώδης *adj* dumb, idiotic
βλάπτω *v* damage, harm
βλάστηση *n* vegetation
βλασφημία *n* blasphemy
βλασφημώ *v* blaspheme, cuss
βλέννα *n* mucus
βλέπω *v* see, watch
βλεφαρίδα *n* eyelash
βλέφαρο *n* eyelid
βλήμα *n* projectile

βογγητό *n* groan
βογγώ *v* groan
βόδι *n* ox
βόδια *n* oxen
βοδινό κρέας *n* beef
βοήθεια *n* aid, assistance, help
βοήθημα *n* aid
βοηθητικός *adj* auxiliary
βοηθός *n* aide, helper
βοηθώ *v* aid, assist, help
βολβός *n* bulb
βόλεϊ *n* volleyball
βολή *n* shot
βολικός *adj* convenient
βολτάρω *v* stroll
βόμβα *n* bomb
βομβαρδίζω *v* bomb
βομβαρδισμός *n* bombing
βομβητής *n* buzzer
βοοειδή *n* cattle
βοράς *n* north
βορεινός *adj* northerner
βορειοανατολικός *n* northeast
βόρειος *n* northerner
βόρειος *adj* northern
βοσκός *n* shepherd
βοσκότοπος *n* pasture
βοτανική *n* botany
βότανο *n* herb
βότσαλο *n* pebble
βουβάλι *n* buffalo
βουβός *adj* mute

βουβωνική χώρα *n* groin
βουητό *n* buzz
βουίζω *v* buzz, hum
βουλιάζω *v* go under, sink
βουλώνω *v* plug
βουνό *n* mountain
βουνοκορφή *n* hilltop
βούρτσα *n* brush
βούρτσα μαλλιών *n* hairbrush
βουρτσίζω *v* brush
βουστάσιο *n* dairy farm
βουτιά *n* plunge
βούτυρο *n* butter
βουτώ *v* plunge
βραβείο *n* award, prize
βράδυ *n* evening
βράζω *v* boil
βραχιόλι *n* bracelet
βραχνός *adj* hoarse
βράχος *n* rock
βραχύβιος *adj* short-lived
βραχώδης *adj* rocky
Βρετανία *n* Britain
Βρετανός *adj* British
βρέφος *n* infant
βρέχω *v* rain
βρίζω *v* swear
βρικόλακας *n* vampire
βρίσκεται *adj* located
βρίσκω *v* find
βρογχίτιδα *n* bronchitis
βρομερός *adj* stinking

βρομιά n filth
βροντή n rumble, thunder
βροντώ v boom, rumble
βροχερός adj rainy
βροχή n rain
βροχόπτωση n rainfall
βρύο n moss
βρύση n faucet
βρυχηθμός n roar
βρυχώμαι v roar
βρώμη n oatmeal
βρωμιά n dirt
βρώμικος adj dirty
βρωμοκοπώ v stink
βυθίζω v immerse, submerge
βύθιση n immersion
βυθισμένος adj sunken
βύσμα n plug
βωμός n altar, shrine

γάγγραινα n gangrene
γάζα n gauze
γάιδαρος n donkey
γάλα n milk
γαλακτώδης adj milky
γαλαξίας n galaxy
γαλβανίζω v galvanize
γαλήνη n serenity
γαλήνιος adj serene
Γαλλία n France
γαλλικός adj French
γαλόνι n gallon
γάμος n marriage, wedding
γαμπρός n son-in-law, bridegroom, groom
γάντζος n hook
γαντζώνομαι v cling
γάντι n glove
γαργαλάω v tickle
γαργαλητό n tickle
γαργαλιάρης adj ticklish
γαρίδα n prawn, shrimp
γαρνίρω v garnish
γαρνιτούρα n garnish
γαρνιτούρες n trimmings
γαρύφαλλο n carnation
γαστρικός adj gastric
γάτα n cat
γατάκι n kitten
γαυγίζω v bark
γδέρνω v skin, graze; scratch, claw
γδούπος n flop
γδύνομαι v strip
γδύνω v undress
γδύσιμο n strip
γεγονός n fact
γεια e bye; hello

γειτνίαση *n* vicinity
γείτονας *n* neighbor
γειτονεύω *v* adjoin
γειτονιά *n* neighborhood
γέλιο *n* laugh, laughter
γελοιογραφία *n* cartoon
γελοιοποίηση *n* ridicule
γελοιοποιώ *v* ridicule
γελοίος *adj* laughable, ludicrous, ridiculous
γελώ *v* laugh
γεμάτος *adj* full, replete
γεμίζω *v* saturate, fill
γέμιση *n* stuffing
γενέθλια *n* birthday
γενειάδα *n* beard
γενειοφόρος *adj* bearded
γενετικός *adj* genetic
γένι *n* whiskers
γενιά *n* generation
γενικά *adv* broadly
γενικεύω *v* generalize
γενικός *adj* generic
γενναία *adv* bravely
γενναιοδωρία *n* bounty, generosity
γενναίος *adj* brave, gallant, valiant
γενναιότητα *n* bravery
γεννημένος *adj* born
γέννηση *n* birth
γεννήτρια *n* generator
γεννιέμαι *v* be born
γεννώ *v* breed
γεννώ αυγά *v* lay
γενοκτονία *n* genocide
γεράκι *n* hawk
γερανός *n* crane, tow truck
Γερμανία *n* Germany
γερμανικός *adj* German
γέρνω *v* lean, tilt
γεροδεμένος *adj* burly
γεροντικός *adj* senile
γεροντοκόρη *n* spinster
γερούνδιο *n* gerund
γερουσία *n* senate
γερουσιαστής *n* senator
γεύμα *n* lunch, meal
γεύομαι *v* savor, taste
γεύση *n* flavor, taste
γευστικός *adj* tasty
γέφυρα *n* bridge
γεωγραφία *n* geography
γεωγραφικό μήκος *n* longitude
γεωγραφικό πλάτος *n* latitude
γεωλογία *n* geology
γεωμετρία *n* geometry
γεωργία *n* agriculture
γεωργικός *adj* agricultural
γεωργός *n* farmer
γη *n* land, earth
γηγενής *adj* native
γήινος *adj* terrestrial
γήπεδο *n* field

γηρατειά *n* old age
για *pre* for, about
για τη νύχτα *adv* overnight
για πάντα *adv* forever
γιαγιά *n* grandmother, granny
γιακάς *n* collar
γιάρδα *n* yard
γιασεμί *n* jasmine
γιατί *adv* why
γιατρεύω *v* remedy
γιατρικό *n* remedy
γιατρός *n* doctor, physician
γίγαντας *n* giant
γιγαντιαίος *adj* gigantic
γιλέκο *n* vest
γίνομαι *v* become
γίνομαι συνδρομητής *v* subscribe
γινόμενο *n* product
γιορτάζω *v* celebrate
γιορτή *n* feast
γιος *n* son
γιρλάντα *n* garland
γκάζι *n* accelerator
γκαζόν *n* lawn, sod, turf
γκάιντα *n* pipe
γκαλερί *n* gallery
γκάλοπ *v* gallop
γκάμα *n* range
γκάνγκστερ *n* gangster
γκαράζ *n* garage
γκάτζετ *n* gadget

γκάφα *n* blunder
γκισέ *n* counter
γκλομπ *n* baton
γκολ *n* goal
γκρέιπ φρουτ *n* grapefruit
γκρεμίζω *v* break down
γκρεμισμένος *adj* dejected
γκρεμός *n* cliff, precipice
γκρι *adj* gray
γκριζωπός *adj* grayish
γκριμάτσα *n* grimace
γκρίνια *n* gripe, moan
γκρινιάζω *v* grouch, growl, moan
γκρινιάρης *adj* grouchy, nagging
γλάρος *n* gull, seagull
γλάστρα *n* pot, flowerpot
γλείφω *v* lick
γλίστρημα *n* slip
γλιστρώ *v* glide; slip
γλυκά *n* candy
γλύκα *n* sweetness
γλυκαίνω *v* sweeten
γλυκίσματα *n* sweets
γλυκόζη *n* glucose
γλυκολέμονο *n* lime
γλυκοπατάτα *n* yam
γλυκός *adj* balmy, sweet
γλύπτης *n* sculptor
γλυπτική *n* sculpture
γλυπτό *n* sculpture
γλώσσα *n* language, tongue
γλωσσάριο *n* glossary

γνέφω v beckon, nod
γνήσιος adj genuine
γνώμη n opinion
γνωρίζω επιτυχία v go over
γνωριμία n acquaintance
γνώση n knowledge
γνώστης adj versed
γνωστός adj well-known
γοητεία n allure, charm
γοητευτικός adj alluring, charming
γοητεύω v bewitch, charm, enchant, mesmerize
γόμα n eraser
γομολάστιχα n rubber
γονατίζω v genuflect, kneel
γόνατο n knee
γονείς n folks, parents
γονίδιο n gene
γονιμοποιώ v fertilize
γόνιμος adj fertile
γονιμότητα n fertility
γοργόνα n mermaid
γοργός adj brisk, swift
γορίλλας n gorilla
γουδί n mortar
γουλιά n sip
γούνα n fur
γουρούνι n pig
γραβάτα n tie, necktie
γράμμα n letter
γραμμάριο n gram

γραμματέας n secretary
γραμματική n grammar
γραμματικό γένος n gender
γραμματοκιβώτιο n mailbox
γραμμή n line
γρανάζι n gear
γρανίτης n granite
γραπτός adj written
γρασάρω v lubricate, grease
γρασίδι n grass
γράσο n grease
γραφείο n bureau, desk, office
γραφειοκράτης n bureaucrat
γραφειοκρατία n bureaucracy, paperwork, red tape
γραφή n writing, script
γραφιάς n clerk
γραφικός adj colorful, graphic, picturesque, scenic
γραφικός χαρακτήρας n handwriting
γράφω v write
γρήγορα adv quickly, speedily
γρήγορος adj fast, quick, rapid, speedy
γρίπη n flu, influenza
γροθιά n punch; fist
Γροιλανδία n Greenland
γρονθοκοπώ v punch
γυάλα n bowl
γυαλάδα n gloss, shine
γυαλί n glass

δαπάνη

γυαλιά *n* eyeglasses, glasses
γυαλιά ηλίου *n* sunglasses
γυαλίζω *v* polish
γυαλικά *n* glassware
γυαλιστερός *adj* glossy
γυαλόχαρτο *n* sandpaper
γυμνάζομαι *v* drill
γυμναστήριο *n* gymnasium
γύμνια *n* nudity
γυμνισμός *n* nudism
γυμνιστής *n* nudist
γυμνός *adj* bare, naked, nude
γυναίκα *n* wife; woman
γυναίκα αεροσυνοδός *n* stewardess
γυναίκα ηθοποιός *n* actress
γυναίκα κληρονόμος *n* heiress
γυναικεία εσώρουχα *n* lingerie
γυναικεία τσάντα *n* handbag
γυναικείο μοναστήρι *n* convent
γυναικείο παντελόνι *n* slacks
γυναικείος *adj* ladylike
γυναίκες *n* wives; women
γυναικολογία *n* gynecology
γύρη *n* pollen
γυρίζω *v* veer
γυρίζω προς τα πίσω *v* turn back
γυριστός *adj* winding
γύρος αγώνα δρόμου *n* lap
γύρω *pro* around
γύφτος *n* gypsy

γύψος *n* plaster
γωνία *n* angle; corner
γωνιάζω *v* angle

δαγκάνα *n* claw
δάγκωμα *n* bite
δαγκώνω *v* bite
δάδα *n* torch
δαίμονας *n* demon
δαιμόνιος *adj* shrewd
δάκρυ *n* tear
δακρύζω *v* tear
δακρυσμένος *adj* tearful
δακτυλικό αποτύπωμα *n* fingerprint
δάκτυλο *n* finger
δακτυλογραφώ *v* type
δαμάζω *v* tame
δαμάσκηνο *n* plum, prune
δανείζομαι *v* borrow
δανείζω *v* lend, loan
δάνειο *n* loan
Δανία *n* Denmark
δαντέλα *n* lace
δαπάνες *n* spending
δαπάνη *n* expenditure

δαπανηρός *adj* costly
δάσκαλος *n* teacher, tutor
δασμός *n* duty, tariff
δάσος *n* forest
δαυκί *n* parsnip
δαχτυλίδι *n* ring
δάχτυλο ποδιού *n* toe
δεδηλωμένος *adj* avowed
δεδομένα *n* data
δείγμα *n* sample, specimen
δείκτης *n* index
δειλία *n* cowardice
δειλιάζω *v* chicken out
δειλός *n* coward
δεινόσαυρος *n* dinosaur
δείπνο *n* dinner, supper
δειπνώ *v* dine
δείχνω *v* point, show
δέκα *adj* ten
δεκαδικός *adj* decimal
δεκαεννιά *adj* nineteen
δεκαέξι *adj* sixteen
δεκαεπτά *adj* seventeen
δεκαετία *n* decade
δεκανέας *n* corporal
δεκανίκι *n* crutch
δεκαοκτώ *adj* eighteen
δεκαπέντε *adj* fifteen
δεκάρα *n* dime
δεκατέσσερα *adj* fourteen
δεκατιανό *n* brunch
δέκατος *n* tenth
δεκατρία *adj* thirteen
Δεκέμβριος *n* December
δεκτικός *adj* receptive
δελεάζω *v* entice, lure, tempt
δέλεαρ *n* enticement
δελεασμός *n* enticement
δελεαστικός *adj* enticing, tempting
δελτίο *n* bulletin
δελτίο ειδήσεων *n* newscast
δελφίνι *n* dolphin
δέμα *n* bale, parcel
δεματιάζω *v* bundle
δεν *adv* not
δεν συγκαταλέγω *v* leave out
δέντρο *n* tree
δένω *v* fasten, bind, tie
δεξαμενή *n* pool, reservoir, tank
δεξιά *adv* right
δεξιά πλευρά *n* right
δεξιός *adj* right
δεξίωση *n* reception
δεοντολογία *n* ethics
δεόντως *adv* duly, properly
δέος *n* awe
δέρμα *n* leather; skin
δέρμα του κρανίου *n* scalp
δέρνω *v* flog, spank
δέσμευση *n* commitment
δεσμευτικός *adj* binding
δεσμεύω *v* bind, commit
δέσμη *n* beam; bundle, cluster
δεσμός *n* tie, bond

δεσμοφύλακας *n* jailer
δεσπότης *n* despot
Δευτέρα *n* Monday
δευτερεύον μάθημα *n* minor
δευτερεύων *adj* secondary
δεύτερο μέρος *n* sequel
δευτερόλεπτο *n* second
δεύτερος *adj* second
δηλαδή *adv* namely
δηλητηριάζω *v* poison
δηλητηρίαση *n* poisoning
δηλητήριο *n* poison, venom
δηλητηριώδης *adj* virulent, poisonous
δηλώνω *v* declare, state
δήλωση *n* declaration, statement
δημαρχείο *n* city hall, town hall
δήμαρχος *n* mayor
δημητριακό *n* cereal
δημιουργία *n* creation
δημιουργία αντιγράφων ασφαλείας *n* backup
δημιουργικός *adj* creative
δημιουργικότητα *n* creativity
δημιουργός *n* creator
δημιουργώ *v* establish, create
δημιουργώ αντίγραφα ασφαλείας *v* back up
δημοκρατία *n* democracy, republic
δημοκρατικός *adj* democratic
δημοπρασία *n* auction
δημοπράτης *n* auctioneer
δημοπρατώ *v* auction
δήμος *n* borough
δημοσίευση *n* publication
δημοσιεύω *v* publish
δημοσιογράφος *n* journalist, reporter
δημόσιος *adj* public
δημόσιος οργανισμός *n* authority
δημοσιότητα *n* publicity
δημοσίως *adv* publicly
δημοσκόπηση *n* poll
δημοτικός *adj* civic
δημοφιλής *adj* popular
δημοψήφισμα *n* referendum
δια του παρόντος *adv* hereby
διαβάζω *v* read
διαβάθμιση *n* scale
διαβαίνω *v* come over, pass
διάβαση *n* pass, crossing
διάβαση πεζών *n* crosswalk
διαβατήριο *n* passport
διαβεβαιώνω *v* assure
διαβεβαίωση *n* assurance
διαβήτης *n* diabetes
διαβητικός *adj* diabetic
διαβόητος *adj* notorious
διαβολικός *adj* diabolical
διάβολος *n* devil
διαβούλευση *n* consultation
διαβρώνω *v* corrode
διαγκωνισμός *n* scuffle

διάγνωση n diagnosis
διάγραμμα n chart, diagram
διαγράφω v cross out, delete, erase
διαγωνιζόμενος n contestant
διαγώνιος adj diagonal
διαγωνισμός n contest
διαδεδομένος adj widespread
διαδέχομαι v supersede
διαδηλώνω v demonstrate
διαδίδω v spread, propagate
διαδικασία n procedure, proceedings, process
διαδικασία διεκπεραίωσης n channel
διαδοχικός adj consecutive
διάδοχος n successor
διαδρομή n drive, route
διάδρομος n aisle, corridor, hallway; runway
διάδρομος τροχοδρόμησης n airstrip
διαζύγιο n divorce
διάθεση n disposal; temper, mood
διαθέσιμος adj disposable, available
διαθεσιμότητα n availability
διαθήκη n testament
διαίρεση n division
διαιρέσιμος adj divisible
διαιρώ v divide, halve

διαίσθηση n hunch, intuition
δίαιτα n diet
διαιτησία n arbitration
διαιτητεύω v arbitrate
διαιτητής n arbiter, referee, umpire
διακαής adj ardent
διακανονισμός n settlement
διακήρυξη n proclamation
διακηρύσσω v proclaim
διακινδυνεύω v risk
διακινώ v traffic
διακλαδώνομαι v branch out
διακλάδωση n ramification
διάκονος n deacon
διακονώ v minister
διακοπές n vacation
διακοπή n break, interruption
διακοπή εργασιών n recess
διακόπτης n switch
διακόπτω v adjourn, break off, cut off, discontinue, interrupt
διακόσμηση n décor
διακοσμητικός adj decorative, ornamental
διακοσμώ v adorn, decorate, embellish
διακοσμώ με ανάγλυφα v emboss
διακρίνω v discern, distinguish
διάκριση n discrimination, distinction

διακριτικός *adj* distinctive; considerate, discreet
διακριτικότητα *n* discretion
διακυβεύω *n* dice
διάλεκτος *n* dialect
διάλεξη *n* lecture
διαλλακτικός *adj* conciliatory
διαλογίζομαι *v* meditate
διαλογισμός *n* meditation
διάλογος *n* debate, dialogue
διάλυμα *n* solution
διάλυση *n* dissolution
διαλυτός *adj* soluble
διαλύω *v* dissolve, disband, dispel, dissipate
διαμάντι *n* diamond
διαμαρτυρία *n* protest
διαμαρτύρομαι *v* grumble, protest
διαμάχη *n* dispute, strife
διαμένω *v* reside
διαμέρισμα *n* apartment, flat; compartment
διαμετακόμιση *n* transit
διαμέτρημα *n* caliber
διάμετρος *n* diameter
διαμονή *n* stay
διαμορφώνω *v* model, shape
διανεμητέος *adj* divisible
διανέμω *v* give out, dispense, distribute
διανέμω δωρεάν *v* hand out

διανοητικά *adv* mentally
διανομή *n* delivery, dispensation, distribution
διανομή ρόλων *n* cast
διανυκτερεύω *v* stop over
διαπερνώ *v* pierce
διαπλέκομαι *v* intertwine
διαπλέω *v* cruise
διαποτίζω *v* saturate
διαπραγματεύομαι *v* bargain, negotiate
διαπραγμάτευση *n* bargain, bargaining, negotiation
διαπράττω *v* commit, perpetrate
διαπρέπω *v* excel
διάρκεια *n* duration, span
διάρκεια ζωής *adj* lifetime
διαρκής *adj* lasting
διαρκώ περισσότερο *v* outlast
διαρρέω *v* leak
διαρρηγνύω *v* rupture
διαρρήκτης *n* burglar
διάρρηξη *n* burglary
διαρροή *n* leak, leakage
διάρροια *n* diarrhea
διάσημος *adj* famous
διασημότητα *n* celebrity
διασκεδάζω *v* amuse, revel
διασκεδάζω έντονα *v* party
διασκέδαση *n* amusement, fun
διασκεδαστικός *adj* amusing, entertaining

διασκελίζω *v* stride
διάσκεψη *n* conference
διασκορπίζω *v* disperse
διασκορπισμός *n* dispersal
διάσταση *n* dimension
διασταυρούμενα πύρα *n* crossfire
διασταυρώνομαι *v* cross, intersect
διασταύρωση *n* junction
διάστημα *n* space, interval
διάστρεμμα *n* strain
διαστρέφω *v* pervert; twist, contort
διασχίζω *v* cross, go through
διασώζω *v* bail out, rescue, salvage
διάσωση *n* rescue
διαταγή *n* order
διάταγμα *n* decree
διάταξη *n* provision, set-up; agenda
διαταραγμένος *adj* twisted
διατάραξη *n* disturbance
διαταράσσω *v* disrupt, disturb
διατάσσω *v* order, decree
διατάσσω *n* rule
διατάσσω συνεχώς *v* boss around
διατείνομαι *v* profess
διατήρηση *n* conservation, retention

διατηρώ *v* maintain, conserve, preserve, retain, sustain
διατίθεμαι *v* come in
διάτρηση *n* perforation
διατριβή *n* thesis
διατροφή *n* diet, sustenance
διατυπώνω *v* set out
διατυπώνω απόψεις *v* argue
διατύπωση *n* wording
διαυγής *adj* lucid
διαφανής *adj* clear, transparent
διαφέρω *v* differ
διαφεύγω *v* elude
διαφημίζω *v* advertise
διαφήμιση *n* advertising
διαφθείρω *v* corrupt
διαφθορά *n* corruption, depravity
διαφορά *n* difference
διαφορετικός *adj* distinct, different
διαφοροποιούμαι *v* diversify
διάφορος *adj* various
διαφωνία *n* disagreement
διαφωνώ *v* disagree, dissent
διαφωτίζω *v* enlighten, illuminate
διαχειρίζομαι *v* manage
διαχειρίσιμος *adj* manageable
διαχέω *v* diffuse
διαχρονικός *adj* timeless
διαχυτικός *adj* effusive

διαχωρίζομαι *v* break away
διαχωρίζω *v* segregate, separate
διαχωρισμός *n* segregation
διαχωριστική γραμμή *adj* borderline
διαψεύδω *v* disprove
διγαμία *n* bigamy
δίγλωσσος *adj* bilingual
δίδαγμα *n* precept
δίδακτρα *n* tuition
διδάσκω *v* instruct, teach
δίδυμος *n* twin
διεγείρω *v* arouse, excite, stimulate
διεγερτικό *n* stimulant
διεγερτικός *adj* rousing
διεισδύω *v* infiltrate, penetrate
διεκδίκηση *n* assertion
διεκδικητής *n* contender
διεκδικώ *v* assert
διέλευση *n* passage
διενεργώ *v* wage
διεξάγω *v* conduct
διεξοδικός *adj* meticulous
διέπω *v* govern
διερεύνηση *n* probing
διερευνώ *v* investigate
διερμηνέας *n* interpreter
διερμηνεία *n* interpretation
διερμηνεύω *v* interpret
διεστραμμένος *adj* warped
διεστραμμένος *n* pervert

διευθέτηση *n* arrangement
διευθετώ *v* arrange
διεύθυνση *n* address
διευθυντής *n* director, manager
διευθύνω *v* manage
διευκολύνω *v* facilitate
διευκρινίζω *v* clarify
διευκρίνιση *n* clarification
διευρύνω *v* broaden, widen
διεφθαρμένος *adj* corrupt
διηγούμαι *v* narrate
διήθηση *n* infiltration
διηθώ *v* infiltrate
δικάζω *v* try
δίκαια *adv* justly
δικαιολογία *n* excuse
δικαιολογώ *v* warrant, justify
δίκαιος *adj* fair
δικαιοσύνη *n* fairness, justice
δικαιούχος *n* beneficiary
δικαιούχος πληρωμής *n* payee
δικαιοχρησία *n* franchise
δικαίωμα *n* right
δικαιώνω *v* vindicate
δικαστήριο *n* court, tribunal
δικαστής *n* judge, magistrate
δικαστικό μέγαρο *n* courthouse
δικαστικός κλητήρας *n* bailiff
δίκη *n* trial, litigation
δικηγόρος *n* attorney, lawyer
δικό σου *adj* your
δικό σου *pro* yours

δικός μας *adj* our
δικός μας *pro* ours
δικός μου *pro* mine
δικός μου *adj* my, own
δίκρανο *n* pitchfork
δικτάτορας *n* dictator
δικτατορία *n* dictatorship
δικτατορικός *adj* dictatorial
δίκτυο *n* network
δίλημμα *n* dilemma, quandary
διμηνιαίος *adj* bimonthly
διμοιρία *n* platoon
δίνω *v* give
δίνω άδεια *v* license
δίνω προσοχή *v* attend
δίνω το έναυσμα *v* set off
διόδια *n* toll
διοίκηση *v* command
διοίκηση *n* management
διοικητής *n* commander
διοικώ *v* administer
διορθώνω *v* correct, rectify
διόρθωση *n* correction
διορία *n* deadline
διορίζω *v* appoint, nominate
διοχετεύω *v* channel
δίπλα *pre* by, beside
διπλασιάζω *v* double
διπλοελέγχω *v* double-check
διπλός *adj* double, dual
δίπλωμα *n* diploma
διπλωμάτης *n* diplomat

διπλωματία *n* diplomacy
διπλωματικός *adj* diplomatic
διπλώνω *v* fold
δισεκατομμύριο *n* billion
δισεκατομμυριούχος *n* billionaire
δίσεκτο έτος *n* leap year
δισκίο *n* tablet
δισκοπότηρο *n* chalice
δίσκος *n* disk, tray
δισταγμός *n* hesitation, misgiving
διστάζω *v* falter, hesitate, hold back
διστακτικά *adv* reluctantly
διστακτικός *adj* hesitant, tentative
διυλιστήριο *n* refinery
διφορούμενος *adj* evasive
διχασμός *n* disunity
διχόνοια *n* discord
διχοτόμηση *n* partition
δίχτυ *n* mesh, net
δίψα *v* thirst
διψασμένος *adj* thirsty
διώκω *v* prosecute
διώχνω *v* scare away, chase away, oust
δόγμα *n* cult, doctrine
δογματικός *adj* dogmatic
δοκάρι *n* post
δοκιμάζω *v* try, test
δοκιμασία *n* affliction, ordeal, tribulation
δοκιμή *n* trial, test
δολάριο *n* buck, dollar

δόλιος *adj* deceitful, devious, fraudulent
δόλος *n* deceit
δολοφονία *n* assassination
δολοφόνος *n* assassin, murderer
δολοφονώ *v* assassinate
δολοφονώ *n* murder
δόλωμα *n* bait
δομή *n* structure
δόνηση *n* shock, vibration
δονούμαι *v* throb, vibrate
δόντι *n* tooth
δόντι σκύλου *n* fang
δόντια *n* teeth
δόξα *n* glory
δοξάζω *v* glorify
δόρυ *n* spear
δορυφόρος *n* satellite
δόση *n* installment
δοσοληψίες *n* dealings
δοσολογία *n* dosage
δότης *n* donor
δούκας *n* duke
δούκισσα *n* duchess
δουλειά *n* job
δουλεία *n* bondage, slavery
δούλος *n* slave
δοχείο *n* container
δράκος *n* dragon
δραματικός *adj* dramatic
δραματοποιώ *v* dramatize
δραπετεύω *v* escape

δράση *n* action
δραστήρια *adv* busily
δραστηριότητα *n* activity
δραστικός *adj* drastic
δράττομαι *v* seize
δρεπάνι *n* sickle
δρομάκι *n* alley
δρομέας *n* runner
δρομολόγιο *n* itinerary
δρόμος *n* road, street
δροσερός *adj* cool
δροσιά *n* dew
δροσίζω *v* cool
δύναμαι *v* may
δύναμη *n* power, force, might, strength
δυναμικός *adj* dynamic
δυναμίτης *n* dynamite
δυναστεία *n* dynasty
δυνατά *adv* loudly
δυνατότητα *n* possibility
δυνητικός *adj* potential
δύο *adj* two
δυο φορές *adv* twice
δυσανάγνωστος *adj* illegible
δυσαρέσκεια *n* displeasure, resentment
δυσαρεστημένος *adj* discontent, disgruntled, dissatisfied
δυσάρεστος *adj* foul, disagreeable, displeasing, distasteful, nasty, unpleasant

δυσαρεστώ v displease
δύση n west
δύσκαμπτος adj stiff
δυσκίνητος adj cumbersome
δυσκοίλιος adj constipated
δυσκοιλιότητα n constipation
δύσκολη θέση n predicament
δυσκολία n difficulty
δύσκολος adj difficult, tricky
δυσλειτουργία n malfunction
δυσλειτουργώ v malfunction
δυσμενής adj adverse, unfavorable
δυσοίωνος adj ominous
δυσοσμία n stink
δύσοσμος adj smelly
δυσπεψία n indigestion
δυσπιστία n disbelief, distrust, mistrust
δύσπιστος adj distrustful, skeptic
δυσπιστώ v distrust, mistrust
δυστυχής adj unhappy
δυστυχία n misery, unhappiness
δυσφήμιση n libel
δυσφημώ v discredit
δυσφορία n discomfort
δυσφορώ v resent
δυσώδης adj fetid
δυσωδία n stench
δύτης n diver
δυτικός adj western
δώδεκα adj twelve

δωδεκάδα n dozen
δωδέκατος adj twelfth
δωμάτιο n room
δωρεά n donation
δωρεάν adj free, complimentary
δωρίζω v donate
δώρο n bonus, gift, present
δωροδοκία n bribery, bribe
δωροδοκώ v bribe
δωροληψία n bribery

εάν c if
εβδομάδα n week
εβδομαδιαίος adv weekly
εβδομήντα adj seventy
έβδομος adj seventh
εβραϊκός adj Jewish
Εβραίος n Jew
εγγενής adj intrinsic
εγγόνι n grandchild
εγγονός n grandson
εγγράμματος adj literate
εγγραφή n record, recording; enrollment, registration
έγγραφο n document
εγγράφομαι v enroll

εγγράφω v record; matriculate
εγγύηση n bail, guarantee, warranty
εγγυητής n guarantor
εγγύτητα n proximity
εγγυώμαι v warrant, guarantee
εγγυώμαι για v vouch for
εγκαθίσταμαι v settle
εγκαθιστώ v install
εγκαίνια n opening, inauguration
εγκαινιάζω v inaugurate
έγκαιρος adj timely
εγκάρδιος adj cordial, genial, heartfelt, hearty
εγκάρσιος adj cross
εγκαταλείπω v abandon, desert, drop out, forsake, relinquish
εγκατάλειψη n abandonment
εγκατάσταση n installation
έγκαυμα n burn
έγκαυμα v scald
εγκεφαλική διάσειση n concussion
εγκεφαλικό n stroke
εγκεφαλικός adj cerebral
εγκέφαλος n brain
εγκλεισμός n confinement
έγκλειστος n inmate
εγκλείω v put away
έγκλημα n crime
εγκληματίας adj criminal
εγκληματικότητα n delinquency

εγκλιματίζω v acclimatize
εγκόσμιος adj worldly
εγκρίνω v approve, endorse
έγκριση n approval
εγκυκλοπαίδεια n encyclopedia
εγκυμοσύνη n pregnancy
έγκυος adj pregnant
έγκυρος adj valid
εγκυρότητα n validity
εγρήγορση n alert
εγχείρημα n venture
εγχειρίδιο n handbook, manual, textbook
έγχυση n infusion
εγχώριος adj domestic
εγώ pro I
εγώ ο ίδιος pro myself
εγωισμός n egoism, selfishness
εγωίσταρος n hog
εγωιστής n egoist
εγωιστικός adj selfish
έδαφος n ground, terrain, territory
εδραιώνω v consolidate
εδώ adv here
εθελοντής n volunteer
έθιμο n custom
εθιμοτυπία n etiquette
εθισμένος adj addicted
εθισμός n addiction
εθιστικός adj addictive
εθνικοποιώ v nationalize
εθνικός adj national

έθνος n nation
είδη υπόδησης n footwear
ειδήσεις n news
ειδικά adv especially
ειδικεύομαι v specialize
ειδικεύομαι σε v major in
ειδίκευση n major
ειδικός adj special
ειδικότητα n specialty
ειδοποίηση n notification
ειδοποιώ v alert, notify
είδος n item; sort; species
είδος πέρκας n bass
ειδύλλιο n romance
είδωλο n idol
ειδωλολάτρης n heathen
ειδωλολατρία n idolatry
εικάζω v speculate
εικασία n speculation, conjecture
εικόνα n picture, illustration, image
εικονίδιο n icon
εικόνισμα n icon
εικονογράφηση n illustration
είκοσι adj twenty
εικοστός adj twentieth
έικρ n acre
ειλικρινά adv frankly
ειλικρίνεια n frankness, openness, sincerity
ειλικρινής adj candid, forthright, frank, sincere

είμαι v be
ειρήνη n peace
ειρηνικός adj peaceful
ειρωνεία n irony
ειρωνικό χαμόγελο n grin
ειρωνικός adj ironic
εις υγείαν n cheers
εισάγω v introduce, insert; import
εισάγω με ένεση v inject
εισαγωγή n intake; importation; introduction; input, insertion
εισβάλλω v invade, raid
εισβολή n invasion
εισδοχή n admission
εισέρχομαι v enter
εισερχόμενος adj incoming
εισήγηση n motion
εισηγούμαι v come forward
εισόδημα n income
είσοδος n admittance, entrance, entry, way in
εισπνέω v inhale
εισπνοή n aspiration
εισπράξεις n proceeds
εισροή n influx
εισφορά v levy
είτε adj either
εκ μέρους adv behalf (on)
εκ νέου adv afresh, anew
εκ των προτέρων adv beforehand
έκαστος adv apiece
εκατό adj hundred

εκατομμύριο *n* million
εκατομμυριούχος *adj* millionaire
εκατονταετηρίδα *n* centenary
εκατοστόμετρο *n* centimeter
εκατοστός *adj* hundredth
εκβιάζω *v* extort, blackmail
εκβιασμός *n* extortion, blackmail
εκβολή *n* estuary
εκδηλώνω *v* manifest
εκδήλωση *n* onset
εκδηλωτικός *adj* demonstrative
εκδίδω *n* extradite
εκδίδω *v* issue
εκδίδω λογαριασμό *v* bill
εκδίκηση *n* revenge, vengeance
εκδικητικός *adj* vindictive
εκδικούμαι *v* avenge, revenge
εκδίωξη *n* expulsion
έκδοση *n* version, edition; extradition
εκδότης *n* publisher
εκδοχή *n* version
εκδρομή *n* excursion, outing
εκεί *adv* there
εκείνοι *adj* those
εκεχειρία *n* truce
εκθαμβωτικός *adj* dazzling, stunning
εκθειάζω *v* exalt
έκθεση *n* display, exhibition; fair; essay
εκθέτης *n* index

εκθέτω *v* display, exhibit, expose; put up
εκθέτω δημοσίως *v* air
εκθέτω λεπτομερώς *v* detail
εκκαθάριση *n* liquidation; purge
εκκαθαριστικό μισθοδοσίας *n* pay slip
εκκεντρικός *adj* eccentric
εκκενώνω *v* evacuate, vacate
εκκίνηση *n* kickoff
έκκληση *n* appeal, plea
εκκλησία *n* church
εκκλησίασμα *n* congregation
εκκλησιαστικό όργανο *n* organ
εκκρεμές *n* pendulum
εκκρεμής *adj* pending, outstanding
εκκωφαντικός *adj* deafening
εκλαϊκεύω *v* popularize
εκλαμβάνω *v* presume
εκλέγω *v* elect
έκλειψη *n* eclipse
εκλεκτικός *adj* choosy
εκλιπαρώ *v* beseech
εκλογή *n* election
εκλογικεύω *v* rationalize
εκλύω *v* release
εκμαγείο *n* cast
εκμαιεύω *v* sound out
εκμαυλίζω *v* pervert
εκμεταλλεύομαι *v* exploit
εκμίσθωση *n* lease

εκμισθωτής *n* lessor
εκνευρίζω *v* wind up
εκπαίδευση *n* training
εκπαιδευτής *n* instructor
εκπαιδευτικός *adj* educational
εκπαιδεύω *v* educate, train
εκπέμπω *v* broadcast; emit
εκπίπτω *v* deduct, forfeit
εκπληκτικός *adj* astonishing, mind-boggling, stupendous
έκπληξη *n* surprise
εκπληρώνω *v* fulfill
εκπλήρωση *n* accomplishment, fulfillment
εκπλήσσω *v* surprise, astonish
εκπολιτίζω *v* civilize
εκπομπή *n* broadcast; emission
εκπρόθεσμος *adj* overdue
εκπροσωπώ *v* represent
έκπτωση *n* discount, rebate
εκρήγνυμαι *v* erupt, explode
εκρηκτικός *adj* explosive
έκρηξη *n* blast, detonation, eruption, explosion, outbreak
έκρηξη οργής *n* tantrum
έκσταση *n* ecstasy; trance
εκστατικός *adj* ecstatic
εκστρατεία *n* campaign, expedition
εκστρατεύω *v* campaign
εκσυγχρονίζω *v* modernize
εκσφενδονίζω *v* dart

έκτακτη ανάγκη *n* emergency
εκταμιεύω *v* disburse
έκταση *n* area; extent
εκτεθειμένος *adj* exposed
εκτείνομαι *v* span
εκτέλεση *n* performance
εκτελεστικός *n* executive
εκτελώ *v* carry out, execute, perform
εκτενής *adj* lengthy
εκτίμηση *n* appreciation, estimation
εκτιμώ *v* appreciate, esteem; size up
εκτινάσσομαι *v* spring
εκτοξεύομαι *v* soar
εκτόξευση *n* launch
εκτοξεύω *v* hurl, fire, launch
εκτοπίζω *v* dislodge, displace
εκτός *adv* off
εκτός *pre* besides, except
εκτός *c* unless
έκτος *adj* sixth
εκτός από *adv* aside from
εκτός από *pre* barring
έκτοτε *c* since
εκτρέπομαι *v* lapse
εκτρέπω *v* divert
εκτρεφόμενα ζώα *n* livestock
εκτρέφω *v* farm
εκτροπή *n* diversion
εκτροχιάζω *v* derail
εκτροχιασμός *n* derailment

έκτρωση *n* abortion
εκτυπώνω *v* print
εκτύπωση *n* print, printing
εκτυπωτής *n* printer
εκτυφλωτική λάμψη *n* glare
εκφοβίζω *v* intimidate
εκφόρτωση *n* discharge
εκφράζω *v* express
έκφραση *n* expression
εκφυλίζομαι *v* degenerate
εκφυλισμένος *adj* degenerate
εκφυλισμός *n* degeneration
εκφύω *v* break out
εκφωνητής *n* announcer, broadcaster
ελάσσων *adj* minor
ελαστικό *n* tire
ελαστικός *adj* elastic, resilient
ελατήριο *n* spring
ελάττωμα *n* defect, flaw
ελαττωματικός *adj* defective, faulty
ελαττώνω *v* diminish, lessen
ελάφι *n* deer
ελαφρά *adv* lightly
ελαφρυντικός *adj* attenuating; extenuating
ελαφρώς *adv* slightly
ελαχιστοποιώ *v* minimize
ελάχιστος *adj* least
ελάχιστος *n* minimum
Ελβετία *n* Switzerland
ελβετικός *adj* Swiss
έλεγχο *n* control
έλεγχος *v* audit
έλεγχος *n* check
ελέγχω *v* check; control
ελέγχω προσεκτικά *v* screen
ελεεινός *adj* sleazy, deplorable, seedy
ελεημοσύνη *n* handout, alms
έλεος *n* mercy
ελευθερία *n* freedom, liberty
ελεύθερος *adj* free
ελεύθερος σκοπευτής *n* sniper
ελεύθερος χρόνος *n* leisure
έλευση *n* coming
ελέφαντας *n* elephant
ελεφαντόδοντο *n* ivory
ελιά *n* olive
ελιγμός *n* maneuver
ελικόπτερο *n* helicopter, chopper
έλκηθρο *n* sleigh
έλκομαι *v* gravitate
έλκος *n* ulcer
ελκυστικός *adj* appealing, attractive, glamorous
Ελλάδα *n* Greece
έλλειμμα *n* deficit
έλλειψη *n* deficiency, lack, scarcity, shortage
έλλειψη σεβασμού *n* disrespect
ελληνικός *adj* Greek
ελλιμενίζομαι *v* dock

ελλιπής *adj* deficient
έλξη *n* attraction
ελονοσία *n* malaria
ελπίδα *n* hope
ελπιδοφόρος *adj* hopeful
ελπίζω *v* hope
εμάς *pre* us
εμβάζω *v* remit
έμβασμα *n* money order; remittance
έμβλημα *n* emblem
εμβολιάζω *v* vaccinate
εμβολίζω *v* ram
εμβόλιο *n* vaccine
εμβριθής *adj* profound
εμβρόντητος *adj* aghast
έμβρυο *n* embryo, fetus
εμείς *pro* we
εμείς οι ίδιοι *pro* ourselves
εμετός *v* vomit
εμμένω *v* persevere
έμμεσος *adj* indirect
εμμηνόπαυση *n* menopause
εμμηνόρροια *n* menstruation
έμμηνος ρύση *n* period
έμμονη ιδέα *n* obsession
εμπάθεια *n* spite
εμπαθής *adj* spiteful
εμπειρία *n* experience
εμπειρογνώμονας *adj* expert
εμπιστεύομαι *v* confide, trust; entrust

εμπιστευτικά *adj* off-the-record
εμπιστευτικός *adj* confidential
έμπιστος σύμβουλος *n* confidant
εμπιστοσύνη *n* confidence, reliance, trust
εμπλέκω *v* embroil, implicate
εμπλουτίζω *v* enrich
έμπνευση *n* inspiration
εμπνέω *v* inspire
εμπνέω φρίκη *v* appall
εμποδίζω *v* bar, block, hinder, inhibit; close
εμπόδιο *n* obstruction, barrier, hurdle, obstacle; hindrance, impediment
εμπόλεμος *adj* belligerent
εμπορεύματα *n* merchandise
εμπορεύομαι *v* trade
εμπορικό κέντρο *n* mall
εμπορικό σήμα *n* trademark
εμπορικός *adj* commercial
εμπορικός θρίαμβος *n* sellout
εμπόριο *n* commerce, trade
έμπορος *n* dealer, merchant, trader
εμποτίζω *v* permeate
εμπρησμός *n* arson
εμπρηστής *n* arsonist
εμπρός *adv* onwards
εμπρός *pre* ahead
εμπρόσθιος *adv* forward

εμπροσθοφυλακή *n* vanguard
εμφανίζομαι *v* turn up, appear, show up
εμφανίζω ως δια μαγείας *v* conjure up
εμφάνιση *n* appearance, looks
έμφαση *n* emphasis
εμφιαλώνω *v* bottle
εμφυτεύω *v* implant
έμφυτος *adj* innate
εμψυχώνω *v* animate
εν ενεργεία *adj* practicing
εν μέρει *adv* partly
εν μέσω *pre* amid
εν ολίγοις *adv* briefly
εν τέλει *adv* lastly
εν τω μεταξύ *adv* meantime
ένα *a* a, an
ένα τέταρτο του μοδιού *n* peck
εναγόμενος *n* defendant
ενάγω *v* prosecute
ενάγων *n* plaintiff
εναέριος χώρος *n* airspace
εναλλακτική λύση *n* alternative
εναλλασσόμενος *adj* alternate
εναλλάσσω *v* alternate
έναντι *pre* versus
ενάντιος *adj* averse
εναντιώνομαι *v* oppose
ενάρετος *adj* virtuous
εναρμονίζω *v* harmonize
έναρξη *n* onset

ένας *a* a, an
ένας *adj* one
ένατος *adj* ninth
ενδεδειγμένος *adj* advisable, opportune
ένδειξη *n* clue, indication, token
ενδέκατος *adj* eleventh
ενδεχόμενο *n* contingency, eventuality
ενδεχόμενος *adj* contingent
ενδιαμέσως *adv* meanwhile
ενδιαφερόμενος *adj* interested
ενδιαφέρον *n* consideration, interest
ενδιαφέρω *v* concern
ενδιαφέρων *adj* intriguing, interesting
ενδίδω *v* indulge, pander, give in
ενδοιασμός *n* qualm, scruple
ένδοξος *adj* glorious
ενδοφλεβίως *adj* intravenous
ένδυμα *n* garment
ενδυμασία *n* apparel
ενενήντα *adj* ninety
ενέργεια *n* power, energy
ενεργητικός *adj* energetic
ενεργοποίηση *n* activation
ενεργοποιώ *v* enable, activate
ενεργός *adj* active
ενεργώ *v* act
ένεση *n* injection
ενέχυρο *n* pledge

ενεχυροδανειστής *n* pawnbroker
ένζυμο *n* ferment
ενήλικας *n* major; adult, grown-up
ενήμερος *adv* abreast
ενήμερος *adj* aware
ενημερωμένος *adj* up-to-date
ενημερώνομαι *v* catch up
ενημερώνω *v* inform, update, brief, post
ενημέρωση *n* briefing
ενημερωτικό δελτίο *n* newsletter
ενθαρρύνω *v* encourage, hearten
ένθερμα *adv* earnestly
ένθετος *adj* inlaid
ενθουσιάζομαι *v* enthuse
ενθουσιασμός *n* zest, enthusiasm
ενθουσιώδης *adj* avid, zealous
ενθύμιο *n* memento
ενικός *adj* singular
ενίοτε *adv* occasionally
ενισχύσεις *n* reinforcements
ενισχυτής *n* amplifier
ενισχύω *v* amplify, enhance, reinforce, strengthen, beef up, bolster
ένιωσα *v* felt
εννέα *adj* nine
έννοια *n* concept, meaning, notion
εννοώ *v* mean
ενοικιάζω *v* let
ενοίκιο *n* rent
ένοικος *n* occupant, tenant
ένοπλη ληστεία *n* hold-up
ενοποίηση *n* unification
ενοποιώ *v* unify
ενορία *n* parish
ενοριακός *adj* parochial
ενορίτης *n* parishioner
ένορκος *n* jury
ενότητα *n* unity
ενοχή *n* culpability, guilt
ενόχληση *n* nuisance
ενοχλητικός *adj* annoying, bothersome, troublesome
ενοχλώ *v* hassle, annoy, bother, pester
ενοχοποιώ *v* incriminate
ένοχος *n* culprit
ένοχος *adj* guilty
ενσαρκώνω *v* epitomize, embody
ενσταλάζω *v* instill
ενστερνίζομαι *v* adopt
ένστικτο *n* instinct
ενσυνείδητα *adv* knowingly
ενσφηνώνω *v* impact
ενσωματωμένος *adj* built-in
ενσωματώνω *v* incorporate, integrate
ενσωμάτωση *n* integration
ένταλμα *n* warrant
εντάξει *adv* alright, okay
ένταξη *n* affiliation
ένταση *n* intensity; tension

εντάσσω *v* affiliate
εντατικός *adj* intensive
εντείνω *v* intensify
έντεκα *adj* eleven
εντέλλομαι *n* mandate
εντελώς *adj* altogether, outright
εντελώς *adv* completely, entirely
έντερο *n* gut; intestine
εντολή *n* commandment
εντολή *v* command
έντομο *n* bug, insect
έντονος *adj* intense, vivid
εντονότατα *adv* gravely
εντοπίζω *v* spot, locate, pinpoint, localize
εντός *pre* inside, within
εντριβής *adj* versed
έντυπο *n* form
εντυπώνω *v* brand
εντυπωσιάζω *v* impress
εντυπωσιακό σημείο *n* highlight
εντυπωσιακός *adj* eye-catching, impressive
εντυπωσιακός *n* striking
ενυδρείο *n* aquarium
ενυδρίδα *n* otter
ενώ *c* whereas, while
ενώνω *v* unite
ενώπιον *pre* before
ένωση *n* union
εξαγνίζω *v* cleanse

εξαγοράζω *v* buy off
εξαγριώνω *v* infuriate
εξάγω *v* export; extract
εξάδελφος *n* cousin
εξαθλιωμένος *adj* impoverished
εξαίρεση *n* exception
εξαιρετικός *adj* special, exceptional
εξαίσιος *adj* exquisite
εξαιτίας *adv* owing to
εξαιτίας *pre* because of
εξακολουθώ *v* keep
εξακοντίζω *v* pitch
εξακριβώνω *v* ascertain
εξαλείφω *v* eliminate, eradicate, obliterate, stamp out
έξαλλος *adv* berserk
έξαλλος *adj* furious
εξάλλου *adv* moreover
εξάμηνο *n* semester
εξαναγκάζω *v* coerce, force, obligate
εξαναγκασμός *n* coercion
εξάνθημα *n* rash
εξάντληση *n* exhaustion
εξαντλητικός *adj* exhausting
εξαντλούμαι *v* run out
εξαντλώ *v* exhaust
εξαπάτηση *n* deception
εξαπατώ *v* cheat, deceive, defraud, trick, swindle, double-cross, rip off

εξαπλώνομαι v sprawl
εξαπολύω v unleash
εξάπτω v irritate
εξαργυρώνω v redeem
εξαρθρώνω v dislocate
εξάρτημα n attachment
εξαρτημένος adj conditional
εξάρτηση n reliance, dependence
εξαρτώμαι v depend
εξαρτώμενος adj dependent
εξασθενώ v give out
εξάσκηση v practice
εξασκούμαι n practice
εξασφαλίζω v ensure
εξατμίζομαι v evaporate
εξατμίζω v vaporize
εξαφανίζομαι v go away, disappear, vanish
εξαφάνιση n disappearance
εξαχρειώνω adj deprave
έξαψη n excitement
εξεγείρομαι v riot
εξέγερση n insurrection, riot, uprising
εξέδρα επισήμων n grandstand
εξεζητημένος adj cool
εξέλιξη n evolution
εξελίσσομαι v evolve
εξερεύνηση n exploration
εξερευνητής n explorer
εξερευνώ v explore

εξερχόμενος adj outgoing
εξετάζω v look at, consider, examine, look into
εξέταση n consideration, examination
εξευτελίζω v mortify
εξευτελισμός n mortification
εξηγώ v explain
εξημερώνω v domesticate
εξήντα adj sixty
έξι adj six
εξιλεώνομαι v atone, expiate
εξιλέωση n atonement, expiation
εξίσου adv as
εξισώνω v equate
εξίσωση n equation
εξιχνιάζω v fathom out
έξοδα n expense
έξοδος n outlet, issue, exit, way out
εξοικειώνω v acquaint
εξοικονομώ v economize
εξολόθρευση n annihilation
εξολοθρεύω v annihilate, exterminate
εξομολόγηση n confession
εξομολογητήριο n confessional
εξοντωτικός adj crushing
εξοπλίζω v arm, equip
εξοπλισμός n outfit, armaments, equipment
εξοργίζω v anger, enrage, exasperate, madden

εξοργισμένος *adj* irate
εξορία *n* banishment, exile
εξορίζω *v* banish, exile
εξορκιστής *n* exorcist
εξορύσσω *v* mine
εξουδετερώνω *v* break down, counteract, neutralize
εξουθενώνω *v* wear down
εξουσία *n* authority
εξουσία *v* rule
εξουσιοδότηση *n* authorization, proxy
εξουσιοδοτώ *v* authorize
εξοφλώ *v* acquit; pay off
εξοφλώ με χρεολύσιο *v* amortize
εξοχή *n* countryside
εξοχικό *v* lodge
εξοχικό σπίτι *n* cottage
έξοχος *adj* outstanding, fabulous, superb
εξπρές *adj* express
εξτρεμιστής *adj* extremist
εξυπηρετώ *v* cater to
έξυπνος *adj* clever, intelligent, smart
έξω *adv* out, outside
έξω από το σωστό δρόμο *adv* astray
εξώγαμο τέκνο *n* bastard
εξωγήινος *n* alien
εξωπραγματικός *adj* unrealistic
εξωστρεφής *adj* extroverted
εξωτερικός *adj* exterior, outer, external
εξωτερικός ασθενής *n* outpatient
εξωτικός *adj* exotic
εορτασμός *n* celebration
εορταστική εκδήλωση *n* festivity
εορταστική πυρά *n* bonfire
εορταστικός *adj* festive
επάγγελμα *n* occupation, profession, vocation
επαγγελματίας *adj* professional
επάγω *v* induce
έπαινος *n* commendation, praise
επαινώ *v* commend, praise
επαίσχυντος *adj* shameful
επακόλουθος *adj* consequent
επαλείφω *v* smear; anoint
επαλείφω με λιπαρή ουσία *v* grease
επαλήθευση *n* verification
επαληθεύω *v* verify
επανακτώ *v* recoup
επαναλαμβάνομαι *v* recur
επαναλαμβάνω *v* reiterate, repeat
επανάληψη *n* recurrence, repetition, replay, resumption
επαναπατρίζω *v* repatriate
επαναστάτης *n* rebel

επαναστατώ v rebel, revolt
επανασυνδέω v rejoin
επαναφέρω v bring back
επαναφέρω στις αισθήσεις v resuscitate
επαναφορτίζω v recharge
επανδρώνω v staff
επανείσοδος n reentry
επανεκλέγω v reelect
επανεμφανίζομαι v reappear, resurface
επανεντάσσομαι v rejoin
επανένωση n reunion
επανεξετάζω v go over, reconsider, review
επανεξέταση n review
επανέρχομαι v revert
επανορθώνω v make up, redress
επανόρθωση n reparation
επάνω adv upstairs
επάργυρος adj silver-plated
επαρκής adj adequate, sufficient
έπαρση n pomposity
επαρχία n province
Επαρχιώτης n countryman
επαυξάνω v augment
επαχθής adj burdensome
επείγον n urgency
επείγων adj urgent
επειδή c because
επεισόδιο n episode
επέκταση n expansion, extension

επεκτείνω v expand, extend
επένδυση n investment
επενδυτής n investor
επενδύω v invest
επενδύω με μουσαμά v canvas
επεξεργάζομαι v edit, process
επερχόμενος adj coming, upcoming
επέτειος n anniversary
επευφημία n ovation
επευφημώ v acclaim, cheer
επηρεάζω v affect
επί pre over, on, upon
επί του παρόντος adv currently
επιβαίνω v ride
επιβάλλω v enforce, impose
επιβάλλω αποκλεισμό v blockade
επιβάλλω πρόστιμο v fine
επιβαρύνομαι με v incur
επιβάτης n passenger
επιβατικό αεροπλάνο n airliner
επιβεβαιώνω v attest, confirm, corroborate
επιβεβαίωση n confirmation
επιβιβάζομαι v embark, board
επιβιώνω v outlast, survive
επιβιώνω χάρη v live off
επιβίωση n survival
επιβλαβής adj damaging, detrimental, harmful, injurious, noxious

επιβλέπω v oversee, supervise
επίβλεψη n supervision
επιβλητικός adj imposing
επιβολή n imposition
επιβραδύνω v slow down
επίγειος adj terrestrial
επίγνωση n awareness
επιγονατίδα n kneecap
επιγραφή n inscription
επιδεικνύω v display, show off
επιδεικτικός adj flamboyant, ostentatious
επιδεινώνομαι v deteriorate
επιδεινώνω v aggravate
επιδείνωση n aggravation, deterioration
επίδειξη n display
επιδεκτικός adj amenable
επιδένω v bandage
επιδέξιος adj skillful
επιδεξιότητα n aptitude, skill
επίδεσμος n bandage
επιδημία n epidemic
επιδικάζω v award
επιδιορθώνω v mend
επιδιώκω v pursue
επιδίωξη n pursuit
επιδοκιμασία n approbation; countenance
επίδομα n bonus, allowance
επίδοξος adj would-be
επιδόρπιο n dessert

επιδότηση n subsidy
επιδοτώ v subsidize
επιδρομέας n aggressor, invader, raider
επιδρομή n raid
επιείκεια n clemency, leniency
επιεικής adj indulgent, lenient
επιζητώ v solicit
επιζώ v outlive
επιζών n survivor
επιθανάτια κλίνη n deathbed
επίθεση n assault, aggression, attack, onslaught
επιθετικός adj aggressive
επίθετο n adjective
επιθεώρηση n inspection, revue
επιθεωρητής n inspector
επιθεωρώ v inspect, look over
επιθυμητός adj desirable
επιθυμία n wish, desire
επιθυμώ v wish, desire
επικαλούμαι v appeal, call on, invoke, plead
επικαλύπτω v overlap
επικείμενος adj imminent, impending
επικερδής adj lucrative, profitable
επικεφαλίδα n heading
επικηρύσσω v outlaw
επικίνδυνος adj dangerous, hazardous, perilous, risky

επικοινωνία n communication, contact
επικοινωνώ v communicate, contact
επικολλώ v affix, paste
επικρατώ v prevail
επικρίνω v criticize
επικυρώνω v certify, ratify, validate
επικύρωση n ratification
επιλέγω v choose, opt for, pick, select
επιλέξιμος adj eligible
επιληψία n epilepsy
επιλογή n choice, option, pick, selection
επιλύω v resolve, solve
επιμέλεια n diligence; custody
επιμελής adj diligent
επιμελητήριο n chamber
επιμελούμαι v edit
επιμένω v insist, persist
επιμήκης adj oblong
επιμηκύνω v lengthen
επίμονα adv willfully
επιμονή n insistence, persistence, tenacity
επίμονος adj lingering, persistent
επινοητικότητα n ingenuity
επινοώ v devise
επίπεδο n plane, level
επίπεδος adj flat

έπιπλα n furniture
επιπλέον adv moreover, extra
επιπλέω v float
επίπληξη n rebuke, scolding
επιπλήττω v censure, rebuke, scold
επιπλοκή n complication
επιπλώνω v furnish
επίπλωση n furnishings
επιπόλαιος adj frivolous
επίπονος adj arduous, strenuous
επιπροσθέτως adv furthermore
επίπτωση n ramification
επιρρέπεια n penchant
επιρρεπής adj prone
επίρρημα n adverb
επιρροή n influence
επίσημα adv formally
επισημοποιώ v formalize
επίσημος adj formal, official
επίσης adv too, also; likewise
επισκέπτης n guest, visitor
επισκέπτομαι v visit
επισκέπτομαι βιαστικά v drop in
επισκευάζω v repair
επίσκεψη n visit
επισκιάζω v outshine, overshadow
επισκοπή n diocese
επισκόπηση n overview
επίσκοπος n bishop
επισπεύδω v quicken
επιστάτης n caretaker, foreman, janitor

επιστήμη n science
επιστήμονας n scientist
επιστημονικός adj scientific
επιστολή n letter, epistle
επιστρατεύω v recruit, draft; muster
επιστρέφω v go back, come back, get back, give back, return
επιστρέφω χρήματα v refund
επιστροφή n return, comeback
επιστροφή χρημάτων n refund
επίστρωση pre facing
επισυνάπτω v attach
επισφαλής adj precarious
επιταγή μισθοδοσίας n paycheck
επιτακτικός adj compelling
επιτάσσω v ordain
επιτάφιος n epitaph
επιταχυντής n accelerator
επιταχύνω v precipitate, accelerate
επίτευξη n attainment
επιτήδειος adj deft
επιτήρηση n surveillance
επιτίθεμαι v lash out, assail, assault, attack
επιτιθέμενος n aggressor, assailant, attacker
επιτομή n compendium
επιτρέπω v enable, allow, permit, sanction
επιτρέπω την έξοδο v let out
επιτροπή n committee
επιτυγχάνω v achieve
επιτυχής adj successful
επιτυχία n hit, success
επιφάνεια n surface
επιφανειακός adj hollow
επιφανής adj illustrious; leading
επίφοβος adj dreaded
επιφυλακτικά adv gingerly
επιφύλαξη n reservation
επιφυλάσσω v reserve
επιχείρημα n argument
επιχειρήματα n case
επιχειρηματίας n businessman, entrepreneur
επιχειρηματολογώ v reason
επιχείρηση n venture, business, enterprise
επιχειρώ v attempt, venture
επιχορήγηση n bounty, grant
εποικοδομητικός adj constructive
εποικώ v colonize
επόμενος adj next
επομένως adv therefore
εποπτεία n direction
επουλώνω v heal
επουσιώδης λεπτομέρεια n technicality
εποφθαλμιώ v covet
εποχή n epoch, era, season

εποχιακός *adj* seasonal
επτά *adj* seven
επώδυνος *adj* painful
επώνυμο *n* last name, surname
επωφελούμαι *v* avail
ερασιτέχνης *adj* amateur
εραστής *n* boyfriend; lover
εργάζομαι *v* work
εργάζομαι ως μανεκέν *v* model
εργαλείο *n* tool
εργασία *n* employment, work, labor; homework
εργαστήριο *n* lab
εργάτης *n* laborer, worker
εργατικό δυναμικό *n* manpower
εργατικός *adj* industrious
εργένης *n* bachelor
έργο *n* task, project
έργο τέχνης *n* artwork
εργοδότης *n* employer
εργοστάσιο *n* factory
ερεθίζω *v* irritate
ερέθισμα *n* stimulus
ερεθιστικός *adj* irritating
ερείπιο *n* ruin
ερειπωμένος *adj* derelict
έρευνα *n* inquest, inquiry, investigation, research, survey
ερευνώ *v* research
ερημιά *n* wilderness
ερημίτης *n* hermit, recluse

έρημος *n* desert
έρημος *adj* desolate
ερημωμένος *adj* deserted
ερήμωση *n* desolation
εριστικός *adj* crusty; contentious, quarrelsome, rowdy
ερμηνεία *n* interpretation
ερμηνεύω *v* interpret
ερμητικός *adj* hermetic
ερπετό *n* reptile
έρχομαι *v* come
ερωμένη *n* mistress
ερωτηματολόγιο *n* questionnaire
ερώτηση *n* question
ερωτική σχέση *n* affair
ερωτοτροπία *n* courtship
ερωτώ *v* quiz, inquire, question
εσείς *pro* you
εσκεμμένα *adv* willfully
έσοδα *n* revenue
εσοχή *n* recess
εστία *n* hearth
εστία μαγειρέματος *n* stove
εστιάζω *v* focus on
εστίαση *n* focus
εστιατόριο *n* restaurant
εσύ *pro* you
εσφαλμένος *adj* erroneous, mistaken
εσωκλείω *v* enclose
εσώρουχα *n* underwear

εσωστρεφής *adj* introvert
εσωτερικός *adv* indoor
εσωτερικός *adj* inner, inside, interior
εσώτερος *adj* inward
εταιρεία *n* company, corporation, firm
ετεροθαλής αδελφή *n* stepsister
ετεροθαλής αδελφός *n* stepbrother
ετερόκλητος *adj* varied
ετήσια *adv* yearly
ετήσιος *adj* annual
ετικέτα *n* label, tag
ετοιμάζω *v* brew
ετοιμοθάνατος *adj* dying
έτοιμος *adj* ready
ετοιμότητα *n* readiness
έτος *n* year
έτσι *adv* thus
ετυμηγορία *n* verdict
Ευαγγέλιο *n* gospel
ευαίσθητος *adj* sensitive
ευάλωτος *adj* susceptible, vulnerable
ευανάγνωστος *adj* legible
ευγένεια *n* courtesy, gentleness, politeness
ευγενής *adj* courteous, gentle, noble
ευγενικά *adv* kindly

ευγενικός *adj* nice, gracious, thoughtful, kind, polite
ευγλωττία *n* eloquence
ευγνωμοσύνη *n* gratitude
ευγνώμων *adj* grateful, thankful
ευδαιμονία *n* bliss
ευέλικτος *adj* flexible
ευεργέτης *n* benefactor
ευεργετικός *adj* beneficial
ευημερία *n* welfare, prosperity
ευημερώ *v* prosper, thrive
ευθαρσής *adj* outspoken
ευθής *adj* direct
εύθραυστος *adj* breakable, brittle, fragile
ευθυγραμμίζω *v* align
ευθυγράμμιση *n* alignment
ευθύγραμμος *adj* straight
εύθυμος *adj* merry
ευθύνη *n* liability, responsibility
ευθύτητα *n* candor
ευκαιρία *n* opportunity, shot, chance
εύκαμπτος *adj* pliable
ευκίνητος *adj* agile
εύκολα *adv* easily
εύκολος *adj* easy
ευλάβεια *n* reverence
ευλογημένος *adj* blessed
ευλογία *n* blessing; smallpox
ευλογοφανής *adj* plausible
ευλογώ *v* bless

ευμεγέθης *adj* sizable
εύνοια *n* goodwill, favor
ευνοϊκός *adj* favorable
ευοίωνος *adj* auspicious
ευπαθής *adj* susceptible, frail, perishable
εύπιστος *adj* gullible
εύπλαστος *adj* supple
εύπορος *adj* well-to-do
ευπρέπεια *n* decency, decorum
ευπροσάρμοστος *adj* versatile
ευρεσιτεχνία *n* patent
ευρετήριο *n* index
ευρέων αντιλήψεων *adj* broadminded
ευρέως *adv* widely
ευρύς *adj* broad, wide
ευρύτητα *n* reach
ευρύχωρος *adj* roomy, spacious
ευρωπαϊκός *adj* European
Ευρώπη *n* Europe
εύρωστος *adj* robust
ευσέβεια *n* piety
ευσεβής *adj* devout, pious
εύσπλαχνος *adj* merciful
ευτελίζω *v* trivialize
ευτυχής *adj* blissful, glad
ευτυχία *n* happiness
ευτυχισμένος *adj* happy
εύφλεκτος *adj* flammable
ευφορία *n* euphoria
ευφυής *adj* bright

ευχαριστημένος *adj* content
ευχαρίστηση *n* pleasure
ευχαριστία *n* thanks
ευχάριστος *adj* nice, delightful, pleasant; agreeable, gratifying, pleasing
ευχαριστούμαι *v* delight
ευχαριστώ *v* thank
ευχή *n* wish
εύχομαι *v* wish
εύχρηστος *adj* handy
εφαπτομένη *n* tangent
εφαρμογή *n* application
εφαρμόζω *v* apply
εφαρμόσιμος *adj* applicable
εφεδρεία *n* backup
εφεδρικός *adj* spare
εφεξής *adv* hereafter
έφεση *n* appeal
εφεσιβάλλω *v* appeal
εφεύρεση *n* invention
εφευρίσκω *v* invent
εφηβεία *n* adolescence, puberty
έφηβος *n* adolescent, teenager
εφημερίδα *n* journal, newspaper
εφημέριος *n* chaplain, rector
εφιάλτης *n* nightmare
εφικτός *adj* workable, attainable, feasible, possible
εφοδιάζω *v* stock
εφόρμηση *n* surge
εφορμώ *v* pitch

έφορος *n* curator
έχει ως προορισμό *adj* bound for
έχθρα *n* feud; hatred
εχθρικός *adj* hostile, unfriendly
εχθρός *n* enemy, foe
εχθρότητα *n* animosity, hostility
έχω *v* have
έχω παραισθήσεις *v* hallucinate
έχω πρόσβαση σε *v* tap into
έχω σημασία *v* matter
έχω στην παλάμη *v* palm
έχω τη δυνατότητα *v* afford
έως *pre* to
έως *adv* till

Z

ζάλη *n* dizziness
ζαλίζομαι *v* space out
ζαλίζω *v* bewilder, daze
ζαλισμένος *adj* dazed, dizzy
ζαμπόν *n* ham
ζάρα *n* crease
ζάρια *v* dice
ζαφείρι *n* sapphire
ζάχαρη *n* sugar
ζέβρα *n* zebra
ζεσταίνομαι *v* warm up
ζεσταίνω *v* warm up
ζεστασιά *n* warmth
ζεστός *adj* hot, warm
ζευγάρι *n* couple
ζεύγος *n* pair
ζήλεια *n* envy
ζηλεύω *v* envy
ζήλια *n* jealousy
ζηλιάρης *adj* envious, jealous
ζήλος *n* ardor, zeal
ζήτηση *n* demand
ζητιάνος *n* beggar
ζητώ *v* ask, request
ζητώ επιτακτικά *v* cry out
ζούγκλα *n* jungle
ζουμερός *adj* succulent
ζοφερός *adj* bleak, gloomy, grim, murky
ζυγίζω *v* weigh
ζυγός *adj* even
ζυγός *n* yoke
ζυγωματικών *n* cheekbone
ζυθοποιείο *n* brewery
ζύμη *n* dough, yeast; pastry
ζυμώνομαι *v* ferment
ζω *v* live
ζωγραφιά *n* paint
ζωγραφίζω *v* draw, paint
ζωγραφική *n* painting
ζωγράφος *n* painter
ζωή *n* life
ζωηρός *adj* lively, vibrant, vivacious

ζωμός *n* broth
ζώνη *n* band, belt; zone
ζωντανεύω *v* animate
ζωντάνια *n* animation
ζωντανός *adj* alive, live
ζωντοχήρος *n* divorcee
ζώο *n* animal
ζωολογία *n* zoology
ζωολογικός κήπος *n* zoo
ζωτικός *adj* vital
ζωτικότητα *n* vitality

ή *c* or
ηγεσία *n* leadership
ηγέτης *n* leader
ηγούμαι *v* lead
ηγούμενος *n* abbot
ήδη *adv* already
ηθική *n* morality
ηθικό δίδαγμα *n* moral
ηθικός *adj* ethical, moral
ηθοποιός *n* actor
ήθος *n* character
ηλεκτρίζω *v* electrify
ηλεκτρικός *adj* electric
ηλεκτρισμός *n* electricity
ηλεκτρολόγος *n* electrician
ηλεκτρονικός *adj* electronic
ηλεκτρονικός υπολογιστής *n* computer
ηλιακό έγκαυμα *n* sunburn
ηλιακός *adj* solar
ηλίθιος *n* idiot
ηλικία *n* age
ηλικιωμένος *adj* old, elderly
ηλικιωμένος *n* elder
ηλιοβασίλεμα *n* sundown, sunset
ηλιόλουστος *adj* sunny
ήλιος *n* sun
ημέρα *n* day
ημερήσια διάταξη *n* agenda
ημερολόγιο *n* calendar; diary
ημερομηνία *n* date
ημικρανία *n* migraine
ήμισυ *n* half
ημισφαίριο *n* hemisphere
ημιφορτηγό *n* pickup
ήπειρος *n* continent
ηπειρωτική χώρα *n* mainland
ηπειρωτικός *adj* landlocked; continental
ήπιος *adj* bland, mild
ηρεμία *n* calm, tranquility
ήρεμος *adj* calm
ηρεμώ *v* settle, calm down, cool down
ήρωας *n* hero

ηρωικός *adj* heroic
ηρωίνη *n* heroin
ηρωισμός *n* heroism
ησυχαστήριο *n* hideaway
ησυχία *n* quietness
ήσυχος *adj* quiet, uneventful
ήττα *n* beating, defeat
ηφαίστειο *n* volcano
ηχείο *n* speaker
ηχηρός *adj* loud, resounding
ηχογραφημένος *adj* canned
ηχογραφώ *v* record
ήχος *n* tone, sound
ήχος κλήσης *n* dial tone
ηχώ *n* echo

θα *n* will
θα έπρεπε *v* ought to
θάβω *v* bury
θαλαμηγός *n* yacht
θαλαμίσκος *n* booth, cubicle
θάλαμος *n* chamber
θάλασσα *n* sea
θαλασσινά *n* seafood
θαλάσσιος *adj* marine
θαλάσσιος ίππος *n* walrus
θάμνος *n* bush, shrub
θαμπός *adj* dull
θαμπώνω *v* stun
θανάσιμος *adj* deadly
θανατηφόρος *adj* fatal, lethal
θάνατος *n* death, demise
θανατώνω με ηλεκτροπληξία *v* electrocute
θανάτωση *n* killing
θαρραλέος *adj* courageous
θάρρος *n* courage
θαύμα *n* marvel, miracle, prodigy, wonder
θαυμάζω *v* admire
θαυμάσιος *adj* magnificent, marvelous, wonderful
θαυμασμός *n* admiration
θαυμαστής *n* admirer
θαυμαστός *adj* admirable
θαυματουργός *adj* miraculous
θεά *n* goddess
θέα *n* view
θέαμα *n* sight, spectacle
θεατής *n* onlooker, spectator
θέατρο *n* theater
θεία *n* aunt
θεία λειτουργία *n* liturgy
θεϊκός *adj* divine
θείο *n* sulfur
θείος *n* uncle
θέλγητρο *n* attraction
θέλημα *n* errand

θέλω v want
θέμα n subject, theme, topic
θεμέλια n foundation
θεμελιώδης adj fundamental
θεολογία n theology
θεολόγος n theologian
Θεός n God
θεότητα n deity, divinity
θεραπεία n treatment, cure, therapy
θεραπεύσιμος adj curable
θεραπευτήριο n infirmary
θεραπευτής n healer
θεραπευτικός adj medicinal
θεραπεύω v cure
θερίζω v mow
θερμαίνω v heat
θέρμανση n heating
θερμάστρα n heater
θερμίδα n calorie
θερμοκήπιο n greenhouse
θερμοκρασία n temperature
θερμόμετρο n thermometer
θερμοπίδακας n geyser
θερμοπληξία n heatstroke
θερμός adj fervent
θερμοσίφωνας n water heater
θερμοστάτης n thermostat
θερμότητα n heat
θέση n post, stand; place, position
θετή κόρη n stepdaughter

θετικός adj positive
θετός adj adoptive
θετός γιος n stepson
θέτω v set
θέτω σε κίνδυνο v endanger, jeopardize
θεωρία n theory
θεωρώ v consider, deem, reckon, view
θήκη n case
θηλαστικό n mammal
θηλή n nipple
θηλιά n noose
θηλυκό n female
θηλυκός adj ladylike, feminine
θημωνιά n haystack
θηρίο n beast
θηριωδία n atrocity
θησαυρός n treasure
θίξω v touch on
θλίβομαι v regret
θλίβω v sadden
θλιμμένος adj sorrowful
θλίψη n distress, grief, sadness
θνησιμότητα n mortality
θνητός adj mortal
θολός adj blurred
θόλος n dome
θολούρα v blur
θολώνω v dim
θορυβημένος adj apprehensive
θόρυβος n noise

θορυβώδης *adj* boisterous, noisy
θορυβωδώς *adv* noisily
θράκα *n* cinder
θράσος *n* audacity
θρασύς *adj* audacious, cheeky
θραύσμα *n* fragment, shrapnel
θρεπτικός *adj* nutritious
θρέψη *n* nourishment, nutrition
θρήνος *n* wail, lament
θρηνώ *v* lament, mourn
θρησκεία *n* cult, religion
θρήσκευμα *n* creed
θρησκευτικός *adj* religious
θριαμβευτικός *adj* triumphant
θριαμβολογώ *v* exult
θρίαμβος *n* triumph
θρόμβος *n* clot
θρόμβωση *n* thrombosis
θρόνος *n* throne
θρυαλλίδα *n* fuse
θρύλος *n* legend
θρυμματίζω *v* crumble, smash, splinter
θυγατρικός *adj* subsidiary
θύελλα *n* gale
θυελλώδης *adj* gusty, stormy
θύμα *n* casualty, victim
θυμάμαι *v* remember
θυμίαμα *n* incense
θυμός *n* anger
θυμωμένος *adj* angry
θυρεοειδής *n* thyroid

θυσία *n* sacrifice
θωρηκτό *n* battleship

ιαγουάρος *n* jaguar
Ιανουάριος *n* January
Ιαπωνία *n* Japan
ιαπωνικός *adj* Japanese
ιατρική *n* medicine
ιδανικός *adj* ideal
ιδέα *n* idea
ιδεολογία *n* ideology
ιδιαίτερα *adv* notably, particularly
ιδιαίτερος *adj* particular
ιδιοκτησία *n* property
ιδιοκτήτης *n* owner
ιδιορρυθμία *n* oddity
ιδιόρρυθμος *adj* cranky; peculiar
ίδιος *adj* same
ιδιοσυγκρασία *n* temper
ιδιοτέλεια *n* self-interest
ιδιότητα μέλους *n* membership
ιδιοτροπία *n* whim
ιδιοφυΐα *n* genius
ιδίωμα *n* idiom
ιδιωματισμός *n* idiom
ιδιωτική ζωή *n* privacy

ιδιωτικός *adj* private
ιδιωτικός δρόμος *n* driveway
ιδού *v* behold
ίδρυμα *n* foundation, institution
ιδρυτής *n* founder
ιδρύω *v* establish
ιδρύω με καταστατικό *v* charter
ιδρώνω *v* perspire, sweat
ιδρώτας *n* perspiration, sweat
ιεραπόστολος *n* missionary
ιεραρχία *n* hierarchy
ιερατείο *n* priesthood
ιερατική σχολή *n* seminary
ιερατικός *adj* clerical
ιέρεια *n* priestess
ιερό *n* sanctuary
ιεροκήρυκας *n* preacher
ιερός *adj* sacred
ιεροσυλία *n* sacrilege
ιεροτελεστία *n* rite
ιερότητα *n* sanctity
ιερουργώ *v* officiate
ιθαγένεια *n* citizenship, nationality
ιθύνων νους *n* mastermind
ικανοποίηση *n* satisfaction
ικανοποιητικός *adj* rewarding, satisfactory
ικανοποιώ *v* indulge, gratify, satisfy
ικανοποιώ τις ορέξεις *v* pander

ικανός *adj* able, capable
ικανότητα *n* competence, ability, capability, proficiency
ικετεύω *v* beg, entreat, implore
ιλαρά *n* measles
ιμπεριαλισμός *n* imperialism
ίνα *n* fiber
ινστιτούτο *v* institute
ιντερλούδιο *n* interlude
ίντριγκα *n* intrigue
ίντσα *n* inch
ιός *n* virus
Ιουδαϊσμός *n* Judaism
Ιούλιος *n* July
Ιούνιος *n* June
ιππεύω *v* mount
ιππικό *n* cavalry
ιππότης *n* knight
ίπταμαι *v* soar
Ιρλανδία *n* Ireland
ιρλανδικός *adj* Irish
ισημερινός *n* equator
ισιώνω *v* flatten
ισλαμικός *adj* Islamic
ισόγειο *n* ground floor
ισοδυναμεί με *adj* tantamount to
ισοδύναμος *adj* equivalent
ισοπαλία *n* stalemate
ισοπεδώνω *v* bulldoze, level, raze
ισορροπία *n* balance, equilibrium
ισορροπώ *v* balance
ίσος *adj* even, equal

ισότητα *n* equality
ισοτιμία *n* parity
Ισπανία *n* Spain
ισπανικός *adj* Spanish, Hispanic
Ισπανός *n* Spaniard
ισπανόφωνος *adj* Hispanic
ιστιοπλοΐα *n* sail
ιστιοφόρο *n* sailboat
ιστορία *n* story, tale; history
ιστορικός ερευνητής *n* historian
ιστός *n* tissue, web
ιστός αράχνης *n* cobweb, spider web
ιστός σημαίας *n* flagpole
ιστοσελίδα *n* web site
ισχίο *n* hip
ισχνός *adj* lean
ισχυρίζομαι *v* allege, claim
ισχυρισμός *n* claim, assertion, allegation
ισχυρογνώμονας *adj* opinionated
ισχυρογνωμοσύνη *n* obstinacy
ισχυρός *adj* forceful, mighty, potent, powerful, strong
ισχύς έλξης *n* traction
ίσως *adv* perhaps
Ιταλία *n* Italy
ιταλικός *adj* Italian
ιτιά *n* willow
ίχνος *n* scrap, vestige, trace
ιώδιο *n* iodine

Κ

καβαλώ *v* ride
καβούρι *n* crab
καγκελάριος *n* chancellor
κάγκελο *n* rail
καγκουρό *n* kangaroo
κάδος *n* bucket, pail
καζίνο *n* casino
καθαγιάζω *v* consecrate, sanctify
καθαγίαση *n* consecration
καθαιρώ *v* depose
καθαρίζω *v* clear, clean, purge, purify
καθαρίζω επιμελώς *v* cleanse
καθαρίζω με τρίψιμο *v* scour
καθαριότητα *n* cleanliness
καθαρισμός *n* purification
καθαριστής *n* cleaner
καθαριστικό *n* cleanser
κάθαρμα *n* scoundrel
καθαρός *adj* clean, pure
καθαρότητα *n* clearness, purity
κάθαρση *n* clearance
καθαρτήριο *n* purgatory
καθαρτικός *adj* laxative
κάθε *adj* any, each, every
καθεδρικός ναός *n* cathedral
καθένας *adv* apiece
καθεστώς *n* regime
κάθετη πτώση *adv* nosedive

καθετήρας *v* probe
καθηγητής *n* professor
καθήκον *n* duty
καθηλώνω *v* rivet
καθηλωτικός *adj* riveting
καθημερινά *adv* daily
καθημερινή *adj* weekday
καθημερινός *adj* everyday
καθησυχάζω *v* reassure
καθιζάνω *v* precipitate
κάθισμα *n* seat
καθίσταμαι *v* become
καθιστός *adj* seated
καθιστώ άκυρο *v* nullify
καθιστώ έμπειρο *v* season
καθοδήγηση *n* lead
καθοδηγώ *n* guide
κάθοδος *n* descent
Καθολικισμός *n* Catholicism
καθολικό *n* ledger
καθολικός *adj* catholic; universal
κάθομαι *v* sit
καθορίζω *v* stipulate
καθρέπτης *n* mirror
καθρέφτης *n* looking glass
καθυστερημένος *adj* belated; retarded
καθυστέρηση *n* delay
καθυστερώ *v* stall, delay, hold up
και *c* and
και μετά *adv* onwards
και οι δύο *adj* both

καίγομαι *v* burn
καινοτομία *n* innovation; novelty
καιρός *n* weather
κακάο *n* cocoa
κακεντρέχεια *n* malignancy
κακή συμπεριφορά *n* misconduct
κακία *n* malice, meanness, wickedness
κακό *n* evil
κακόβουλη επίκριση *n* rancor
κακόβουλος *adj* malevolent
κακοδιαχειρίζομαι *v* mismanage
κακοήθης *adj* malignant
κακοήθης όγκος *n* malignancy
κακόκεφος *adj* moody
κακολογώ *v* defame, denigrate, malign
κακομεταχειρίζομαι *v* mistreat
κακομεταχείριση *n* mistreatment
κακοποίηση *n* abuse
κακοποιός *n* thug
κακοποιώ *v* abuse, manhandle, molest
κακός *adj* ill, bad, wicked
κακός οιωνός *n* portent
κακούργημα *n* felony
κακούργος *n* felon, villain
κακόφημος *adj* infamous
κακοφορμίζω *v* fester

κακώς *adv* badly
καλάθι *n* basket
κάλαθος αχρήστων *n* waste basket
καλαίσθητος *adj* tasteful
καλαμάκι *n* straw
καλαμάρι *n* squid
καλάμι *n* reed
καλαμπόκι *n* corn
κάλαντα *n* carol
καλή διάθεση *n* goodwill
καλλιέργεια *n* crop; cultivation, farming
καλλιεργήσιμος *adj* arable
καλλιεργώ *v* farm, cultivate
καλλιτέχνης *n* artist
καλλιτεχνικός *adj* artistic
καλλυντικό *n* cosmetic
καλλωπίζω *v* beautify
καλμάρω *v* soothe
καλόγερος *n* friar, monk
καλόγρια *n* nun
καλοήθης *adj* benign
καλοκαίρι *n* summer
καλοπιάνω *v* coax, ingratiate
καλοριφέρ *n* radiator
καλός *adj* nice, well, good
καλοσκέφτομαι *v* deliberate
καλοσύνη *n* benevolence, goodness, kindness
καλούπι *n* mold
καλουπώνω *v* mold

καλπασμός *v* gallop
καλσόν *n* pantyhose
κάλτσα *n* sock, stocking
καλτσοδέτα *n* garter
καλύβα *n* hut, shack
κάλυμμα *n* cover
κάλυμμα κρεβατιού *n* bedspread
καλύπτω *v* muffle, cap, cover
καλύπτω τα έξοδα *v* defray
καλύπτω τα μάτια κάποιου *v* blindfold
καλύτερος *adj* best, better
κάλυψη *n* coverage
καλώ *v* call, summon
καλώδιο *n* wire, cable
καλώς *adv* alright
καλωσορίζω *v* welcome
καλωσόρισμα *n* welcome
καμάκι ψαρέματος *n* harpoon
καμβάς *n* canvas
καμήλα *n* camel
καμηλοπάρδαλη *n* giraffe
καμινάδα *n* chimney, stack
καμίνι *n* furnace
καμουφλάζ *n* camouflage
καμουφλάρω *v* camouflage
καμπαναριό *n* belfry
κάμπια *n* caterpillar
καμπίνα *n* cabin
καμπούρα *n* hump
καμπούρης *n* hunchback
κάμπτομαι *v* break

καμπύλη n curve
καμπυλώνω v curve
κανακεύω v pamper
κανάλι n channel, canal
καναπές n couch, sofa
καναρίνι n canary
κανάτα n pitcher, jar, jug
κανείς pro nobody
κανείς εκ των δύο adj neither
κανέλα n cinnamon
κανένας pro no one
κανένας pre none
κανό n canoe
κανόνας v rule
κανόνας n norm
κανόνι n cannon
κανονικά adv normally
κανονικός adj normal
κανονικότητα n regularity
κανονισμός n regulation
καντίνα n canteen
καντράν n dial
κάνω v do, make
κάνω γαργάρα v gargle
κάνω γενική επισκευή v overhaul
κάνω γκάφα v goof
κάνω δίαιτα v diet
κάνω ειδίκευση v intern
κάνω εμετό v throw up, vomit
κάνω έξωση v evict
κάνω ζάπινγκ v zap
κάνω κάποιον να ευθυμήσει v cheer up
κάνω κοπάνα v bail out
κάνω μασάζ v massage
κάνω νεύμα v motion
κάνω πατινάζ v skate
κάνω πιο κομψό up spruce up
κάνω σκι v ski
κάνω στεγνό καθάρισμα v dry-clean
κάνω φύλλο και φτερό v ransack
κάνω ωτοστόπ n hitchhike
καουμπόι n cowboy
καούρα n heartburn
καουτσούκ n rubber
καπάκι n lid
καπέλο n hat
καπετάνιος n captain
καπιταλισμός n capitalism
καπνιστής n smoker
καπνιστός adj smoked
καπνός v smoke
καπνός n tobacco
κάποια μέρα adv someday
κάποιος pro anyone, somebody, someone
κάποτε adv ever
κάπρος n boar
κάπως adv somehow; somewhat
καραδοκώ v lurk
καράτε n karate

καράτι n carat
καρβέλι n loaf
καρβουνιάζω v char
κάρβουνο n charcoal
καρδιά n heart
καρδιακή ανακοπή n cardiac arrest
καρδιακός adj cardiac
καρδιολογία n cardiology
καρέκλα n chair
καριέρα n career
καρικατούρα n caricature
καρκίνος n cancer
καρκινώδης adj cancerous
καρμπυρατέρ n carburetor
καρνέ επιταγών n checkbook
καρό n diamond
καρότο n carrot
καροτσάκι n trolley
καρότσι n cart
καρούλι n spool
καρούμπαλο n bump
καρπός n fruit
καρπούζι n watermelon
καρποφόρος adj fruitful
καρτ ποστάλ n postcard
κάρτα n card
καρύδα n coconut
καρύδι n nut, walnut
καρύκευμα n condiment, seasoning
καρυκεύω v season
καρφί v snitch
καρφί n nail
καρφίτσα n pin
καρφιτσώνω v pin
καρφώνω v rivet, nail
καρχαρίας n shark
κασετίνα n casket
κασκόλ n muffler; scarf
κασσιτεροκολλώ v solder
κασσίτερος n tin
κάστα n caste
κάστανο n chestnut
κάστορας n beaver
κάστρο n castle
κατ'αποκοπή ποσό n lump sum
κατ' ισχυρισμό adv allegedly
κατά pre against
κατά κάποιο τρόπο adv someway
κατά κοινή εκτίμηση adv reputedly
κατά μέρος adv aside
κατά μήκος pre along
κατά παραγγελία adj custom-made
κατά προσέγγιση adj approximate
κατά τα λεγόμενα adv reportedly
κατά την διάρκεια pre during
καταβάλλω v overpower
καταβάλλω λύτρα v ransom

καταβροχθίζω v devour, eat away, gobble
καταγγέλλω v charge, denounce, indict
κάταγμα n fracture
κατάγομαι v originate
καταγωγή n ancestry, origin
καταδεκτικός adj affable, folksy
καταδέχομαι v condescend, deign
καταδίδω v turn in
καταδικάζω v condemn, convict, sentence
καταδικασμένος adj doomed
καταδίκη n condemnation, damnation, conviction
καταδιώκω v persecute
καταδιώκω ύπουλα v stalk
καταδότης v snitch
καταδότης n informer
καταδύομαι v dive
καταδύσεις n diving
κατάθεση n deposit
καταθλίβω v depress
καταθλιπτικός adj depressing
κατάθλιψη n depression
καταιγίδα n storm, thunderstorm
καταιγισμός n barrage
κατακαλόκαιρο n midsummer
κατακλύζω v overwhelm
κατακλυσμένος adj swamped
κατακλυσμός n cataclysm, deluge
κατάκοιτος adj prostrate

κατακόμβη n catacomb
κατακρατώ v detain
κατακραυγή n outcry
κατακρεουργώ v mangle
κατάκτηση n conquest
κατακτητής n conqueror
κατακτώ v conquer
κατακυριεύω v overwhelm, overrun
κατακύρωση n award
καταλαβαίνω v figure out, understand
καταλαμβάνω v occupy
καταλαμβάνω όχημα με πειρατεία v hijack
καταλήγω v wind up, turn out, end up, conclude
καταλήγω σε φιάσκο v backfire
κατάληξη n ending
κατάλληλος adj fit, proper, appropriate, suitable
καταλληλότητα n fitness
κατάλογος n catalog, directory, list
κατάλυμα n lodging
κατάμαυρος adj pitch-black
καταμερίζω v allot, ration
καταμερισμός n allotment
καταναγκασμός n compulsion
καταναλώνω v consume
κατανάλωση n consumption
καταναλωτής n consumer
κατανόηση n grasp

κατανόηση *adj* understanding
κατανοητός *adj* understandable
κατανοώ *v* fathom, grasp, comprehend
καταπατητής *n* intruder
καταπατώ *v* trespass
κατάπαυση του πυρός *n* cease-fire
καταπιάνομαι *v* address
καταπιάνομαι με κάτι *v* get down to
καταπιέζω *v* oppress
καταπίεση *n* oppression
καταπιεσμένος *adj* downtrodden
καταπίνω *v* ingest, engulf, swallow
καταπίνω βιαστικά *v* gulp
καταπληκτικός *adj* amazing, astounding, terrific
κατάπληξη *n* amazement
καταπλήσσω *v* amaze, astound
καταπνίγω *v* quell, stifle
καταπονώ *v* wear out
καταπτοημένος *adj* dejected
καταργώ *v* abolish, abrogate
καταριέμαι *v* curse
καταρράκτης *n* cascade, waterfall, cataract
κατάρρευση *n* collapse
καταρρέω *v* cave in, collapse, fall down
καταρρίπτω *v* shoot down
κατάρτι *n* mast

καταρτίζω *v* compile
καταρτισμένος *adj* proficient
κατασβήνω *v* extinguish
κατασκευάζω *v* construct, fabricate, manufacture
κατασκεύασμα *n* concoction
κατασκευαστής *n* maker
κατασκευή *n* construction; make
κατασκηνώνω *v* camp
κατασκήνωση *n* camp
κατασκοπεία *n* espionage
κατασκοπεύω *v* spy
κατάσκοπος *n* spy
κατασπαράσσω *v* maul
κατάσταση *n* status, state, condition, situation
καταστατικός χάρτης *n* charter
καταστέλλω *v* quash, repress, suppress
κατάστημα *n* shop, store
κατάστημα λιανικής *n* outlet
κατάστημα υποδημάτων *n* shoe store
καταστολή *n* repression
καταστρεπτικός *adj* destructive
καταστρέφομαι *v* perish
καταστρέφω *v* deface, destroy
καταστρέφω με άτεχνη εργασία *v* botch
καταστροφέας *n* destroyer
καταστροφή *n* catastrophe, destruction, disaster, ravage

καταστροφικός *adj* disastrous
κατάστρωμα *n* deck
κατάσχεση *n* seizure, confiscation
κατάσχω *v* impound, confiscate
κατατάσσομαι *v* enlist
κατατάσσω *v* rank
κατατρέχω *v* victimize
κατατροπώνω *v* vanquish
καταφατικός *adj* affirmative
καταφεύγω *v* resort
καταφύγιο *n* haven, refuge, shelter
κατάχλωμος *adj* livid
κατάχρηση *n* abuse, misuse
καταχρώμαι *v* abuse; embezzle
καταχωνιάζω *v* hoard
καταχωρίζω *v* log
καταχωρώ *v* register
καταψύκτης *n* freezer
καταψύχω *v* refrigerate
κατεβάζω την τιμή *v* mark down
κατεβαίνω *v* get down, go down, come down, descend; get off
κατεδαφίζω *v* demolish, pull down
κατεδάφιση *n* demolition
κατεργάρης *adj* foxy
κατεργάρης *n* rascal
κατευθύνομαι προς *v* head for
κατευθυνόμενος ανατολικά *adj* eastbound

κατεύθυνση *n* direction
κατευθυντήριες γραμμές *n* guidelines
κατευθύνω *v* direct
κατευνάζω *v* appease, conciliate, pacify, placate
κατευνασμός *v* appeasement
κατέχω *v* own, possess
κατεψυγμένος *adj* frozen
κατηγορία *n* class, category; accusation
κατήγορος *n* prosecutor
κατηγορώ *v* accuse, blame
κατήφεια *n* gloom
κατηφορικά *adv* downhill
κατήχηση *n* catechism
κατηχώ *v* indoctrinate
κάτι *pro* anything, something
κάτι που έχει ξεπουλήσει *adj* sold-out
κατοικήσιμος *adj* habitable, inhabitable
κατοικία *n* dwelling, residence
κατοικίδιο ζώο *n* pet
κάτοικος *n* inhabitant
κάτοικος της δύσης *adj* westerner
κάτοικος του νότου *n* southerner
κατοικώ *v* dwell, inhabit, populate
κατόπιν *adv* afterwards

κατόπιν του οποίου c whereupon
κατόρθωμα n achievement, exploit, feat
κατορθώνω v attain
κατοχή n possession
κατοχυρωμένος adj entrenched
κατοχυρώνω v establish
κατρακυλώ v plummet, tumble
κατσαβίδι n screwdriver
κατσαδιάζω v chide
κατσαρίδα n cockroach
κατσαρόλα n pot, casserole, saucepan
κατσαρός adj curly
κατσαρώνω v curl
κατσίκα n goat
κατσουφιάζω v frown
κάτω adv down
κάτω από pre below, beneath, underneath
κάτω μέρος n bottom
κάτωθεν adv below
κάτωθεν pre under
κατώτερος adj junior, inferior, lower
κατώφλι n doorstep, threshold
καυγαδίζω v hassle
καύση n combustion
καύσιμα n fuel
καύσιμος n combustible
καυσόξυλα n firewood

καύσωνας n heat wave
καυτός adj red-hot, torrid
καυχιέμαι v boast, brag
καφέ adj brown
καφεΐνη n caffeine
καφές n coffee
καφετέρια n cafeteria
καχύποπτος adj suspicious
καψαλίζω v scorch
κάψιμο n blowout
κάψουλα n capsule
κέικ n cake
κείμενο n text
κελάρι n cellar
κέλυφος n shell
κενή θέση n vacancy
κενό n emptiness
κενός adj blank; vacant
κέντημα n embroidery
κεντράρω v center
κεντρική ιδέα n tenor
κεντρικός adj central
κέντρισμα n spur
κέντρο n downtown, center
κέντρο διασκέδασης n club
κεντώ v embroider
κεραία n antenna
κεραμικός n ceramic
κεράσι n cherry
κέρασμα n treat
κέρατο n horn
κεραυνός n thunderbolt

κέρδη *n* earnings
κερδίζω *v* earn, gain, win
κέρδος *n* gain, profit
κερδοσκοπία *n* speculation
κερδοσκοπώ *v* speculate
κερί *n* candle, wax
κερί αυτιού *n* earwax
κερκόπορτα *n* backdoor
κέρμα *n* coin
κεφάλαιο *n* capital, fund; chapter
κεφαλαίο γράμμα *n* capital letter
κεφαλαιοποιώ *v* capitalize
κεφάλι *n* head
κεφτές *n* meatball
κηδεία *n* funeral
κηδεμόνας *n* guardian
κήλη *n* hernia
κηλίδα *n* patch; spot, blot, smear, speck
κηλιδώνω *v* blemish
κήπος *n* garden
κηπουρός *n* gardener
κηροπήγιο *n* candlestick
κήρυγμα *n* homily, preaching, sermon
κηρύσσω *v* preach
κιάλια *n* binoculars
κιβωτός *n* ark
κιθάρα *n* guitar
κιλό *n* kilogram

κιλοβάτ *n* kilowatt
κιμάς *n* mincemeat
κιμωλία *n* chalk
κίνδυνος *n* danger, hazard, peril, risk
κίνημα *n* movement
κινηματογράφος *n* cinema
κινηματογραφώ *v* film
κίνηση *n* motion, movement, move; traffic
κινητήρας *n* engine, motor
κινητό τηλέφωνο *n* cell phone
κινητοποιώ *v* mobilize
κινητός *adj* mobile
κίνητρο *n* drive, incentive, motive
κινούμαι *v* move
κινούμαι αθόρυβα *v* sneak
κινούμαι με ταχύτητα *v* speed
κινούμενη άμμος *n* quicksand
κινούμενο σχέδιο *n* cartoon
κινώ *v* initiate
κίονας *n* column
κίτρινος *adj* yellow
κλαδεύω *v* prune
κλάδος *n* branch
κλαίω *v* cry, weep
κλαίω γοερά *v* wail
κλαίω με λυγμούς *v* sob
κλαίων *n* crying
κλάμα *n* cry
κλαρί *n* branch
κλαρινέτο *n* clarinet

κλασικός *adj* classic
κλάσμα *n* fraction
κλατάρισμα *n* puncture; blowout
κλαψουρίζω *v* whine
κλέβω *v* steal, rip off, bag
κλείδα *n* collarbone
κλειδαράς *n* locksmith
κλειδαριά *n* lock
κλειδί *n* key; wrench
κλειδώνω *v* lock, lock up
κλείνω *v* close, shut
κλείνω σε κουτί *v* box
κλείνω το μάτι *v* wink
κλείνω το τηλέφωνο *v* hang up
κλείσιμο *n* closure
κλείσιμο του ματιού *n* wink
κλειστός *adj* closed
κλέφτης *n* thief
κλήμα *n* grapevine, vine
κληρικός *adj* clerical, clergyman
κληροδοτώ *v* bequeath
κληρονομιά *n* legacy
κληρονομία *n* heritage, inheritance
κληρονομικός *adj* hereditary
κληρονόμος *n* heir
κληρονομώ *v* inherit
κλήρος *n* clergy
κλήρωση *n* draw
κληρωτός *n* conscript
κλήση *n* call, calling

κλήτευση *n* subpoena
κλητεύω *v* subpoena
κλητήρας *n* usher
κλίμα *n* climate
κλίμακα *n* scale
κλιμάκιο *n* quarters
κλιμακώνομαι *v* escalate
κλιματολογικός *adj* climatic
κλινάμαξα *n* wagon
κλινική *n* clinic
κλινοσκεπάσματα *n* bedding
κλίνω *v* incline; conjugate
κλιπ *n* clip
κλίση *n* inclination, leaning; slope
κλόουν *n* clown
κλοπή *n* larceny, theft
κλοπή από κατάστημα *n* shoplifting
κλου *n* highlight
κλουβί *n* cage
κλωνάρι *n* bough
κλωνοποίηση *n* cloning
κλωνοποιώ *v* clone
κλωστή *n* thread
κλωτσώ *v* kick
κνήμη *n* calf
κόβομαι *v* break, cut
κόβω *v* carve, cut out, sever; crop; shear
κόβω νόμισμα *v* mint
κόβω σε κύβους *n* dice
κόβω σε φέτες *v* slice

κοιλάδα n valley
κοιλιά n abdomen, belly, tummy
κοίλος adj hollow
κοιλότητα n cavity
κοιμάμαι v sleep
κοιμισμένος adj asleep
κοινό φασόλι n kidney bean
κοινοβούλιο n parliament
κοινότητα n community
κοινοτοπία n banality
κοινόχρηστος adj common
κοινωνία n communion, society
κοινωνία γάμου n matrimony
κοινωνική πρόνοια n welfare
κοινωνική τάξη n caste
κοινωνικοποιώ v socialize
κοινωνικός adj gregarious, sociable
κοιτάζω v look
κοιτάζω επίμονα v stare
κοιτάω διαμέσου v look through
κοιτώ φευγαλέα v glimpse
κοιτώνας n dormitory
κοκαΐνη n cocaine
κοκαλιάρης adj skinny
κοκκινίζω v blush, redden
κοκκίνισμα n blush
κόκκινος adj red
κόκκος n grain
κόκορας n cock
κοκτέιλ n cocktail

κολακεία n adulation, flattery
κολακευτικός adj complimentary
κολακεύω v flatter
κόλαση n hell
κολατσίζω v snack
κολατσιό n snack
κολέγιο n college
κολιέ n necklace
κολικός n gripe, colic
κόλλα n glue
κολλητικός adj adhesive
κολλώ v glue; catch
κολλώδης adj sticky
κολοκύθα n pumpkin
κολόνα n pillar
κολόνια n cologne
κολοσσιαίος adj colossal
κολπίσκος n cove
κόλπο n trick
κόλπος n bay, gulf
κολυμβητής n swimmer
κολύμπι n swimming
κολυμπώ v bathe, swim
κόμβος n hub
κομητεία n county
κομήτης n comet
κόμισσα n countess
κομιστής n bearer
κόμμα n party; comma
κομματάκι n shred
κομμάτι n piece
κομματιάζομαι v come apart

κομματιάζω *v* shred
κομμένα τμήματα *n* trimmings
κομμουνισμός *n* communism
κομμουνιστικός *adj* communist
κόμμωση *n* hairdo
κομμωτής *n* hairdresser
κόμπλεξ *n* hang-up
κόμπος *n* knot
κομποσκοίνι *n* rosary
κομπόστα *n* conserve
κομφορμιστής *adj* conformist
κομφούζιο *n* mayhem
κομψός *adj* elegant
κομψότητα *n* elegance
κονδύλια *n* funds
κονιάκ *n* brandy
κονιορτοποιώ *v* pulverize
κονσέρβα *n* tin, can
κονσερβαρισμένος *adj* canned
κονσερβοποιώ *v* can
κοντά *adv* hereby, near
κοντά σε *pre* close to
κοντάρι *n* pole
κοντινός *adj* close, nearby
κοντός *adj* short
κόντρα φιλέτο *n* sirloin
κοπάδι *n* flock
κόπανος *n* jerk
κοπανώ *v* slam
κοπελιά *n* gal
κόπρανα *n* stool
κοπριά *n* dung, manure

κοπρόχωμα *n* compost
κόπτης *n* cutter
κοράκι *n* crow, raven
κορδέλα *n* ribbon
κορδόνι *n* string, cordon, cord, shoelace
κορεσμός *n* glut
κόρη *n* daughter; maiden
κόρη ματιού *n* pupil
κορίτσι *n* girl
κορμί *n* torso, trunk
κορμός *n* torso, trunk
κόρνα *n* horn
κορνάρω *v* honk
κορνέτα *n* cornet
κορνίζα *n* frame
κορνιζάρω *v* frame
κοροϊδεύω *v* dupe, fool, kid, mock
κοροϊδία *n* mockery
κορόιδο *adj* sucker
κορυφή *n* tip, apex, peak, summit, crest, top
κορυφογραμμή *n* ridge
κορυφώνομαι *v* culminate
κορύφωση *n* climax
κοσκινίζω *v* sift
κόσκινο *n* screen
κόσμημα *n* jewel
κοσμηματοπωλείο *n* jewelry store
κοσμηματοπώλης *n* jeweler
κοσμικός *adj* cosmic

κοσμοβριθής *adj* congested
κοσμοναύτης *n* cosmonaut
κόσμος *n* world; folks, people
κοστίζω *v* cost
κόστος *n* cost
κοστούμι *n* suit
κότα *n* hen
κοτοπουλάκι *n* chick; broiler
κοτόπουλο *n* chicken
κοτσάνι *n* stalk
κοτσάρω *v* hitch up
κότσια *n* guts
κοτσίδα *n* braid
κουβεντιάζω *v* chat
κουβέρτα *n* blanket
κουδούνι *n* bell
κουδούνι πόρτας *n* doorbell
κουδουνίζω *v* ring
κουδούνισμα *n* ring
κουζίνα *n* kitchen, cuisine
κουκέτα *n* bunk bed, berth
κούκλα *n* doll
κούκλα *adj* dummy
κουκουβάγια *n* owl
κουκούλα *n* hood
κουλουράκι *n* bun, cookie
κουμπαράς *n* piggy bank
κουμπάρος *n* best man
κουμπί *n* button
κουμπότρυπα *n* buttonhole
κουμπώνω *v* buckle up; click
κουνάω *v* wiggle

κουνέλι *n* rabbit
κούνια *n* cradle, crib; swing
κουνιάδα *n* sister-in-law
κουνιάδος *n* brother-in-law
κουνούπι *n* mosquito
κουνουπίδι *n* cauliflower
κουνώ *v* wag
κούπα *n* mug
κουπαστή *n* handrail
κουπί *n* paddle, oar
κουπόνι *n* coupon, voucher
κουράζω *v* tire
κούραση *n* fatigue, tiredness
κουρασμένος *adj* tired, weary
κουραστικός *adj* grueling, tedious, tiresome
κουρδίζω *v* tune, tune up
κουρέας *n* barber
κουρέλι *n* rag
κούρεμα *n* haircut
κούριερ *n* courier
κουρκούτι *v* batter
κουρτίνα *n* curtain, drape
κουτάβι *n* cub; puppy
κουταλάκι του γλυκού *n* teaspoon
κουτάλι *n* spoon
κουτάλι της σούπας *n* tablespoon
κουταλιά *n* spoonful
κουταμάρα *n* folly
κουτί *n* box; canister

κουτσαίνω *v* limp
κουτσαμάρα *n* limp
κουτσομπολεύω *v* gossip
κουτσομπολιό *n* gossip
κουτσός *adj* lame
κούτσουρο *n* log
κουφαίνω *v* deafen
κουφάρι *n* carcass
κουφός *adj* deaf
κούφωμα *n* doorway
κόψιμο *n* cut
κοψοχρονιά *n* bargain
κράζω *v* crow
κράμα *n* alloy
κράμπα *n* cramp
κρανίο *n* skull
κράνος *n* helmet
κρασί *n* wine
κράσπεδο *n* fringe; curb
κρατήρας *n* crater
κράτηση *n* detention
κρατώ *v* keep, hold
κραυγάζω *v* cry, exclaim
κραυγή *n* cry, scream, shout
κρέας *n* meat
κρέας ελαφιού *n* venison
κρεατοελιά *n* mole
κρεβάτι *n* bed
κρέμα *n* cream, custard
κρεμαστό κόσμημα *n* pendant
κρεμάστρα *n* hanger
κρεματόριο *n* crematorium

κρεμμύδι *n* onion
κρέμομαι *v* hang
κρεμώδης *adj* creamy
κρεοπώλης *n* butcher
κριάρι *n* ram
κριθάρι *n* barley
κρίκετ *n* cricket
κρίκος αλυσίδας *n* link
κρίνω *v* judge
κρίνω λάθος *v* misjudge
κρίση *n* seizure; crisis; fit; judgment
κρίσιμη καμπή *n* watershed
κρίσιμος *adj* critical, crucial, deciding
κριτήριο *n* criterion
κριτής *n* judge
κριτική *n* criticism, critique
κριτικός *n* arbiter
κριτσανιστός *adj* crisp
κροκόδειλος *n* crocodile
κρόκος *n* yolk
κροταλίζω *v* rattle
κροτίδα *n* firecracker
κρούστα *n* crust
κρύβω *v* hide
κρυμμένος *adj* hidden
κρύο *adj* cold
κρυοπάγημα *n* frostbite
κρύσταλλο *n* crystal
κρυφά *adv* secretly
κρυφακούω *v* eavesdrop

κρυφογελώ v chuckle
κρυφοκοιτάζω v peep
κτηνίατρος n veterinarian
κτήνος adj brute
κτηνώδης adj bestial, brutal
κτηνωδία n bestiality, brutality
κτίριο n building, premises
κτίστης n mason
κτύπημα v bang
κτυπημένος adj hurt
κτύπος n beat
κτύπος καρδιάς n heartbeat
κτυπώ v pound
κτυπώ ελαφρά v flip
κτυπώ με ρόπαλο v club
κυανιούχο n cyanide
κυβέρνηση n government
κυβερνήτης n ruler, governor
κυβερνώ n rule, govern
κυβικός adj cubic
κύβοι v dice
κύβος n cube
κυκλικός adj circular
κύκλος n circle; cycle
κυκλοφορία n traffic; circulation
κυκλοφορώ v circulate
κύκλωμα n circuit
κυκλώνας n cyclone
κυκλώνω v circle
κύκνος n swan
κύλινδρος n cylinder
κυλιόμενη σκάλα n escalator

κύλιση n scroll
κυλώ v coast, roll
κύμα n wave; surge
κυμαίνομαι v fluctuate
κυματίζω v wave
κυματισμός n ripple
κυματιστός adj wavy
κυνάγχη n angina
κυνηγετικό όπλο n shotgun
κυνηγητό n chase
κυνήγι n hunting
κυνηγός n hunter
κυνηγόσκυλο n hound
κυνηγώ v chase; hunt
κυνικός adj cynic
κυνισμός n cynicism
κυνοτροφείο n kennel
κυοφορία n gestation
κυπαρίσσι n cypress
κύπελλο n cup
κυρία n lady, madam
Κυριακή n Sunday
κυριαρχία n domination, dominion, sovereignty
κυρίαρχος adj paramount, prevalent, sovereign
κυριαρχώ v dominate, predominate
κυριολεκτικά adv literally
κυριολεκτικός adj literal
κύριος n master, mister, sir
κύριος adj main, principal

κύριος ναός *n* nave
κυριότητα *n* ownership
κυρίως *adv* chiefly, mainly
κύρος *n* status, prestige
κύρωση *n* sanction
κύστη *n* bladder; cyst
κυψέλη *n* beehive, hive
κωδικοποιημένος *adj* scrambled
κωδικοποιώ *v* codify
κωδικός *n* code
κωδικός πρόσβασης *n* password
κώμα *n* coma
κωμικός *n* comedian
κωμικός *adj* comical
κωμωδία *n* comedy
κώνος *n* cone
κωπηλασία *n* paddle
κωπηλατώ *v* paddle, row
κώφωση *n* deafness

λάβαρο *n* banner
λαβή *n* grasp, grip; handle, knob
λαβή ξίφους *n* hilt
λαβύρινθος *n* labyrinth, maze
λαγνεία *n* lust
λάγνος *adj* lustful, prurient
λαγοκοιμάμαι *v* doze
λαγόνια *n* loin
λαγός *n* hare
λαγούμι *n* burrow
λαγωνικό *n* greyhound
λάδι *n* oil
λάθος *n* mistake
λαθραίος *adj* clandestine
λαθρεμπόριο *n* contraband
λαθρέμπορος *n* smuggler
λαϊκός *n* layman
λαίμαργος *n* glutton
λαιμητόμος *n* guillotine
λαιμός *n* neck, throat
λαιμός φιάλης *n* bottleneck
λάκκος *n* pit
λακκούβα *n* pothole
λακωνικός *adj* terse
λαμβάνω *v* receive
λάμπα *n* bulb, lamp
λαμπερός *adj* bright, shiny
λαμποκοπώ *v* glitter
λαμπρός *adj* brilliant
λαμπυρίζω *v* twinkle
λάμπω *v* glow, sparkle
λάμψη *n* brightness
λάμψη *v* shine
λανθασμένος *adj* incorrect, wrong
λανσάρισμα *n* launch
λαπάς *adj* wimp
λαρδί *n* lard

λάρυγγας n larynx
λάσο n lasso
λάσπη n mud
λασπώδης adj muddy
λατομείο n pit, quarry
λατρεία n adoration, worship
λατρεύω v adore
λάφυρα n spoils
λάφυρο n loot
λαχανικό v vegetable
λάχανο n cabbage
λαχείο n lottery
λαχτάρα n craving, longing
λαχταρώ v crave, long for
λέαινα n lioness
λεβεντόπαιδο n lad
λέβητας n boiler
λεγεώνα n legion
λεγόμενος adj so-called
λεηλασία v pillage, sack
λεηλασία n sacking
λεηλατώ v sack, loot, plunder
λεία n booty; prey
λειαίνω v smooth
λέιζερ n laser
λείος adj smooth
λειτουργία n function, operation
λείψανα n remains
λείψανο n relic
λεκάνη n bowl; basin
λεκές n blemish, stain
λεκιάζω v stain, spot

λεμονάδα n lemonade
λεμόνι n lemon
λέξη n word
λέξη που χρησιμοποιείται συνέχεια n catchword
λεξικό n dictionary
λεξιλόγιο n vocabulary
λεοπάρδαλη n leopard
λεπίδα n blade
λέπρα n leprosy
λεπρός n leper
λεπτή διαφορά n nuance
λεπτό n minute
λεπτομέρεια n detail
λεπτομερής adj circumstantial
λεπτός adj delicate, subtle; slender, slim, thin, tenuous
λεπτότητα n tact
λερωμένος adj soiled
λερώνω v soil
λέσχη n club
λευκαίνω v bleach
λεύκανση n bleach
λευκαντικό n bleach
λευκός adj white
λευχαιμία n leukemia
λέω v say, tell
λεωφορείο n bus
λεωφόρος n avenue, boulevard
λήγω v expire
λήθη n oblivion
λήξη n expiration

ληστεία *n* heist, robbery, mugging
ληστεύω *v* mug, rob
ληστής *n* bandit, robber
λιβάδι *n* prairie, meadow
λίβρα *n* pound
λιγάκι *n* little bit
λίγδα *n* grime
λίγο *n* bit
λίγοι *adj* few
λίγο-λίγο *adv* little by little
λιγότερος *adj* fewer, less
λιθοβολώ *v* stone
λιθόστρωση *n* cobblestone
λικέρ *n* liqueur
λικνίζω *v* rock, cradle
λίμα *n* file
λιμάνι *n* harbor, port
λιμάρω *v* file
λιμνάζω *v* stagnate
λίμνη *n* lake
λιμνοθάλασσα *n* lagoon
λιμνούλα *n* pool, pond
λιμοκτονώ *v* starve
λινό *n* linen
λιοντάρι *n* lion
λιπαίνω *v* lubricate; fertilize
λίπανση *n* lubrication
λιπαρή ουσία *n* grease
λιπαρός *adj* fatty, greasy
λιποθυμία *n* blackout
λιποθυμώ *v* faint, pass out
λίπος *n* fat
λιποτάκτης *n* deserter
λιποτακτώ *v* defect
λίρα *n* pound
λιτανεία *n* litany
λιτός *adj* austere, thrifty
λιτότητα *n* austerity, frugality
λίτρο *n* liter
λιχουδιά *n* delicacy
λιώνω *v* melt, thaw
λογαριάζω *v* reckon on
λογαριασμός *n* bill, account
λογική *n* logic, sanity
λογικός *adj* logical, rational, reasonable, sensible
λόγιος *n* scholar
λογιστής *n* accountant, bookkeeper
λογοκρισία *n* censorship
λογομαχία *n* argument, altercation
λογομαχώ *v* argue, dispute
λόγος *n* reason
λογοτεχνία *n* literature
λοίμωξη *n* infection
λόμπι *n* lobby
λόξιγκας *n* hiccup
λοξός *adj* slanted
λοσιόν *n* lotion
λοστός *n* crowbar
λοταρία *n* raffle
λούζω *v* bathe

λουκάνικο n sausage
λουκέτο n padlock
λουλούδι n flower
λούμπα n pitfall
λουρί n leash, strap
λουστράρω v varnish
λουτρό n bath
λόφος n hill
λοφώδης adj hilly
λοχίας n sergeant
λυγίζω v bend, flex
λύγκας n lynx
λυγμός n sob
λύκος n wolf
λυκόφως n twilight
λυντσάρω v lynch
λύνω v unfasten, untie
λύπη n regret, sorrow
λυπημένος adj sad, sorry
λυπηρός adj sad, regrettable
λύση n resolution, solution
λύσσα n rabies
λυσσαλέος adj virulent
λύτρα n ransom
λύτρωση n redemption
λωρίδα n strip, lane

M

μαγεία n magic, sorcery, witchcraft
μάγειρας n cook
μαγείρεμα n cooking
μαγειρεύω v cook
μαγευτικός adj enchanting
μαγεύω v bewitch
μαγιά n ferment
μαγικός adj magical
μάγισσα n witch
μάγκας n guy
μαγνήτης n magnet
μαγνητικός adj magnetic
μαγνητισμός n magnetism
μαγνητόφωνο n tape recorder
μάγος n magician, sorcerer, wizard
μαγουλάδες n mumps
μάγουλο n cheek
μαδώ v pluck
μαεστρία n mastery
μαέστρος n conductor
μάζα n lump, mass
μαζί adv together
μαζοχισμός n masochism
μαθαίνω v find out, learn
μάθημα n lesson
μαθηματικά n math
μάθηση n learning

μαθητευόμενος *n* apprentice
μαθητής *n* pupil, learner
μαία *n* midwife
μαϊμού *n* monkey
μαϊντανός *n* parsley
Μάιος *n* May
μακάριος *adj* blissful
μακιγιάζ *n* makeup
μακριά *adv* afar, away, far
μακριά από *adv* off
μακρινός *adj* distant, remote
μακροπρόθεσμος *adj* long-term
μακρόχρονος *adj* long-standing
μακρύς *adj* long
μακρύτερα *adv* farther
μαλακά *adv* softly
μαλακός *adj* soft
μαλακτικό *n* conditioner
μαλακώνω *v* soften
μαλλί *n* wool
μαλλιά *n* hair
μαλλιαρός *adj* furry
μάλλινος *adj* woolen
μάλλον *adv* rather
μαμά *n* mom
μαμούθ *n* mammoth
μανδύας *n* cloak
μανεκέν *n* model
μανία *n* fad; fury
μανιακός *adj* maniac
μανιβέλα *n* crank
μάνικα *n* hose
μανίκι *n* sleeve
μανιτάρι *n* mushroom
μανιώδης *adj* frantic
μανιωδώς *adv* furiously
μανσέτα *n* cuff
μάνταλο *n* latch
μανταλώνω *v* bolt
μανταρίνι *n* tangerine
μαντάρω *v* darn
μαντείο *n* oracle
μαντήλι *n* handkerchief
μαντρώνω *v* impound
μαξιλάρι *n* cushion, pillow
μαξιλαροθήκη *n* pillowcase
μαόνι *n* mahogany
μαραζώνω *v* languish
μαραίνω *v* wither
μαργαρίτα *n* daisy
μαργαριτάρι *n* pearl
μαρινάρω *v* marinate
μαριονέτα *n* puppet
μάρκα *n* brand
μαρκαδόρος *n* marker
μάρμαρο *n* marble
μαρμελάδα *n* jam, marmalade
Μαρξιστής *adj* Marxist
μαρούλι *n* lettuce
Μάρτιος *n* March
μάρτυρας *n* martyr; witness
μαρτυρία *n* testimony
μαρτυρικός θάνατος *n* martyrdom

μαρτύριο n martyrdom
μαρτυρώ v testify
μασάζ n massage
μασέρ n masseuse
μάσκα n mask
μασουλώ v munch
μάστιγα n scourge
μαστίγιο n lash, whip
μαστιγώνω v lash, whip
μάστορας n master
μασχάλη n armpit
μασώ v chew
μάταια adv vainly
ματαιοδοξία n vanity
ματαιόδοξος adj conceited
μάταιος adj futile, vain
ματαιότητα n futility
ματαιώνω v thwart, frustrate; abort
ματαίωση n frustration
μάτι n eye
ματιά n glance, glimpse, look
ματογυάλια n goggles
μάτσο n bunch
μαυρίλα n blackness
μαυρισμένος adj tanned
μαυροπίνακας n blackboard, chalkboard
μαύρος adj black
μαφιόζος n mobster
μαχαίρι n knife
μαχαιριά n stab

μαχαιροπήρουνα n cutlery
μαχαιρώνω v stab
μάχη n battle, combat, fight
μαχητής n fighter
μαχητικός adj militant
μάχομαι v battle, combat
με pre by; with
με δυο λόγια adv nut-shell
με μόλυβδο adj leaded
με το ένα χέρι adj singlehanded
με το κομμάτι adv piecemeal
με φακίδες adj freckled
με φειδώ adv sparingly
μεγαλείο n majesty, greatness, splendor
μεγαλειότητα n majesty
μεγάλο κομμάτι n chunk
μεγαλοποιώ v overstate
μεγαλοπρεπής adj grand, majestic
μεγάλος adj big, large, great
μεγαλόσωμος adj husky
μεγαλώνω v grow up
μεγάφωνο n loudspeaker
μέγεθος n magnitude, size
μεγέθυνση n enlargement
μεγεθύνω v enlarge, magnify
μεγιστάνας n tycoon
μέγιστος adj most, maximum
μέθη n drunkenness
μεθοδικός adj methodical
μέθοδος n method

μεθυσμένος *adj* drunk, intoxicated
μείγμα *n* mixture
μείζων *adj* major
μειονέκτημα *n* disadvantage, drawback, handicap
μειονότητα *n* minority
μειώνω *v* decrease, reduce, deplete, bring down
μείωση *n* decrease
μειωτικός *adj* derogatory
μελαγχολία *n* melancholy
μελαγχολικός *adj* somber, blue; despondent, dismal
μελάνι *n* ink
μελαχρινή *adj* brunette
μελετώ *v* study
μέλι *n* honey
μέλισσα *n* bee
μέλλον *n* future
μέλος *n* member
μελωδία *n* tune, melody
μελωδικός *adj* melodic
μεμβράνη *n* membrane
μέμφομαι *v* reproach
μενού *n* menu
μέντα *n* mint
μεντεσές *n* hinge
μέντιουμ *adj* psychic
μένω *v* stay
μεξικανικός *adj* Mexican
μερίδα *n* ration, portion
μερικές φορές *adv* sometimes
μερικοί *adj* some
μερικός *adj* partial
μερικώς *adv* partially
μεριμνώ *v* procure
μέρισμα *n* dividend
μεροληπτώ *v* discriminate
μεροληψία *n* unfairness
μέρος *n* part
μέσα *n* means
μεσάζων *n* middleman
μεσαιωνικός *adj* medieval
μεσάνυχτα *n* midnight
μέση *n* waist
μέση τιμή *n* mean
μεσημέρι *n* midday, noon
μέσο *n* middle; means
μεσόγειος *adj* landlocked
μεσολάβηση *n* intercession
μεσολαβητής *n* liaison, intermediary, mediator
μεσολαβώ *v* intercede, mediate
μέσον *adj* medium
μέσος *adj* mean
μέσος όρος *n* average
Μεσσίας *n* Messiah
μέσω *pre* by; through
μετά *pre* after
μεταβάλλω *v* alter
μετάβαση *n* transition
μεταβλητός *adj* variable
μεταβολή *n* alteration

μετάγγιση n transfusion
μεταγενέστερος adv later, subsequent
μεταδίδω v transmit
μεταδίδω τηλεοπτικώς v televise
μεταδοτικός adj catching, contagious
μετακίνηση n removal
μετακινούμαι ελαφρά v budge
μετακομίζω v move out, relocate
μετακόμιση n relocation
μεταλλάσσομαι v mutate
μετάλλευμα n ore
μεταλλικός adj metallic
μετάλλιο n medal
μέταλλο n metal
μεταλλωρύχος n miner
μεταμέλεια n contrition
μεταμοσχεύω v transplant, graft
μεταμφιέζομαι v disguise, masquerade
μεταμφίεση n disguise
μετανάστευση n immigration
μεταναστεύω v emigrate, immigrate, migrate
μετανάστης n emigrant, immigrant, migrant
μετανιώνω v regret
μετάνοια n penance, repentance
μετανοιωμένος adj remorseful
μετανοώ v repent
μετανοών n penitent
μετάξι n silk
μεταξύ pre among, between
μεταπείθω v dissuade
μεταρρυθμίζω v reform
μεταρρύθμιση n reform
μεταστρέφω v switch
μεταστροφή n switch; revulsion
μετασχηματίζω v transform
μετασχηματισμός n transformation
μετατοπίζω v shift
μετατόπιση n shift
μετατρέπω v convert
μετατροπή n conversion
μεταφέρω v convey, transfer, transport
μεταφέρω με καρότσι v cart
μεταφορά n carriage; metaphor; transfer
μεταφράζω v translate
μεταφραστής n translator
μετέρχομαι v exert
μετεωρίτης n meteor
μετοχή n stock, share; participle
μέτοχος n shareholder
μέτρηση n measurement
μετρητά n cash
μετρητής n counter, meter
μετριάζω v attenuate, mitigate
μετρικός adj metric
μετριοπάθεια n moderation

μέτριος *adj* fair, modest, mediocre, moderate
μετριότητα *n* mediocrity
μετριόφρων *adj* unassuming
μέτρο *v* measure
μετρώ *v* matter, count
μετρώ επακριβώς *v* gauge
μετωπικός *adv* head-on
μέτωπο *n* front, brow, forehead
μέχρι *pre* until
μέχρι στιγμής *adv* hitherto
μέχρι τώρα *pre* since
μη αναστρέψιμος *adj* irreversible
μη ανθρακούχος *adj* still
μη δημοφιλής *adj* unpopular
μη ειδικός *n* layman
μη επιπλωμένος *adj* unfurnished
μη καπνιστής *n* nonsmoker
μη κατειλημμένος *adj* unoccupied
μη πρακτικός *adj* impractical
μηδέν *n* zero
μηδενικός *adj* null
μήκος *n* length
μηλίτης *n* cider
μήλο *n* apple
μηλοπέπονο *n* cantaloupe
μήνας *n* month
μήνας του μέλιτος *n* honeymoon
μηνιαία *adv* monthly

μηνιγγίτιδα *n* meningitis
μήνυμα *n* message
μηνύω *v* sue
μηρός *n* thigh
μήτε *c* nor
μητέρα *n* mother
μήτρα *n* uterus, womb
μητριά *n* stepmother
μητρικός *adj* maternal
μητρόπολη *n* metropolis
μητρότητα *n* maternity, motherhood
μητρώο *n* record
μηχανή *n* machine
μηχάνημα εγγραφής *n* recorder
μηχανικός *n* engineer, mechanic
μηχανισμός *n* mechanism
μηχανοποιώ *v* mechanize
μηχανορραφώ *v* plot
μια φορά *c* once
μίγμα *n* blend
μίζα *n* kickback
μίζερος *adj* crappy
μικρή συσκευή *n* gadget
μικρό κομμάτι *n* bit
μικρόβιο *n* germ, microbe
μικροεστιατόριο *n* diner
μικροκαμωμένος *adj* petite
μικροκύμα *n* microwave
μικρομέγαλος *adj* precocious
μικροποσό *n* penny
μικροπρέπεια *n* pettiness

μικροπρεπής *adj* petty
μικρός *adj* little, small
μικροσκοπικός *adj* tiny
μικροσκόπιο *n* microscope
μικρότερος *adj* lesser
μικρόφωνο *n* microphone
μίλι *n* mile
μιλώ *v* speak, talk
μιλώ απότομα *v* snap
μίμος *n* mime
μιμούμαι *v* imitate
μίνι φούστα *n* miniskirt
μινιατούρα *n* miniature
μινόρε *n* minor
μίξερ *n* mixer
μισαλλοδοξία *n* intolerance, bigotry
μισαλλόδοξος *adj* bigot
μισάνοιχτος *adj* ajar
μισητός *adj* hateful
μισθολόγιο *n* payroll
μισθός *n* pay, wage, salary
μισθώνω *v* lease
μισθωτήριο συμβόλαιο *n* lease
μισθωτής *n* lessee
μισοκοιμισμένος *adj* drowsy
μισός *adj* half
μισοσκόταδο *n* gloom
μισώ *v* hate
μνημείο *n* monument
μνημειώδης *adj* monumental
μνήμη *n* memory

μνησικακία *n* grudge
μόδα *n* fashion, vogue
μοιάζω *v* resemble
μοίρα *n* degree; fate, doom
μοιράζομαι *v* share
μοιράζω *v* pass around
μοιράζω φειδωλώς *v* dole out
μοιραίος *adj* fateful
μοιχεία *n* adultery
μόλις *adv* barely, hardly, scarcely
μόλις *adj* just
μολύβι *n* pencil
μόλυνση *n* infection, contamination
μολύνω *v* infect, contaminate
μολυσματικός *adj* infectious
μολυσμένος *adj* infested
μομφή *n* reproach
μονάδα *n* module, unit
μοναδικός *adj* sole, unique
μοναξιά *n* solitude, loneliness
μονάρχης *n* monarch
μοναρχία *n* monarchy
μοναστήρι *n* cloister, monastery
μοναστικός *adj* monastic
μοναχικός *adv* lonely, solitary
μοναχικός *adj* lonesome
μονή *n* abbey
μόνιμος *adj* permanent
μόνο *adv* only, solely
μονογαμία *n* monogamy
μονογράφω *v* initial

μονόκλινο n single
μονοκόμματος adj seamless
μονόλογος n monologue
μονομαχία n duel
μονομάχος n gladiator
μονομερής adj unilateral
μονοπάτι n track, path, trail
μονοπώλιο n monopoly
μονοπωλώ v monopolize
μόνος adj sole, single, alone, loner
μονοτονία n monotony
μονότονος adj monotonous
μοντέλο n model
μοντέρνος adj trendy
μόνωση n insulation
μοριακός n molar
μόριο n corpuscle, molecule
μορφή n form
μορφίνη n morphine
μοστράρω v flaunt
μοσχάρι n calf
μοσχαρίσιο κρέας n veal
μόσχευμα n graft
μοτέλ n motel
μοτοσικλέτα n bike, motorcycle
μου αρέσει v like
μούδιασμα n numbness
μουδιασμένος adj numb
μουλάρι n mule
μουλιάζω v soak
μουλωχτός adj stealthy
μούμια n mummy
μουντζουρώνω v scribble, blot; deface
μουρμουρίζω v mumble, murmur
μουρμούρισμα n murmur
μουσαμάς n canvas
μουσείο n museum
μουσική n music
μουσικό συγκρότημα n band
μουσικός n musician
μουσκεμένος adj soggy
Μουσουλμάνος adj Muslim
μουστάκι n whiskers, mustache
μουστάρδα n mustard
μούχλα n mold, mildew
μουχλιασμένος adj moldy
μοχθηρία n vice
μοχθηρός n sinister
μοχθηρός adj vicious
μοχθώ v toil
μόχλευση n leverage
μοχλός n lever
μπαγιάτικος adj stale
μπαγκέτα n baguette
μπάζω v let in
μπαίνω v get in
μπαίνω μέσα v go in
μπακαλιάρος n cod
μπάλα n bale; ball
μπαλκόνι n balcony
μπαλόνι n balloon
μπάλωμα n patch

μπαλώνω v patch
μπαμπάς n dad
μπαμπού n bamboo
μπανάνα n banana
μπανιέρα n bathtub, tub
μπαούλο n chest
μπαρ n saloon, bar
μπαργούμαν n barmaid
μπάρμαν n barman, bartender
μπαρούτι n gunpowder
μπάσκετ n basketball
μπάσο n bass
μπάσταρδος n bastard
μπαστούνι n staff, cane
μπαταρία n battery
μπάτλερ n butler
μπαχαρικό n spice
μπέιζμπολ n baseball
μπέικον n bacon
μπέιμπι-σίτερ n babysitter
μπελάς n hassle, trouble
μπέρδεμα n mix-up, muddle
μπερδεμένος adj involved, mixed-up
μπερδεύω v bewilder, baffle, confound
μπερές n beret
μπιζέλι n pea
μπιλιάρδο n billiards
μπισκοτάκι n wafer
μπισκότο n biscuit
μπιτ n bit

μπλε adj blue
μπλέκω v entangle
μπλέντερ n blender
μπλέξιμο n tangle
μπλοκ n block
μπλόκο n cordon
μπλούζα n blouse; sweater
μπλόφα n bluff
μπλοφάρω v bluff
μπολιάζω v graft
μπομπίνα n reel
μπορεί adv may-be
μπορώ v may, can
μπότα n boot
μπουζί n spark plug
μπουκάλι n bottle
μπουκάρω v break in
μπουκιά n morsel
μπούκλα n curl
μποϋκοτάρω v boycott
μπουλόνι n bolt
μπουμπούκι n bud
μπουντρούμι n dungeon
μπουρνούζι n bathrobe
μπουφές n dresser
μπουχτισμένος adj fed up
μπράτσο n arm
μπρελόκ n key ring
μπριζόλα n steak
μπριζολάκι n chop
μπροστά pre before
μπροστινός adj front

μπρούντζος n bronze
μπύρα n beer
μυαλό n mind
μύγα n fly
μυελός n marrow
μυελός των οστών n bone marrow
μυθιστόρημα n fiction; novel
μυθιστοριογράφος n novelist
μύθος n fable, myth
μύκητας n fungus
μύλος n mill
μυρίζω v smell, sniff
μυρμήγκι n ant
μυρμηγκιά n wart
μυρωδιά n scent, smell
μυς n muscle
μυστηριακός adj mystic
μυστήριο n mystery, sacrament
μυστηριώδης adj eerie, mysterious
μυστικό n secret
μυστικός adj undercover
μυστικότητα n secrecy
μύτη n nose
μυώ v initiate
μυωπικός adj myopic, nearsighted, shortsighted
μωβ adj purple
μώλωπας n bruise
μωλωπίζω v bruise
μωρό n baby

N

να pre to
ναι adv yes
νάνος n dwarf, midget
ναός n temple
νάρθηκας n splint
νάρκη n mine
ναρκοπέδιο n minefield
ναρκώνω v drug, sedate
νάρκωση n sedation
ναρκωτικό n dope, drug, narcotic
ναυάγιο n shipwreck, wreck
ναυαγός n castaway
ναυαγοσώστης n lifeguard
ναύαρχος n admiral
ναύλος n fare
ναυλώνω v charter
ναύλωση n charter
ναυπηγείο n shipyard
ναύτης n sailor
ναυτία n nausea
ναυτικό n navy
νέα καταμέτρηση n recount
νέα τροπή n twist
νεανικός adj juvenile, youthful
νεαρός n youngster, lad
νεκρός adj dead
νεκροταφείο n cemetery, graveyard
νεκροτομείο n mortuary

νεκροφόρα n hearse
νεογέννητος n newborn
νεογνό n offspring
νεολαία n youth
νέος adj new, young
νεοσύλλεκτος n recruit
νεότερος adj junior
νεοφερμένος n newcomer
νεράιδα n fairy
νερό n water
νεροποντή n downpour
νερουλός adj watery
νεροχύτης n sink
νεροχωρίστρα n watershed
νερώνω v water down
νευρικός adj edgy, jumpy, nervous, uptight
νεύρο n nerve
νευρωτικός adj neurotic
νεφελώδης adj cloudy, overcast
νεφρό n kidney
νήμα n floss; yarn
νηνεμία n lull
νηοπομπή n convoy
νηπιακή ηλικία n infancy
νήπιο n toddler
νησί n island
νήσος n isle
Νηστεία n Advent
νηστεύω v fast
νηφάλιος adj sober
νικέλιο n nickel

νίκη n victory
νικητής n winner, victor
νικηφόρος adj victorious
νικοτίνη n nicotine
νικώ v defeat, beat
νιόπαντρος adj newlywed
νιφάδα χιονιού n snowflake
Νοέμβριος n November
νοθεύω v adulterate
νόθος adj illegitimate
νοιάζομαι v care
νοιάζομαι για v care about
νοικιάζω v hire; rent
νοικοκυρά n housewife
νοικοκυρεμένα adv neatly
νοικοκυρεμένος adj neat
νοικοκυριό n household
νομίζω v think
νομιμοποιώ v legalize
νόμιμος adj lawful, legal, legitimate
νομιμότητα n legality
νόμισμα n currency
νομισματοκοπείο n mint
νομοθεσία n legislation
νομοθέτης n lawmaker
νομοθετικό σώμα n legislature
νομοθετώ v legislate
νόμος n act, law, statute
νομοσχέδιο n bill
νομοταγής adj law-abiding
νοοτροπία n mentality

ξαναρχίζω

Νορβηγία *n* Norway
νορβηγικός *adj* Norwegian
νοσηλευτής *n* nurse
νοσηλεύω *v* treat, hospitalize, nurse
νοσοκομείο *n* hospital
νόσος *n* disease
νοσταλγία *n* nostalgia
νοσταλγός *adj* homesick
νοσταλγώ *v* miss
νόστιμος *adj* delicious
νοτιοανατολικά *n* southeast
νοτιοδυτικά *n* southwest
νότιος *adj* southern
νότος *n* south
νουθεσία *n* admonition
νουθετώ *v* admonish
νταής *adj* bully
νταντά *n* nanny
ντεκαφεϊνέ *adj* decaf
ντεμπούτο *n* debut
ντεπόζιτο *n* cistern
ντετέκτιβ *n* detective
ντοκιμαντέρ *n* documentary
ντομάτα *n* tomato
ντοπάρω *v* dope
ντοσιέ *n* dossier
ντουλάπα *n* closet, wardrobe
ντουλάπι *n* dresser; cabinet, cupboard, pantry
ντους *n* shower
ντροπαλός *adj* bashful, shy
ντροπαλότητα *n* shyness
ντροπή *n* disgrace, shame
ντροπιάζω *v* disgrace, shame
ντροπιασμένος *adj* ashamed
ντύνομαι *v* dress
ντύνω *v* clothe
ντύσιμο *n* dress, outfit
νυκτερινός *adj* nocturnal
νύξη *n* allusion
νύφη *n* daughter-in-law; bride
νυφικός *adj* bridal
νύχι *n* nail
νύχι ποδιού *n* toenail
νύχι χεριού *n* fingernail
νύχτα *n* night
νυχτερίδα *n* bat
νυχτικιά *n* nightgown
νωρίς *adv* early

ξαίνω *v* tease
ξαναγεμίζω *v* refill
ξαναζώ *v* relive
ξανακάνω *v* redo, remake
ξανακερδίζω *v* win back
ξαναπαντρεύομαι *v* remarry
ξαναρχίζω *v* resume

ξανασμίξιμο *n* reunion
ξανθός *adj* blond
ξαπλώνω *v* lean back; lie
ξαφνιάζω *v* surprise, startle
ξαφνικά *adv* suddenly
ξαφρίζω *v* skim
ξεβολεύω *v* put out
ξεβοτανίζω *v* weed
ξεδένω *v* loose
ξεδιπλώνω *v* unfold, unwrap
ξεθάβω *v* unearth
ξεθωριάζω *v* fade
ξεθωριασμένος *adj* faded
ξεκαβαλικεύω *v* dismount
ξεκαθαρίζω *v* sort out, straighten out
ξεκάθαρος *adj* clear-cut
ξεκαρδιστικός *adj* hilarious
ξεκίνημα *n* outset, start
ξεκινώ *v* set about, embark, start
ξεκινώ για ταξίδι *v* set off
ξεκλειδώνω *v* unlock
ξεκουμπώνω *v* unbutton
ξεκουράζομαι *v* rest
ξεκούραση *n* rest
ξεμπερδεύω *v* disentangle, unravel
ξενάγηση σε αξιοθέατα *v* sightseeing
ξενοδοχείο *n* hotel
ξένος *adj* extraneous, foreign
ξένος *n* outsider, stranger

ξεπαγώνω *v* defrost
ξεπακετάρω *v* unpack
ξεπερνώ *v* outrun, surpass; get over, overcome, outdo
ξεπερνώ σε ανάπτυξη *v* outgrow
ξεπερνώ σε απόδοση *v* outperform
ξεπερνώ σε βάρος ή σπουδαιότητα *v* outweigh
ξεπλένω *v* flush, rinse
ξεπληρώνω *v* pay back, repay
ξεπούλημα *n* sellout
ξεριζώνω *v* uproot
ξερνάω *v* hurl
ξεροκέφαλος *adj* perverse
ξερός *adj* arid
ξεροψημένος *adj* crusty
ξέρω *v* know
ξεσηκώνω *v* stir up
ξεσκεπάζω *v* uncover
ξέσπασμα *n* outburst
ξεσπάω *v* lash out
ξεσπώ σε *v* burst into
ξεστρατίζω *v* stray
ξετυλίγω *v* unwind
ξεφεύγω *v* get away
ξεφλουδίζω *v* peel, shell
ξεφορτώνομαι *v* throw away
ξεφορτώνω *v* discharge, unload
ξέφρενος *adj* frenzied
ξεφυλλίζω *v* browse

ξεφωνητό *n* shouting, shriek
ξεχειλίζω *v* boil over, overflow
ξεχείλισμα *n* outpouring
ξεχειλωμένος *adj* baggy
ξεχνώ *v* forget
ξεχωρίζω *v* stand out
ξεχωριστός *adj* separate
ξηραίνω *v* parch
ξηρασία *n* drought
ξινός *adj* sour
ξιφασκία *n* fencing
ξιφίας *n* swordfish
ξιφολόγχη *n* bayonet
ξιφομαχώ *v* fence
ξίφος *n* sword
ξοδεύω *v* spend
ξόρκι *n* spell
ξύδι *n* vinegar
ξυλεία *n* lumber, timber
ξυλιές *n* spanking
ξύλινος *adj* wooden
ξύλο *n* wood
ξύλο από μη κωνοφόρα δέντρα *n* hardwood
ξυλοδαρμός *n* beating
ξυλουργική *n* carpentry
ξυλουργός *n* carpenter
ξύνω *v* scrape
ξυπνητήρι *n* alarm clock
ξύπνιος *adj* awake
ξυπνώ *v* rouse, wake up
ξυπόλυτος *adj* barefoot

ξυράφι *n* razor
ξυρίζω *v* shave
ξύστρα *n* sharpener

Ο

ο ένας από τους δύο *adj* either
ο οποίος *adj* which
όαση *n* oasis
οβίδα *n* bombshell
ογδόντα *adj* eighty
όγδοος *adj* eighth
ογκόλιθος *n* boulder
όγκος *n* bulk, volume; tumor
ογκώδης *adj* bulky
οδεύω *v* march
οδηγία *n* guidance
οδηγός *n* driver
οδηγός *v* guide
οδηγός φορτηγού *n* trucker
οδηγώ *v* drive
οδηγώ προς *v* drive at
οδογέφυρα *n* viaduct
οδόμετρο *n* odometer
οδοντιατρικός *adj* dental
οδοντίατρος *n* dentist
οδοντογλυφίδα *n* toothpick
οδοντοστοιχίες *n* dentures

οδόφραγμα *n* barricade
οδυνηρός *adj* poignant, distressing, harrowing; bitter
οδύσσεια *n* odyssey
οθόνη *n* screen
οικειοθελώς *adv* willingly
οικείος *adj* familiar, intimate
οικειότητα *n* intimacy
οικιακή εργασία *n* housework
οικιακός *adj* domestic
οικογένεια *n* family
οικοδέσποινα *n* hostess
οικοδεσπότης *n* host
οικοδόμημα *n* edifice
οικοδόμος *n* builder
οικολογία *n* ecology
οικονομία *n* economy
οικονομίες *n* savings
οικονομικά προσιτός *adj* affordable
οικονομική ύφεση *n* depression
οικονομικός *adj* economical
οικονόμος *n* housekeeper
οικόπεδο *n* plot
οίκτος *n* pity
οικτρός *adj* pitiful
οινοπνευματώδες ποτό *n* liquor, spirit
οινοποιείο *n* winery
οισοφάγος *n* esophagus
οιωνός *n* omen
οκτώ *adj* eight

Οκτώβριος *n* October
όλα *pro* everything
ολέθριος *adj* devastating, pernicious
όλεθρος *n* devastation
ολιγαρκής *adj* frugal
ολίσθημα *n* lapse
ολισθηρός *adj* slippery
Ολλανδία *n* Holland, Netherlands
ολλανδικός *adj* Dutch
όλοι *pro* everybody, everyone
ολοκαίνουργιο *adj* brand-new
ολοκαύτωμα *n* holocaust
ολόκληρος *adj* entire, whole
ολοκληρώνω *v* accomplish, wrap up
ολοκλήρωση *n* integration; completion
ολοκληρωτική ενασχόληση *n* preoccupation
ολοκληρωτικός *adj* totalitarian
όλος *adj* all
ολοσχερής *adj* stark
ολότητα *n* totality
ολόψυχος *adj* wholehearted
Ολυμπιακοί Αγώνες *n* Olympics
ομάδα *n* group, team
ομαλά *adv* smoothly
ομαλοποιώ *v* normalize
ομαλός *adj* even, smooth
ομαλότητα *n* smoothness

ομελέτα n omelet
όμηρος n hostage
ομιλητής n speaker
ομιλητικός adj talkative
ομιλία n speech, homily
ομίχλη n fog, haze, mist
ομιχλώδης adj foggy, hazy, misty
ομοιοκαταληξία n rhyme
ομοιομορφία n uniformity
ομοιότητα n likeness, resemblance, similarity, semblance
ομοίωμα n effigy
ομόκεντρος adj concentric
ομόλογος n counterpart
ομολογώ v confess
όμορφα adv nicely
ομορφιά n beauty
όμορφος adj lovely, beautiful, good-looking, handsome
ομοσπονδιακός adj federal
ομότιμος n peer
ομοφωνία n consensus, unanimity
ομπρέλα n umbrella
ομφαλός n navel
ονειρεύομαι v dream
όνειρο n dream
ονειροπολώ v daydream
όνομα n name
ονομάζω v name
οξύ n acid

οξυγόνο n oxygen
οξύς adj poignant, acute
οξύτητα n acidity
οπαδός n fan, follower
όπερα n opera
οπή v bore
οπή εξαερισμού n vent
όπιο n opium
οπίσθιο τμήμα n rear
οπίσθιος adj rear
οπισθογράφηση n endorsement
οπισθοχωρώ v back
οπλή n hoof
οπλισμένος adj armed
όπλο n gun, weapon
οπλοστάσιο n arsenal
οποιοσδήποτε pro anybody, whoever
οποιουδήποτε είδους ή βαθμού adj whatever
οπότε c whereupon
οποτεδήποτε adv whenever
όπου adv where
οπουδήποτε c wherever
οπτασία n apparition
οπτικός adj optical, visual
οπτικός n optician
οπωρώνας n orchard
όπως adv as
όπως c as
οπωσδήποτε pro anyhow
οραματίζομαι v envisage

όραση *n* eyesight, vision
ορατός *adj* visible
ορατότητα *n* visibility
οργανισμός *n* organism
όργανο *n* organ
οργανοπαίκτης *n* organist
οργανώνω *v* mastermind, organize, stage
οργάνωση *n* setup, organization
οργή *n* rage, wrath
οργώνω *v* plow, till
ορειβασία *n* climbing
ορεινός *adj* mountainous
ορεκτικό *n* appetizer
όρεξη *n* appetite
όρθιος *adj* erect, upright
ορθογραφία *n* spelling
ορθογώνιο παραλληλόγραμμο *n* rectangle
ορθογώνιος *adj* rectangular
ορθόδοξος *adj* orthodox
οριακός *adj* marginal
ορίζοντας *n* horizon
οριζόντιος *adj* horizontal
ορίζω *v* define; designate
όριο *n* limit
ορισμένος *adj* certain
ορισμός *n* definition
οριστικοποιώ *v* close, finalize
οριστικός *adj* definitive
ορκίζομαι *v* swear, vow
όρκος *n* oath
ορμόνη *n* hormone
όρνεο *n* vulture
όροι *n* terms
ορολογία *n* terminology
οροπέδιο *n* plateau
ορός *n* serum
όρος *n* term
ορόσημο *n* milestone
οροφή *n* ceiling
ορτύκι *n* quail
ορυκτό *n* mineral
ορυμαγδός *n* uproar
ορυχείο *n* mine
ορφανό *n* orphan
ορφανοτροφείο *n* orphanage
ορχήστρα *n* orchestra
οσμή *n* odor
όσο *c* as
όστια *n* wafer
οστό *n* bone
όστρακα *n* shellfish
όταν *adv* when
ότι *adj* that
ουγκιά *n* ounce
ουδέτερος *adj* neutral
ουλή *n* scar
ουρά *n* queue; tail
ούρα *n* urine
ουραγκοτάγκος *n* orangutan
ουράνιο τόξο *n* rainbow
ουράνιος *adj* heavenly, celestial

ουρανίσκος n palate
ουρανοξύστης n skyscraper
ουρανός n sky
ουρική αρθρίτιδα n gout
ουρλιάζω v wail, howl, scream
ουρλιαχτό n wail, howl
ουρώ v urinate
ουσία n essence, substance
ουσιαστικά adv virtually
ουσιαστικό n noun
ουσιώδης adj essential, substantial
ούτε c nor
ούτε adv either, neither
οφειλέτης n debtor
οφειλόμενος adj due
οφείλω v owe
οφείλω να v must
όφελος n benefit
οφθαλμαπάτη n mirage
όχημα n vehicle
όχθη n bank
όχι adv not
οχιά n viper
όχλος n mob
οχυρώνω v fortify
όψη n facet

παγάκι n ice cube
παγανιστικός adj pagan
παγερός adj frosty, icy
παγετώνας n glacier
παγίδα n snare, trap
παγίδα θανάτου n death trap
παγιδεύω v snare, trap
παγιδεύω σε ενέδρα v ambush
πάγκος n bench, stall
πάγκος εκθεμάτων n booth
πάγκος πωλήσεων n counter
παγκόσμιος adj worldwide
πάγκρεας n pancreas
παγόβουνο n iceberg
παγοπέδιλο v ice skate
παγοπέδιλο n skate
πάγος n ice
παγωμένος adj frozen, freezing, frostbitten, ice-cold
παγώνι n peacock
παγωνιά n frost
παγώνω v chill, freeze
παγωτό n ice cream
παζαρεύω v haggle
παζάρι n bazaar
παζλ n jigsaw, puzzle
παθητικός adj passive
παθιασμένος adj passionate
πάθος n passion

παιδαγωγική

παιδαγωγική *n* pedagogy
παιδαριώδης *adj* childish, puerile
παιδί *n* child, kid
παΐδι *n* rib
παιδιά *n* children
παιδική ηλικία *n* childhood
παιδική ηλικία αγοριού *n* boyhood
παιδική χαρά *n* playground
παιδικός σταθμός *n* nursery
παίζω *v* play
παίζω μπόουλινγκ *v* bowl
παίρνω *v* get, take
παίρνω αναφορά *v* debrief
παίρνω διαζύγιο *v* divorce
παίρνω έναν υπνάκο *v* nap, snooze
παίρνω μαζί μου *v* take away
παίρνω πίσω *v* take back
παιχνίδι *n* game, toy; play
παιχνιδιάρης *adj* playful
παίχτης *n* player
πακέτο *n* pack, package
παλαβός *adj* nutty
παλαιός *adj* old
παλαιστής *n* wrestler
παλάμη *n* palm
παλάτι *n* palace
παλεύω *v* fight, struggle, wrestle
πάλη *n* struggle, wrestling
πάλι *adv* again

παλιομοδίτικος *adj* old-fashioned, outmoded
παλιόπαιδο *adj* brat
παλιόφιλος *n* crony
παλίρροια *n* tide
παλιρροϊκό κύμα *n* tidal wave
παλμός *n* throb
παλτό *n* coat
πάμπτωχος *adj* destitute
πάνα *n* diaper
πανδοχείο *n* inn
πανέξυπνος *adj* brilliant, astute
πανεπιστήμιο *n* university
πάνθηρας *n* panther
πανί *n* cloth
πανικός *n* stampede; panic
πανό *n* banner
πανομοιότυπος *adj* identical
πανοπλία *n* armor
πανόραμα *n* panorama
πανούκλα *n* plague
πανούργος *adj* wily
πάντα *adv* ever
παντελόνι *n* pants, trousers
παντοδύναμος *adj* almighty
πάντοτε *adv* always
παντόφλα *n* slipper
παντρεμένος *adj* married
παντρεύομαι *v* wed
παντρεύω *v* marry
πανύψηλος *adj* towering
πάνω *pre* over, upon

πάνω από *pre* above
πανωλεθρία *n* havoc
πανωφόρι *n* overcoat
παξιμάδι *n* nut
παπαγαλάκι *n* parakeet
παπαγάλος *n* parrot
παπαρούνα *n* poppy
παπάς *n* priest
Πάπας *n* Pope
πάπια *n* duck
πάπλωμα *n* comforter, quilt
παπούτσι *n* shoe
παππούς *n* granddad, grandfather
παππούς και γιαγιά *n* grandparents
πάπυρος *n* scroll
παρ' όλα αυτά *adv* nevertheless
παρ' όλα αυτά *c* nonetheless
παρά *c* despite
παράβαση *n* infraction
παραβάτης *n* delinquent
παραβιάζω *v* violate
παραβλέπω *v* overlook
παραβολή *n* parable
παραγγελία *n* order
παραγγέλνω *v* order
παραγεμίζω *v* cram, stuff
παραγέμισμα *n* padding
παραγνωρίζω *v* mistake
παράγοντας *n* factor
παράγουν *v* produce

παραγραφή *n* lapse
παράγραφος *n* paragraph
παράγω *v* generate
παραγωγή *n* generation, output, production
παραγωγικός *adj* productive
παράγωγος *adj* derivative
παράδειγμα *n* instance, example
παράδεισος *n* heaven, paradise
παραδεκτός *adj* admissible
παραδέχομαι *v* admit, concede
παραδίδομαι *v* yield, surrender
παραδίδω *v* deliver, hand over
παραδίδω αποσκευές και παίρνω κάρτα επιβίβασης *v* check in
παραδίδω στον επόμενο *v* hand down
παράδοξο *n* paradox
παράδοση *n* tradition
παραθέτω *v* quote
παραθέτω παράδειγμα *v* exemplify
παραθυράκι *n* loophole
παράθυρο *n* window
παραίτηση *n* abdication, resignation
παραιτούμαι *v* desist, abdicate, give up, quit, resign, waive, step down
παρακαλώ *v* please
παρακάμπτω *v* bypass, override

παράκαμψη *n* bypass, detour
παρακάνω *v* overdo
παρακείμενος *adj* adjacent, adjoining
παρακέντηση *n* puncture
παρακινώ *v* goad, motivate
παρακμάζω *v* decline
παρακμή *n* decadence, decline
παρακολουθώ *v* monitor, track
παρακολουθώ στενά *v* tail
παρακρατώ *v* withhold
παράκτιος *adj* coastal
παραλαβή *n* receipt
παραλείπω *v* omit, skip
παράλειψη *n* omission
παραλήπτης *n* addressee
παραληρώ *v* rave
παραλία *n* beach
παράλληλα *pre* alongside
παράλληλος *n* parallel
παράλογος *adj* absurd, illogical, irrational, unreasonable
παράλυση *n* paralysis
παραλύω *v* paralyze
παραμέληση *n* neglect
παραμελώ *v* neglect
παραμένω *v* remain, stick around
παραμερίζω *v* put aside, sidestep
παράμετροι *n* parameters
παραμονή *n* eve

παραμορφώνω *v* deform, disfigure
παραμόρφωση *n* deformity, distortion
παρανοϊκός *adj* paranoid
παράνομος *adj* illegal, illicit, unlawful
παρανοώ *v* misunderstand
παράνυμφος *n* bridesmaid
παράξενος *adj* bizarre, strange
παραπατώ *v* stumble
παραπετώ *v* misplace
παραπλανητικός *adj* deceptive, misleading
παραπλανώ *v* delude, mislead
παράπλευρος *adj* collateral
παραποιώ *v* falsify
παράπονο *n* complaint, grievance
παραπονούμαι *v* complain
παράρτημα *n* appendix, annex
παράσιτο *n* parasite, pest
παρασιτοκτόνο *n* pesticide
παρασκευάζω *v* concoct
παρασκευάζω μπίρα *v* brew
παρασκεύασμα *n* concoction
Παρασκευή *n* Friday
παράσταση *n* performance
παράστημα *n* poise
παρασύρω *v* drift
παράταξη *n* array
παρατάσσω *v* deploy, field, line up

παρουσία

παρατείνω v prolong, protract
παρατεταμένος adj lingering, protracted
παρατήρηση n observation, remark
παρατηρώ v look at, notice, observe; remark
παρατσούκλι n nickname
παρατυπία n informality
παράτυπος adj illegitimate
παραφροσύνη n insanity, lunacy, madness
παράφρων adj demented
παράφωνος adj discordant, dissonant
παραχώρηση n concession
παραχωρώ v bestow
παραψημένος adj overdone
παρέα n company
παρείσακτος n intruder
παρείσφρηση n intrusion
παρεκβαίνω v digress
παρεκκλήσι n chapel
παρεκκλίνω v depart
παρέκκλιση n aberration, deviation
παρεκτρέπομαι v misbehave
παρέλαση n parade
παρελθόν n past
παρεμβαίνω v break in; interfere, intervene
παρέμβαση n intervention
παρεμβολή n interference
παρεμποδίζω v obstruct
παρεμπόδιση n obstruction, blockage
παρένθεση n parenthesis
παρενόχληση n harassment
παρενοχλώ v harass
πάρεργο n pastime
παρερμηνεύω v misconstrue, misinterpret
παρέρχομαι v lapse, elapse
παρέχω v provide
παρέχω αφειδώς v lavish
παρηγοριά n consolation, solace
παρηγορώ v console
παρθένα n maiden, virgin
παρθενιά n virginity
παρίσταμαι v attend; turn out
παριστάμενος n bystander
πάρκο n park
παρμπρίζ n windshield
παροδικός adj transient
παροιμία n proverb
παρόλο c although
παρόμοιος adj alike, like, similar
παρονομαστής n denominator
παρόρμηση n impulse, urge
παρορμητικός adj impetuous, impulsive
παροτρύνω v call on, exhort, instigate, urge
παρουσία n attendance, presence

παρουσιάζω v present
παρουσίαση n presentation
παρουσιαστικό n address
παροχές n amenities
παροχή n provision
πάρτι n party
παρτίδα n batch
παρτίδα adv lot
παρυφή n verge
παρών adj present
πασπαλίζω v sprinkle
παστέλ n crayon
πάστορας n minister, pastor
Πάσχα n Easter
πασχίζω v endeavor, strive
πάσχω από v suffer from
πάσχων adj ailing
πατάτα n potato
πατεντάρω v patent
πατέρας n father
πατερίτσα n crutch
πατημασιά n footprint
πατριάρχης n patriarch
πατρίδα n land; homeland, hometown
πατρική κληρονομία n patrimony
πατρικός adj fatherly
πατριός n stepfather
πατριώτης n patriot
πατριωτικός adj patriotic
πατρονάρω v patronize

πατρότητα n fatherhood, paternity
πατώ v run over, tread
πάτωμα n floor
παύλα n hyphen
παυσίπονο n painkiller
παύω v desist, cease
παύω να λειτουργώ v stall
παχαίνω v fatten
πάχος adj thick
πάχος n thickness
παχουλός adj chubby, plump
παχύσαρκος adj obese
πάω v go
πεδιάδα n plain
πεδίο n field; scope
πεζικό n infantry
πεζογραφία n prose
πεζοδρόμιο n pavement, sidewalk
πεζοπορία n hike
πεζοπορώ v hike
πεζός n pedestrian
πεθαίνω v die, pass away
πεθερά n mother-in-law
πεθερικά n in-laws
πεθερός n father-in-law
πειθαρχία n discipline
πειθώ n persuasion
πείθω v convince, persuade
πείνα n famine, hunger, starvation

πεινασμένος *adj* hungry
πειράζω *v* tease
πείραμα *n* experiment
πειρασμός *n* temptation
πειρατεία *n* piracy
πειρατής *n* hijacker, pirate
πεισματάρης *adj* obstinate, stubborn
πειστικά *adj* conclusive
πειστικός *adj* convincing, persuasive
πελαργός *n* stork
πελατεία *n* clientele
πελάτης *n* client, customer
πελεκάνος *n* pelican
πελέκι *n* hatchet
πελεκώ *v* hack
πέλμα *n* sole
Πέμπτη *n* Thursday
πέμπτος *adj* fifth
πενήντα *adj* fifty
πενήντα-πενήντα *adv* fifty-fifty
πένθος *n* bereavement, mourning
πενθώ *v* grieve
πενικιλίνη *n* penicillin
πενιχρός *adj* meager, paltry
πένσα *n* pincers, pliers
πεντάγωνο *n* pentagon
πεντακάθαρος *adj* spotless
πέντε *adj* five
πέπλο *n* veil

πεπόνι *n* melon
πεπρωμένο *n* destiny
πέρα *adv* beyond
περαιτέρω *adv* further
περασμένος *adj* past
περαστικός *n* passer-by
περγαμηνή *n* parchment
πέρδικα *n* partridge
περιβάλλον *n* environment
περιβάλλω με στοργή *v* cherish
περίγελος *n* laughing stock
περίγραμμα *n* contour, outline
περιγραφή *n* description
περιγραφικός *adj* descriptive
περιγράφω *v* describe
περίγυρος *n* surroundings
περιέργεια *n* curiosity
περίεργος *adj* curious, nosy
περιεχόμενα *n* contents
περιεχόμενο *n* content
περιέχω *v* contain
περιθώριο *n* margin
περικόπτω *v* dock, cut back
περικυκλώνω *v* cluster, encircle, surround
περιλαμβάνει *v* encompass
περιλαμβάνω *v* comprise, include
περίληψη *n* summary
περιμένω *v* hang on, wait
περίμετρος *n* perimeter
περιοδεία *n* tour

περιοδική έκδοση *n* journal
περιοδικό *n* magazine
περίοδος *n* term
περίοπτος *adj* conspicuous, prominent
περιορίζω *v* bound, confine, constrain, curb, curtail, cut down, limit, restrict
περιορισμένος *adj* cramped, pent-up; bound
περιορισμός *n* restraint, constraint, limitation
περιουσία *n* estate
περιουσιακά στοιχεία *n* assets
περιοχή *n* area, district, region
περιοχή μέσα σε αλλοεθνές έδαφος *n* enclave
περίπατος *n* promenade, walk
περιπέτεια *n* escapade, adventure
περιπλανιέμαι *v* wander
περιπλανώμαι *v* roam
περιπλανώμενος *n* drifter, vagrant, wanderer
περιπλέκω *v* complicate
περίπλοκος *adj* convoluted, complex
περιπολία *n* patrol
περίπου *adv* about
περίπτερο *n* kiosk, pavilion
περίπτερο πώλησης εφημερίδων *n* newsstand

περίπτωση *n* case
περισπασμός *n* distraction
περισσότερος *adj* more
περίσταση *n* circumstance, occasion
περιστατικό *n* incident, occurrence
περιστέρι *n* dove, pigeon
περιστοιχίζω *v* beset
περιστρέφομαι *v* revolve
περιστρέφω *v* rotate, spin, swivel, turn
περιστροφή *n* rotation
περίστροφο *v* revolver
περιτέμνω *v* circumcise
περίτεχνος *adj* delicate
περιτομή *n* circumcision
περιττός *adj* odd, needless, redundant, superfluous, unnecessary
περιτύλιγμα *n* wrapping
περιφερειακός *adj* regional
περιφερόμενος με ύποπτους σκοπούς *n* prowler
περίφραξη *n* enclosure
περιφράσσω *v* enclose, fence
περιφρόνηση *n* contempt, defiance, disdain
περιφρόνηση *v* scorn
περιφρονητικός *n* scornful
περιφρονώ *v* despise
περιφρουρώ *v* guard

περιχαρής *adj* jubilant
περίχωρα *n* outskirts
περιωπή *n* standing
περνώ από *v* stop by
περνώ κλωστή *v* thread
περνώ χειροπέδες *v* handcuff
περόνη τροχού *n* linchpin
περούκα *n* hairpiece, wig
περουκίνι *n* hairpiece
περπατημένος *adj* worldly
περπατώ *v* walk
περπατώ στα νύχια των ποδιών *v* tiptoe
πεσμένος *adj* down
πέστροφα *n* trout
πετάγομαι *v* pop
πετάλι *n* pedal
πέταλο *n* petal
πεταλούδα *n* butterfly
πετάω *v* junk
πετεινός *n* rooster
πέτρα *n* stone
πέτρα δοντιών *n* tartar
πετρέλαιο *n* oil, petroleum
πετρελαιοπηγή *n* well
πετσέτα *n* towel
πετυχαίνω *v* succeed
πετώ *v* fleet, fly; throw
πεύκο *n* pine
πέφτω *v* drop, fall
πέψη *n* digestion
πηγάδι *n* well

πηγαινοέρχομαι *v* shuttle
πηγαινοέρχομαι με συγκοινωνιακό μέσο *v* commute
πηγαίνω με λεωφορείο *v* bus
πηγή *n* spring; source
πηγούνι *n* chin
πηδάλιο *n* helm, rudder
πηδώ *v* jump, leap
πήζω *v* coagulate, curdle, thicken
πηλίκο *n* quotient
πηλός *n* clay
πήξη *n* coagulation
πιανίστας *n* pianist
πιάνο *n* piano
πιάνω με λάσο *v* lasso
πιατάκι *n* saucer
πιάτο *n* plate, dish
πιγκουίνος *n* penguin
πιέζω *v* press, pressure
πίεση *n* press; pressure
πιεστικός *adj* pressing, pushy
πιέτα *n* pleat
πιθανός *adj* probable
πιθανότητα *n* likelihood, probability, odds
πιθανώς *adv* likely
πίθηκος *n* ape
πικάντικος *adj* spicy
πικάπ *n* pickup
πικρά *adv* bitterly
πίκρα *n* bitterness

πικραίνω v embitter
πικραμένος adj hurt
πικρός adj bitter
πιλοτήριο n cockpit
πιλότος n pilot
πινακογραφώ v catalog, itemize
πινέζα n tack, thumbtack
πινέλο n paintbrush
πίντα n pint
πίνω v drink
πιόνι v pawn
πιοτό n booze
πίπα n pipe
πιπέρι n pepper
πιπεριά n bell pepper
πιπίλα n comforter
πιρούνι n fork
πισίνα n pool
πίσσα n tar
πιστευτός adj believable
πιστεύω v believe; credit
πίστη n belief, faith
πιστή αντιγραφή n duplication
πιστολέρο n gunman
πιστόλι n handgun, pistol
πιστοποιητικό n certificate
πιστοποιώ v authenticate
πιστός n believer
πιστός adj faithful, loyal
πιστώνω v credit
πίστωση n credit
πιστωτής n creditor

πίσω adv back
πίσω adj backward
πίσω pre behind
πίσω αυλή n backyard
πίτα n pie
πιτζάμα n pajamas
πιτσιλώ v splash
πιτυρίδα n dandruff
πλαγιά n hillside
πλαγιάζω v recline
πλαγιαστά γράμματα adj italics
πλάγιος adj oblique
πλαγίως adv sideways
πλαίσιο n frame, framework
πλαισιώνω v frame; edge
πλάκα n plate; slab
πλακάκι n tile
πλακάτ n placard
πλάνη n fallacy
πλανήτης n planet
πλανώμαι v err
πλάσμα n creature
πλασματικός adj fictitious
πλαστικό n plastic
πλαστογραφία n forgery
πλαστογραφώ v forge, counterfeit
πλαστός adj counterfeit
πλάτανος n plane
πλατεία n square
πλάτη n back
πλατίνα n platinum

πλάτος *n* breadth, width
πλατφόρμα *n* platform
πλέγμα *n* mesh
πλειοψηφία *n* majority
πλείστος *adj* most
πλέκω *v* knit
πλένω *v* wash
πλεόνασμα *n* surplus
πλεονέκτημα *n* advantage
πλεονέκτης *adj* avaricious
πλεονεξία *n* avarice
πλευρά *n* side
πλευρικός *adj* lateral
πλευρό *n* rib; flank
πλέω *v* sail
πληγή *n* sore, wound
πλήγμα *n* blow
πληγώνομαι *v* hurt
πλήθος *n* crowd, multitude, throng
πληθυντικός *n* plural
πληθυσμός *n* population
πληθώρα *adj* lots
πληθωρισμός *n* inflation
πλήκτρο *n* key
πληκτρολόγιο *n* keyboard
πλημμύρα *n* flood, flooding
πλημμυρίζω *v* flood, inundate
πλην *adj* minus
πλήρης *adj* complete, thorough
πλήρης σεβασμού *adj* respectful
πληροφοριακό υλικό *n* handout
πληροφορίες *n* information
πληροφοριοδότης *n* informer, informant
πληρώ *v* meet
πληρώ τις προϋποθέσεις *v* qualify
πλήρωμα *n* crew
πληρωμή *n* payment
πληρώνω *v* pay
πλήρως *adv* fully
πλήρωση *n* filling
πληρωτέος *adj* payable
πλήττω *v* afflict
πλισέ *adj* pleated
πλοήγηση *n* navigation
πλοηγώ *v* navigate
πλοίο *n* ship
πλοκάμι *n* tentacle
πλοκή *n* plot
πλουσιοπάροχος *adj* lavish
πλούσιος *adj* affluent, rich, wealthy
πλούτος *n* wealth
πλουτώνιο *n* plutonium
πλυντήριο *n* laundry
πλυντήριο πιάτων *n* dishwasher
πλύση εγκεφάλου *v* brainwash
πνεύμα *n* spirit; wit
πνευματικά δικαιώματα *n* royalty
πνευματική ιδιοκτησία *n* copyright
πνευματικός *n* confessor

πνευματικός *adj* spiritual
πνευματώδης *adj* witty
πνεύμονας *n* lung
πνευμονία *n* pneumonia
πνίγω *v* choke; drown
πνίγω *v* smother, strangle
ποδηλάτης *n* cyclist
ποδήλατο *n* bicycle
ποδηλατώ *v* cycle
πόδι *n* foot; leg
πόδι ζώου *n* paw
ποδιά *n* lap; apron
πόδια *n* feet
ποδοβολητό *n* stampede
ποδόσφαιρο *n* football
πόζα *n* pose
ποζάρω *v* pose
ποθώ *v* lust, yearn
ποίημα *n* poem
ποίηση *n* poetry
ποιητής *n* poet
ποικιλία *n* diversity, variety
ποικίλλω *v* vary
ποικίλος *adj* varied, diverse
ποιμενικός *adj* pastoral
ποινή *n* sentence, penalty
ποιόν *pro* whom
ποιος *pro* who
ποιότητα *n* quality
πολεμικό πλοίο *n* warship
πολεμιστής *n* combatant, warrior
πολεμίστρα *n* loophole
πόλεμος *n* war, warfare
πολεμοφόδια *n* munitions
πόλη *n* city, town
πολικός *adj* polar
πολιορκία *v* siege
πολιορκώ *v* besiege
πολιορκώ *n* siege
πολιτεία *n* state
πολίτης *n* citizen
πολιτική *n* policy, politics
πολιτικός *adj* civil
πολιτικός *n* politician
πολιτισμός *n* civilization, culture
πολιτιστικός *adj* cultural
πολιτογραφώ *v* nationalize
πολλαπλασιάζω *v* multiply
πολλαπλασιασμός *n* multiplication
πολλαπλός *adj* multiple
πόλος *n* pole
πολτός *v* mash
πολτός *n* pulp
πολύ *adv* much, very
πολυάριθμος *adj* many, numerous
πολυβόλο *n* machine gun
πολυγαμία *n* polygamy
πολύγαμος *adj* polygamist
πολυέλαιος *n* chandelier
πολυετής *adj* perennial
πολυθρόνα *n* armchair

πολύπλοκος *adj* intricate
πολυπλοκότητα *n* complexity
πολυσύχναστος *adj* bustling, crowded
πολυτέλεια *n* luxury
πολυτελής *adj* posh, deluxe, fancy, lush, luxurious, sumptuous
πολύτιμος *adj* precious, valuable
πολύτιμος λίθος *n* gem
πολύχρωμος *adj* colorful
Πολωνία *n* Poland
πολωνικός *adj* Polish
πομπή *n* procession
πονεμένος *adj* sore
πονηριά *n* guile
πονηρός *adj* evil, cunning
πονόδοντος *n* toothache
πονοκέφαλος *n* headache
πόνος *n* ache, pain, pang
πόνος στο αυτί *n* earache
ποντίκι H/Υ *n* mouse
ποντίκια *n* mice
ποντικός *n* mouse
ποντίφικας *n* pontiff
ποντς *n* punch
πόνυ *n* cob
ποπ κορν *n* popcorn
πορεία *n* course; march
πορνείο *n* brothel
πόρος *n* pore; resource
πορσελάνη *n* porcelain

πόρτα *n* door
πορτ-μπαγκάζ *n* trunk
Πορτογαλία *n* Portugal
πορτογαλικός *adj* Portuguese
πορτοκάλι *n* orange
πορτοφολάς *n* pickpocket
πορτοφόλι *n* purse, wallet
πορτρέτο *n* portrait
πορώδης *adj* porous
πόσιμος *adj* drinkable
ποσό *n* figure; amount
ποσοστό *n* percentage, proportion
ποσότητα *n* quantity
ποταμάκι *n* creek
ποτάμι *n* river
ποταπός *adj* despicable
ποτέ *adv* never
ποτήρι *n* glass
πότης *n* drinker
ποτίζω *v* irrigate, water
ποτό *n* beverage, drink
που *pro* who
που *adj* that
που ανήκει στην ενδοχώρα *adv* inland
που ανταποκρίνεται με θέρμη *adj* responsive
που ασκεί επιρροή *adj* influential
που βρίσκεται *adj* situated
που ευημερεί *adj* prosperous

που κατάγεται από τα ανατολικά

που κατάγεται από τα ανατολικά *n* easterner
που κόβει την ανάσα *adj* breathtaking
που λείπει *adj* missing
που μπορεί να ακουστεί *adj* audible
που μπορεί να πλυθεί *adj* washable
που νιώθει ναυτία *adj* seasick
που προκαλεί σύγχυση *adj* confusing
πουθενά *adv* nowhere
πουκάμισο *n* shirt
πουλάρι *n* colt
πουλερικά *n* poultry
πουλί *n* bird
πούλμαν *n* coach
πουλόβερ *n* sweater
πουρές *v* mash
πουρές *n* puree
πούρο *n* cigar
πουτίγκα *n* pudding
πράγμα *n* stuff, thing
πράγματι *adv* indeed
πραγματικά *adv* actually, really
πραγματικός *adj* actual, factual, real
πραγματικότητα *n* reality
πραγματιστής *adj* pragmatist
πραγματοποιώ διάρρηξη *v* burglarize

πρακτική *v* practice
πρακτικός *adj* practical
πράκτορας *n* agent
πρακτορείο *n* agency
πράξη *n* act, deed
πραξικόπημα *n* coup
πράος *adj* meek
πραότητα *n* meekness
πρασιά *n* frontage
πράσινος *adj* green
πρεμούρα *n* hustle
πρέπει *v* have to
πρεσβεία *n* embassy
πρεσβευτής *n* ambassador
πρήζομαι *v* bloat
πρήξιμο *n* swelling
πρησμένος *adj* bloated, swollen
πρίγκιπας *n* prince
πριγκίπισσα *n* princess
πριν από *adv* before
πριόνι *n* saw
πριονίζω *v* saw
πρίσμα *n* prism
προάγω *v* promote
προαγωγή *n* promotion
προαιρετικός *adj* optional
προαίσθημα *n* premonition
προαναγγέλλω *v* herald
προαπαιτούμενο *n* prerequisite
προασπίζω *v* champion; shield
προάστιο *n* suburb
πρόβα *n* rehearsal

πρόθυμος

προβαίνω σε διάγνωση v diagnose
προβάλλω v screen, project
προβάρω v rehearse
πρόβατο n sheep
προβιά n fleece
προβλέπω v forecast, foresee, predict
πρόβλεψη n anticipation, foresight, prediction
πρόβλημα n problem
προβληματίζω v trouble
προβληματικός adj problematic
προβολέας n floodlight, spotlight
προβοσκίδα n trunk
πρόγευση n foretaste
πρόγονοι n antecedents
πρόγονος n ancestor
πρόγραμμα n program
πρόγραμμα περιήγησης n browser
προγραμματίζω v program, schedule
προγραμματιστής n programmer
προδιατεθειμένος adj predisposed
προδίδω v betray
προδοσία n betrayal, treachery, treason
προδότης n traitor
προδοτικός adj treacherous

πρόδρομος n precursor
προεδρεύω v chair, preside
προεδρία n presidency
πρόεδρος n chairman, president
προειδοποίηση n admonition, warning
προειδοποιώ v forewarn, warn
προελαύνω v march
προεξέχω v protrude, stick out
προεπισκόπηση n preview
προέρχομαι v stem, derive, emanate
προέρχομαι από v come from
προετοιμάζομαι να αντιμετωπίσω κάτι δύσκολο v brace for
προετοιμάζω v prepare
προετοιμασία n preparation
πρόζα n prose
προηγούμαι v precede
προηγούμενο n precedent
προηγούμενος n antecedent
προηγούμενος adj preceding, previous, prior
προηγουμένως adv formerly, previously
προθάλαμος n lobby
πρόθεμα n prefix
πρόθεση n intention, preposition
προθυμία n eagerness, willingness
πρόθυμος adj eager, willing

προίκα *n* dowry
προικισμένος *adj* gifted
προϊόν *n* product
προϊστορικός *adj* prehistoric
προκαλώ *v* dare, challenge, provoke; cause, evoke, inflict
προκαλώ ασφυξία *v* asphyxiate
προκαλώ δυσκοιλιότητα *v* constipate
προκαλώ σάστισμα *v* mystify
προκαλώ συσσώρευση *v* back up
προκαταβάλλω *v* advance
προκαταβολή *n* advance; down payment
προκατάληψη *n* bias, prejudice, superstition
προκαταρκτική εργασία *n* groundwork
προκαταρκτικός *adj* preliminary
προκατασκευάζω *v* prefabricate
προκάτοχος *n* predecessor
πρόκληση *n* challenge, dare, provocation
προκλητικός *adj* defiant
προκράτηση *n* reservation
προκύπτω *v* arise, come about
προλαμβάνω *v* preempt
προλέγω *v* foretell
προληπτικός *adj* preventive
πρόληψη *n* prevention
πρόλογος *n* foreword, preface, prologue

προμελέτη *n* premeditation
προμήθεια *n* kickback, commission
προμήθειες *n* supplies
προμηθεύομαι *v* procure
προμηθευτής *n* supplier
προμηθεύω *v* supply
προμηνύω *v* foreshadow
πρόνοια *n* anticipation, provision; providence
προνόμιο *n* prerogative, privilege
προξενείο *n* consulate
πρόξενος *n* consul
προοδευτικός *adj* progressive
προοδεύω *v* move forward, progress
πρόοδος *n* advance, headway, progress
προοίμιο *n* preamble, prelude
προοπτική *n* perspective, prospect
προορίζω *v* allocate
προορισμός *n* destination
προπαγάνδα *n* propaganda
προπαγανδίζω *v* disseminate
προπόνηση *n* training, coaching
προπονητής *n* trainer
προπονώ *v* coach
προπύργιο *n* bulwark
προς *pre* for, on, to, at, towards
προς στιγμή *adv* momentarily
προς τα δυτικά *adv* westbound
προς τα έξω *adj* outward
προς τα μέσα *adv* inwards
προς τα πάνω *adv* upwards

προς τα πίσω *adv* backwards
προς το νότο *adv* southbound
προσανατολισμένος *adj* oriented
προσανατολισμός *n* orientation
προσαρμογέας *n* adapter
προσαρμογή *n* fit, adjustment, adaptation
προσαρμόζομαι *v* adapt
προσαρμόζω *v* accommodate, adjust
προσαρμόσιμος *adj* adaptable
προσάρτηση *n* annexation
προσαύξηση *n* increment, surcharge
προσβάλλω *v* affront, insult, offend
πρόσβαση *n* entrée, access
προσβλέπω *v* aspire, look forward
προσβλητικός *adj* abusive, offensive
προσβολή *n* snub, affront, insult
προσγειωμένος *adj* down-to-earth
προσγειώνομαι *v* land
προσγείωση *n* landing
προσδίδω *v* attach
προσδίδω τοπική υφή *v* localize
προσδιορίζω *v* determine, identify

προσδιορισμός *n* determination
προσδοκία *n* expectation
προσδοκώ *v* anticipate
προσεγγίζω *v* approach
προσέγγιση *n* approach
προσεκτικός *adj* attentive, careful, cautious, mindful, tactful, wary
προσελκύω *v* attract
προσέρχομαι *v* come over
προσεταιρίζομαι *v* enlist
προσευχή *n* prayer
προσεύχομαι *v* pray
προσεχής *adj* forthcoming
προσέχω *v* notice, beware, heed, mind, watch out, look out; look after
προσεχώς *adv* shortly
προσηλυτίζω *v* convert
προσήλυτος *n* convert
προσηλωμένος *adj* single-minded; attached
πρόσθεση *n* addition
πρόσθετος *adj* additional
προσθέτω *v* add
προσιτός *adj* accessible, approachable
προσκαλώ *v* invite
προσκήνιο *n* foreground
πρόσκληση *n* invitation
πρόσκοπος *n* scout
πρόσκρουση *n* bump

προσκύνημα n pilgrimage
προσκυνητής n pilgrim
προσλαμβάνω v engage
πρόσληψη n intake
προσμονή n expectancy
προσομοιώνω v simulate
προσόν n asset; merit
προσοντούχος adj eligible
προσοχή n attention, caution
πρόσοψη n front
προσπάθεια n effort, endeavor, exertion
προσπαθώ v try
προσπερνώ v pass, overtake
προσποιούμαι v pretend
προσταγή n commandment
προστασία n patronage, protection, safeguard
προστατεύω v protect
προστάτης n custodian, patron; prostate
πρόστιμο n fine
πρόσφατα adv lately, newly
πρόσφατος adj recent
προσφέρω v offer
προσφέρω καταφύγιο v shelter
προσφορά n bid, offer, offering, quotation
πρόσφορος adj conducive
πρόσφυγας n refugee
προσφυγή n appeal, recourse

προσφώνηση n address; hail
πρόσχαρος adj cheerful, jovial
προσχεδιάζω v draft; premeditate
προσχέδιο n draft, blueprint
πρόσχημα n guise, pretense
προσχωρώ v affiliate
προσωπικό n staff, personnel
προσωπικός adj personal
προσωπικότητα n personality
πρόσωπο n face
προσωποποιώ v personify
προσωρινός adj provisional, temporary
πρόταση n sentence; clause; proposal, proposition, suggestion
προτείνω v propose, suggest
προτεραιότητα n priority
προτίμηση n predilection, preference
προτιμώ v prefer
προτομή n bust
προτού adv before
πρότυπο n model, standard; pattern
προϋπόθεση n premise, condition, presupposition
προϋποθέτω v presuppose
προϋπολογισμός n budget
προφανής adj obvious
προφανώς adv apparently, obviously
προφέρω v pronounce

Greek	English
προφητεία *n*	prophecy
προφήτης *n*	prophet
προφίλ *n*	profile
προφορά *n*	accent
προφορικά *adv*	orally, verbally
προφτάνω *v*	catch up
προφυλακίζω *v*	detain
προφυλακτήρας *n*	bumper
προφύλαξη *n*	precaution
προχωρώ *v*	advance, go ahead, proceed
προωθώ *v*	propel; market
πρόωρος *adj*	premature, untimely
πρύμνη *n*	stern
πρύτανης *n*	dean
πρώην *adv*	once
πρώην *adj*	former
πρωί *n*	morning
πρωινό *n*	breakfast
πρωκτός *n*	rectum
πρωτάθλημα *n*	league
πρωταθλητής *n*	champ, champion
πρωταρχικός *adj*	prime
πρωτεΐνη *n*	protein
πρωτείο *n*	primacy
πρωτεύουσα *n*	capital
πρώτη γραμμή *n*	forefront
πρώτιστος *adj*	foremost, premier
πρωτίστως *adv*	primarily
πρώτο πιάτο *n*	entree
πρωτοβουλία *n*	initiative
πρωτόγονος *adj*	primitive
πρωτόκολλο *n*	protocol
πρωτοπαλίκαρο *n*	henchman
πρωτοπόρος *n*	pioneer
πρώτος *adj*	first
πρωτότυπο *n*	prototype
πρωτότυπος *adj*	original
πταίσμα *n*	misdemeanor
πτέρυγα *n*	ward
πτερύγιο *n*	fin
πτήση *n*	flight
πτητικός *adj*	volatile
πτυχή *n*	crease
πτυχίο *n*	degree
πτώμα *n*	corpse
πτώση *n*	drop, spill; fall, downfall
πτώχευση *n*	bankruptcy
πτωχεύω *v*	bankrupt
πυγμαχία *n*	boxing
πυγμάχος *n*	boxer
πυγμαχώ *v*	box
πυθμένας *n*	bottom
πύθωνας *n*	python
πυκνός *adj*	cramped; dense
πυκνότητα *n*	density
πύλη *n*	gate
πυξίδα *n*	compass
πύο *n*	pus
πυρά όπλου *n*	fire
πυραμίδα *n*	pyramid
πύραυλος *n*	missile, rocket

πυργίσκος *n* turret
πύργος *n* tower
πυρετός *n* fever
πυρετώδης *adj* feverish, hectic
πυρήνας *n* core
πυρηνικός *adj* nuclear
πυροβολικό *n* artillery
πυροβολισμοί *n* gunfire
πυροβολισμός *n* gunshot
πυροβόλο όπλο *n* firearm
πυροβολώ *v* fire, shoot
πυροδοτώ *v* spark off, trigger
πυροκροτητής *n* detonator
πυροκροτώ *v* detonate
πυρομαχικά *n* ammunition
πυροσβέστης *n* firefighter, fireman
πυροτεχνήματα *n* fireworks
πώληση *n* sale
πωλητής *n* salesman, seller
πωλώ *v* sell
πώμα *n* cap
πως *adj* that
πως *adv* how

Ρ

ραβδί *n* stick
ράβδος *n* bar, rod, ingot
ραβίνος *n* rabbi
ράβω *v* sew, stitch
ραγίζω *v* crack
ραγού *n* casserole
ραδιόφωνο *n* radio
ρακέτα *n* racket
ρακούν *n* raccoon
ράλι *n* rally
ράμμα *n* stitch
ράμπα *n* ramp
ράμφος *n* beak
ραντάρ *n* radar
ραντεβού *n* date, appointment
ράντσο *n* ranch
ραπανάκι *n* radish
ράτσα *n* breed
ρατσισμός *n* racism
ρατσιστής *adj* racist
ραφή *n* seam
ράφι *n* shelf
ράφια *n* shelves
ράφτης *n* tailor
ράφτρα *n* seamstress
ραχοκοκαλιά *n* backbone
ράψιμο *n* sewing
ρεαλισμός *n* realism
ρεβέρ *n* cuff

ρεζιλεύω *v* embarrass	**ριπή** *n* gust
ρεκόρ *n* record	**ρίχνω** *v* shed; cast
ρελαντί *adj* idle	**ρίχνω ματιά** *v* glance
ρελιάζω *v* edge	**ρίψη** *n* cast
ρέπω *v* incline	**ροδάκινο** *n* peach
ρεσεψιονίστ *n* receptionist	**ροδαλός** *adj* rosy
ρεσιτάλ *n* recital	**ρόδι** *n* pomegranate
ρετάλι *n* scrap	**ρόδινος** *adj* rosy
ρετουσάρω *v* touch up	**ροζ** *adj* pink
ρεύμα *n* current	**ροζιασμένος** *adj* callous
ρευματισμός *n* rheumatism	**ροή** *n* flow
ρεύομαι *v* belch, burp	**ροκ** *n* rock
ρευστοποιώ *v* dissolve, liquidate	**ροκανίδι** *n* chip
ρέψιμο *n* belch, burp	**ροκανίζω** *v* gnaw, nibble
ρέω *v* exude, flow	**ρολό** *n* roll
ρήγμα *n* rift	**ρολόι** *n* watch, clock
ρήμα *n* verb	**ρόμβος** *n* diamond
ρήμαγμα *n* disrepair	**ρόμπα** *n* robe
ρημάζω *v* devastate, rampage, ravage, ruin	**ρόπαλο** *n* club, bat
ρήξη *n* rift, split, rupture	**ρόπαλο** *v* bludgeon
ρητά *adv* expressly	**ροπή** *n* propensity
ρητό *n* motto, saying	**ρουθούνι** *n* nostril
ρητός *adj* express	**ρούμι** *n* rum
ρήτρα *n* clause	**ρουμπίνι** *n* ruby
ρηχός *adj* shallow	**ρουτίνα** *n* routine
ρίγα *n* stripe	**ρουφάω** *v* soak up
ριγέ *adj* striped	**ρουφηξιά** *n* puff
ρίγος *n* shiver	**ρουφήχτρα** *n* whirlpool
ρίζα *n* root	**ρουφώ** *v* suck
ριζικός *adj* radical	**ρούχα** *n* clothes
ρινόκερος *n* rhinoceros	**ρουχισμός** *n* wear
	ροχαλητό *n* snore

ροχαλίζω

ροχαλίζω *v* snore
ρυάκι *n* stream
ρύγχος *n* muzzle
ρύζι *n* rice
ρυθμιζόμενος *adj* adjustable
ρυθμίζω *v* set, regulate
ρύθμιση *n* regulation, setting
ρυθμός *n* rate, rhythm
ρυμουλκώ *v* tow
ρυπαίνω *v* defile, pollute
ρύπανση *n* pollution
ρυπαρός *adj* sleazy, foul
ρυτίδα *n* wrinkle
ρυτιδώνω *v* wrinkle
ρωγμή *n* crack
Ρωσία *n* Russia
ρωσικός *adj* Russian
ρωτώ *v* ask

σαβάνα *n* prairie
σάβανο *n* shroud
Σάββατο *n* Saturday
σαββατοκύριακο *n* weekend
σαγηνεύω *v* beguile, enthrall
σαγόνι *n* jaw
σαδιστής *n* sadist
σακάκι *n* jacket
σακατεύω *v* cripple, maim
σακίδιο *n* backpack
σαλάτα *n* salad
σαλέ *n* chalet
σαλιγκάρι *n* snail
σάλιο *n* saliva
σαλόνι *n* lounge; living room
σάλος *n* furor
σαλούν *n* saloon
σαλπάρω *v* sail
σάλπιγγα *n* cornet
σαλταδόρος *n* hijacker
σάλτσα *n* dressing, sauce
σάλτσα κρέατος *n* gravy
σαματάς *n* racket
σαμποτάζ *n* sabotage
σαμποτάρω *v* sabotage
σαν *c* as
σαν *pre* like
σανδάλι *n* sandal
σανίδα *n* board
σάντουιτς *n* sandwich
σαπίζω *v* decay, rot
σάπιος *adj* putrid, rotten
σαπουνάδα *n* lather
σαραβαλιασμένος *adj* dilapidated
Σαρακοστή *n* Lent
σαράντα *adj* forty
σαρδέλα *n* sardine
σάρκα *n* flesh
σαρκασμός *n* sarcasm

σαρκαστικός *adj* sarcastic
σαρκικός *adj* carnal
σαρώνω *v* scan
σαστίζω *v* space out
σατανικός *adj* satanic
σάτιρα *n* satire
σαύρα *n* lizard
σαφήνεια *n* clarity
σαφής *adj* clear, distinct, definite, explicit
σαφώς *adv* clearly, plainly
σαχλαμαρίζω *v* mess around
σβήνω *v* turn off, switch off, put out, blow out; quench; go out
σε *pre* on, upon; of, at, in, to
σε αντίθεση με *adj* unlike
σε βάθος *adv* in depth
σε επιβίβαση *adv* aboard
σε επίπλευση *adv* afloat
σε κατάσταση λειτουργίας *adj* workable
σεβασμός *n* respect
σέβομαι *v* respect, venerate
σειρά *n* range, series; row, line; rank; turn
σειρήνα *n* siren
σεισμός *n* earthquake
σεισμός *v* quake
σέλα *n* saddle
σελίδα *n* page
σέλινο *n* celery
σεμνός *adj* modest
σεμνότητα *n* modesty
σεμνότυφος *adj* squeamish
σενάριο *n* scenario
σεντ *n* penny, cent
σεντόνι *n* sheet
σεξ *n* sex
σεξουαλικότητα *n* sexuality
Σεπτέμβριος *n* September
σερβίρω *v* serve
σερβιτόρα *n* waitress
σερβιτόρος *n* waiter
σερενάτα *n* serenade
σέρνομαι *v* crawl, creep
σέρυ *n* sherry
σερφάρω *v* surf
σετ *n* set
σεφ *n* chef
σηκώνομαι *v* get up, stand up
σηκώνω *v* raise, pick up, lift
σηκώνω τους ώμους *v* shrug
σήμα *n* badge; sign, signal
σημαδεύω *v* earmark, mark
σημάδι *n* mark
σημαδούρα *n* buoy
σημαία *n* flag
σημαίνω *v* mean, signify, connote
σημαντική εξέλιξη *n* breakthrough
σημαντικός *adj* considerable, significant
σημασία *n* significance

σηματοδοτώ v signal
σημείο n spot, point
σημειογραφία n notation
σημείωμα n note, memo
σημειωματάριο n notebook
σημειώνω v note, write down
σημειώνω κάμψη v slump
σημειώνω ραγδαία άνοδο v boom
σήμερα adv nowadays, today
σήραγγα n tunnel
σθένος n fortitude
σιγάζω v silence
σιγοβράζω v simmer
σίδερο n iron
σιδερώνω v iron
σιδηρικά n hardware
σιδηρόδρομος n railroad
σιδηρουργός n blacksmith
σιθρού adj see-through
σίκαλη n rye
σιλουέτα n figure, silhouette
σινγκλ n single
σιντριβάνι n fountain
σιρόπι n syrup
σιταποθήκη n barn
σιτάρι n wheat
σιτηρά n grain
σιτηρέσιο n ration
σιχασιάρης adj squeamish
σιωπή n hush, silence
σιωπηλός adj silent

σιωπηρός adj implicit
σκάβω v dig, excavate
σκάζω v pop
σκαθάρι n beetle
σκαιότητα n bluntness
σκάκι n chess
σκάλα n ladder, staircase
σκάλες n stairs
σκαλί n stair
σκαλίζω v whittle
σκαλωσιά n scaffolding
σκαμνί n stool
σκαμπίλι n smack
σκαμπιλίζω v smack
σκανδάλη n trigger
σκανδαλίζω v scandalize
σκανδαλιστικός adj intriguing
σκάνδαλο n outrage, scandal
σκαντζόχοιρος n porcupine
σκαρφαλώνω v climb
σκάφος n vessel
σκάω v burst
σκελετός n skeleton
σκεπτικιστής n skeptic
σκεπτικός adj thoughtful
σκεύος n utensil
σκευωρία n plot
σκέψη n thought
σκηνή n stage, scene; tent
σκηνικό n set
σκηνοθεσία n direction
σκηνοθετώ v direct

σκιά *n* shade, shadow
σκιαγραφώ *v* outline
σκιερός *adj* shady
σκίζω *v* rip
σκίζω σε κομματάκια *v* rip apart
σκίουρος *n* squirrel
σκιτσάρω *v* sketch
σκίτσο *n* sketch
σκλήθρα *n* splinter
σκληρά *adv* harshly
σκληραγωγημένος *adj* hardy
σκληραίνω *v* harden, stiffen, toughen
σκληρός *adj* cruel, hard, harsh, tough
σκληρότητα *n* cruelty, hardness
σκοινί *n* rope
σκόνη *n* dust, powder
σκονισμένος *adj* dusty
σκοντάφτω *v* trip
σκοπευτής *n* marksman
σκοπεύω *v* intend
σκόπιμος *adj* deliberate, expedient
σκοπιμότητα *n* expediency
σκοπίμως *adv* purposely
σκοπός *n* goal, objective, purpose
σκοπός *v* aim
σκορ *n* score
σκοράρω *v* score
σκόρδο *n* garlic
σκορπίζω *v* scatter
σκορπιός *n* scorpion
σκοτάδι *adj* dark
σκοτάδι *n* darkness
σκοτεινός *adj* obscure, dim
σκοτώνω *v* kill, slay
σκοτώνω με πυροβολισμό *v* gun down
σκουλαρίκι *n* earring
σκουλήκι *n* worm
σκούπα *n* broom
σκουπίδια *n* garbage, junk, litter, rubbish, trash
σκουπιδοτενεκές *n* bin, trash can
σκουπίζω *v* sweep, wipe
σκουριά *v* rust
σκουριάζω *n* rust
σκουριασμένος *adj* rusty
σκούτερ *n* scooter
σκούφος *n* cap
σκύβω *v* bend down, duck
σκύλος *n* dog
σκυλόσπιτο *n* kennel
σκυρόδεμα *n* concrete
σκυφτός *adj* hunched
σκωληκοειδίτιδα *n* appendicitis
σκώρος *n* moth
σλιπ *n* briefs
σμαράγδι *n* emerald
σμήνος *n* swarm
σμίλη *n* chisel

σνομπάρω v rebuff, snub
σοβαρά adv gravely, earnestly
σοβαρός adj grave, serious, severe, solemn
σοβαρότητα n seriousness, severity
σοβατίζω v plaster
σοβιετικός adj soviet
σόδα n soda
σοδειά n produce, yield
σόι n clan
σοκ n shock
σοκάρω v shock
σοκολάτα n chocolate
σόλα n sole
σολομός n salmon
σόμπα n stove
σορτς n shorts
σοσιαλισμός n socialism
σοσιαλιστής adj socialist
Σουηδία n Sweden
σουηδικός adj Swedish
σούπα n soup
σούπερ μάρκετ n supermarket
σούρουπο n dusk, nightfall
σουρωτήρι n strainer
σουτιέν n bra
σουφρώνω v pilfer
σοφέρ n chauffeur
σοφία n wisdom
σοφίτα n attic
σοφός adj wise

σπα n spa
σπάζω v snap
σπάνια adv seldom
σπάνιος adj infrequent, rare, scarce
σπανίως adv rarely
σπαράγγι n asparagus
σπαρταρώ v writhe
σπασμένος adj broken
σπασμός n convulsion, spasm
σπατάλη n waste
σπάταλος adj extravagant, wasteful
σπείρω v sow
σπέρμα n sperm
σπεύδω v dash, hasten
σπήλαιο n cavern, cave
σπηλιά n grotto
σπίθα n spark
σπιλωμένος adj tainted
σπιρούνι n spur
σπίρτο n match
σπίτι n home, house
σπιτικός adj homemade
σπιτονοικοκυρά n landlady
σπιτονοικοκύρης n landlord
σπλάχνα n bowels
σπλαχνικός adj compassionate
σπονδυλική στήλη n spine
σπόνδυλος n vertebra
σπορ n sport
σποραδικός adj sporadic

σπόρος *n* seed
σπουδαγμένος *adj* learned
σπουδαιότητα *n* importance
σπουργίτι *n* sparrow
σπρωξίματα *n* hustle
σπρώχνω *v* push, shove
σπυρί *n* pimple
στάβλος *n* stable
σταγόνα *n* drop, drip
σταδιακός *adj* gradual
στάδιο *n* stage
στάζω *v* drip
σταθερός *adj* stable, steady
σταθερότητα *n* constancy, firmness, stability
στάθμευση *n* parking
σταθμεύω *v* park
σταθμός *n* station
σταλάζω *v* trickle
σταματώ *v* arrest, halt, stop
στάση *n* attitude, stand; stop
στασίδι *n* pew
στάσιμος *adj* stagnant
στασιμότητα *n* stagnation
στατιστική *n* statistic
σταυροδρόμι *n* crossroads
σταυρόλεξο *n* crossword
σταυρός *n* cross, crucifix
σταυροφορία *n* crusade
σταυροφόρος *n* crusader
σταυρώνω *v* crucify
σταύρωση *n* crucifixion

σταφίδα *n* raisin
σταφύλι *n* grape
στάχτες *n* embers
στάχτη *n* ash
στεγανός *adj* watertight
στέγαση *n* lodging
στέγη *n* roof
στεγνός *adj* dry
στεγνώνω *v* dry
στεγνωτήριο *n* dryer
στείρος *adj* sterile
στειρώνω *v* sterilize
στέκομαι *v* stand
στέλεχος *n* stub; stem
στέλνω *v* send
στέμμα *n* crown
στενά *adv* closely, narrowly
στενό *n* strait
στενογραφία *n* shorthand
στενός *adj* close, narrow
στενοχώρια *n* chagrin
στενοχωρώ *v* distress
στερεός *adj* solid
στερεώνω *v* fix
στερημένος *adj* deprived
στέρηση *n* deprivation
στερνή γνώση *n* hindsight
στερούμαι *v* lack
στερούμενος *adj* devoid
στερώ *v* deprive
στεφάνι *n* wreath
στεφανιαίος *adj* coronary

στέφω v crown
στέψη n coronation, crowning
στη θάλασσα adv overboard
στη στιγμή adv instantly
στήθος n chest, breast, bosom
στήλη n column
στην ενδοχώρα adj inland
στην ξηρά adv ashore
στήνω up set up
στήνω v pitch, mount
στηρίζομαι v lean on
στήσιμο n format
στίβος n track
στιγμή n instant, moment
στιγμιότυπο n snapshot
στιλάτος adj posh
στιλέτο n dagger
στιφάδο n stew
στίχοι n lyrics
στίχος n verse
στο pre at
στο βαθμό που c inasmuch as
στο εξωτερικό adv abroad
στο ύπαιθρο adv outdoors
στοίβα n stack
στοιβάζω v pile up, stack
στοιχείο n element
στοιχειώδης adj elementary, rudimentary
στοιχειώνω v haunt
στοιχηδόν adv abreast
στοίχημα n bet, stake
στοιχηματίζω v bet, stake
στοίχος n file
στολή n costume, uniform
στολίδι n ornament
στολίζω v adorn, garnish
στόλος n fleet
στόμα n mouth
στομάχι n stomach
στόμιο n nozzle
στομωμένος adj dull
στον αέρα n midair
στον κάτω όροφο adv downstairs
στοργή n affection, fondness
στοργικός adj affectionate
στοχοποιώ v victimize
στόχος n target
στραβός adj crooked
στραγγίζω v wring
στραμπουλίζω v strain, sprain
στραπατσάρω v mess up
στρατάρχης n marshal
στράτευμα n troop
στράτευση n draft
στρατηγική n strategy
στρατηγός n general
στρατιώτης n soldier
στρατολόγηση n recruitment
στρατολογώ v recruit
στρατός n army
στρατώνας n quarters
στρατώνες n barracks
στρεβλωμένος adj warped

στρεβλώνω *v* distort
στρέβλωση *v* warp
στρείδι *n* oyster
στρες *n* stress
στρέφομαι *v* fall back
στριγκλίζω *v* screech, shriek
στριμώχνω *v* corner, jam, mob, squeeze in
στριφνός *adj* grumpy
στριφτός *adj* winding, twisted
στρίφωμα *n* hem
στροβιλίζομαι *v* whirl
στρογγυλός *adj* round
στρουθοκάμηλος *n* ostrich
στροφή *n* turn
στρώμα *n* sheet, mattress
στρώση *n* layer
στυγερός *adj* heinous
στυλ *n* style
στυλό *n* pen
στωικός *adj* stoic
συγγένεια *n* affinity, kinship
συγγενείς *n* folks
συγγενής *adj* akin
συγγενής *n* relative
συγγραφέας *n* author, writer
συγγραφή *n* writing
συγκαλυμμένος *adj* covert
συγκαλύπτω *v* cover up
συγκάλυψη *n* cover-up
συγκαλώ *v* convene
συγκατάθεση *n* consent

συγκατατίθεμαι *v* assent, consent
συγκεκριμένος *adj* particular, specific
συγκεντρώνομαι *v* concentrate
συγκεντρώνω *v* centralize, gather, pool
συγκέντρωση *n* concentration, gathering
συγκέντρωση ζώων *n* roundup
συγκίνηση *n* emotion
συγκινητικός *adj* touching
συγκλίνω *v* converge
συγκλονίζω *v* thrill
συγκλονιστικός *adj* shocking, staggering
συγκολλητής *n* welder
συγκολλώ *v* weld
συγκομιδή *n* harvest
συγκομίζω *v* harvest
συγκόπτω *v* abbreviate
συγκράτηση *n* restraint
συγκρατώ *v* hold out, restrain
συγκρίνω *v* compare
σύγκριση *n* comparison
συγκρίσιμος *adj* comparable
συγκριτικός *adj* comparative
συγκρότημα κατοικιών *n* condo
συγκρότηση *n* setup
συγκρούομαι *v* crash, clash, collide, conflict
σύγκρουση *n* crash, clash, collision, conflict

συγχαίρω v congratulate
συγχαρητήρια n congratulations
συγχέω v confuse
συγχρονίζω v synchronize
σύγχρονος adj contemporary, modern
συγχύζω v upset
σύγχυση n confusion, consternation
συγχώνευση n fusion, merger
συγχωνεύω v merge
συγχώρεση n forgiveness, pardon
συγχωρητέος adj forgivable
συγχωρώ v excuse, condone, forgive, pardon
συζήτηση n discussion
συζητήσιμος adj debatable
συζητώ v debate, discuss
συζυγικός adj conjugal, marital
σύζυγοι n wives
σύζυγος n wife, husband, spouse
σύζυγος κόρης n son-in-law
σύζυγος υιού n daughter-in-law
συζώ v cohabit
σύκο n fig
συκοφαντία n calumny, slander
συκώτι n liver
συλλαβή n syllable
συλλαβίζω v spell
συλλαβόγριφος n charade
συλλαλητήριο n rally
συλλαμβάνω v arrest, capture, conceive
συλλαμβάνω εκ νέου v recapture
συλλέγω v collect
συλλέκτης n collector
σύλληψη n arrest, capture; conception
συλλογή n assortment, collection
συλλογίζομαι v contemplate
συλλογισμός n reasoning
σύλλογος n association
συλλυπητήρια n condolences
συμβαδίζω v keep up
συμβαίνω v happen, occur
συμβάλλομαι v contract
συμβάν n happening, event
σύμβαση n contract, convention
συμβατικός adj conventional
συμβατός adj compatible
συμβατότητα n compatibility
συμβιβάζομαι v settle for, compromise
συμβιβασμός n compromise
συμβόλαιο n covenant
συμβολαιογράφος n notary
συμβολικός adj symbolic
σύμβολο n symbol
συμβουλεύομαι v consult
συμβουλεύω v advise, counsel
συμβουλή n tip, advice, counsel
συμβούλιο n council
σύμβουλος n adviser, counselor
συμμαθητής n classmate

συμμαχία *n* alliance
συμμαχικός *adj* allied
σύμμαχος *n* ally
συμμαχώ *v* ally
συμμετέχω *v* go in, participate
συμμετοχή *n* involvement, participation
συμμετρία *n* symmetry
συμμορία *n* gang
συμμορφώνομαι *v* comply, conform
συμμορφώνομαι με *v* abide by
συμμόρφωση *n* compliance, conformity
συμπαγής *adj* compact
συμπάθεια *n* attachment, liking, rapport
συμπαθής *adj* amiable, congenial
σύμπαν *n* universe
συμπατριώτης *n* countryman, compatriot
συμπεραίνω *v* deduce, infer
συμπέρασμα *n* conclusion
συμπεριφέρομαι *v* behave
συμπεριφορά *n* attitude, treatment, behavior, conduct, demeanor, manners
συμπιέζω *v* depress, compact, compress, squeeze
συμπίεση *n* depression; compression
συμπίπτω *v* coincide

συμπλέκτης *n* clutch
συμπλήρωμα *n* complement
συμπληρώνω *v* complete
συμπονετικός *adj* gracious
συμπόνια *n* compassion, sympathy
συμπονώ *v* sympathize
συμπόσιο *n* banquet
σύμπτωμα *n* symptom
συμπτωματικός *adj* coincidental
σύμπτωση *n* coincidence
συμπυκνώνω *v* boil down to, concentrate, condense
συμπύκνωση *n* condensation
συμφιλιώνω *v* reconcile
συμφορά *n* calamity
συμφόρηση *n* bottleneck, congestion
συμφραζόμενα *n* context
σύμφωνα με *pre* according to
συμφωνία *n* deal, accord, agreement, pact, symphony
σύμφωνο *n* consonant
σύμφωνος *adj* agreeable
συμφωνώ *v* agree, concur
συν *adv* plus
συναγερμός *n* alert, alarm
συναγωγή *n* synagogue
συνάδελφος *n* mate, fellow, colleague
συναθροίζομαι *v* congregate, get together

συναθροίζω v lump together, aggregate
συναίσθημα n emotion, feeling, sentiment
συναισθήματα n feelings
συναισθηματικός adj emotional, sentimental
συναλλαγή n deal, transaction
συναναστρέφομαι v socialize, befriend
συναναστροφή n fellowship
συνάντηση n encounter, meeting
συναντώ v meet, encounter, come across
συναντώ τυχαία v bump into, run into
συναρμολόγηση n assembly
συναρμολόγηση adj fitting
συναρμολογώ v make up; assemble
συναρπάζω v fascinate
συναρπαστικός adj enthralling, exciting
συνασπισμός n coalition
συναυλία n concert
συνάφεια n association
συνδέομαι v log in
σύνδεση n conjunction, connection
σύνδεσμος n link, conjunction; ligament
συνδετήρας n clip, paperclip

συνδέω v connect, join, link
συνδιαλέγομαι v converse
συνδρομή n dues, subscription
συνδυάζω v mingle, combine
συνδυασμός n combination
συνεδρία n session
συνεδρίαση n sitting
συνέδριο n congress
συνείδηση n conscience, consciousness
συνειδητοποιώ v realize
συνειδητός adj conscious
συνεισφέρω v contribute
συνεισφέρων n contributor
συνεισφορά n contribution
συνεκτική adj coherent
συνέλευση n assembly
συνενοχή n complicity
συνένοχος n accomplice
συνέντευξη n interview
συνεπάγομαι v imply, involve, entail
συνεπαρμένος adj elated
συνέπεια n consequence
συνεπής adj consistent
συνεργάζομαι v collaborate, cooperate
συνεργασία n collaboration, cooperation
συνεργάτης n collaborator
συνεργείο n workshop
συνέρχομαι v pick up

σύνεση *n* prudence
συνεσταλμένος *adj* self-conscious, timid
συνεστραμμένος *adj* convoluted
συνεταιρισμός *n* partnership
συνεταιριστικός *adj* cooperative
συνεταίρος *n* partner
συνετός *adj* judicious, prudent, sane
συνέχεια *n* sequel, continuation
συνεχής *adj* constant, continuous
συνεχιζόμενος *adj* ongoing
συνεχίζω *v* carry on, continue, go on
συνεχίζω να *v* keep on
συνέχιση *n* continuity
συνήγορος *v* advocate
συνήθεια *n* habit
συνήθης *adj* common, customary, habitual, usual
συνηθίζω *v* accustom
συνηθισμένος *adj* ordinary
συνηθισμένος να *adj* used to
συνήθως *adv* ordinarily
συνημμένο *n* attachment
σύνθεση *n* synthesis
συνθέτης *n* composer
σύνθετος *n* compound
συνθέτω *v* compose
συνθήκη *n* treaty
συνθηκολογώ *v* capitulate
σύνθημα *n* slogan

συνθλίβω *v* squash
συνιστώ *v* admonish, constitute, recommend
σύννεφο *n* cloud
συνοδεία *n* escort
συνοδεύω *v* accompany
συνοδός *n* date, companion; attendant
σύνοδος *n* synod
σύνοδος κορυφής *n* summit
συνολικός *adv* inclusive, overall
συνολικός *adj* total
συνομιλία *n* conversation
συνοπτικός *adj* concise
σύνορο *n* border, boundary, frontier
συνοχή *n* cohesion, consistency
σύνοψη ειδήσεων *n* roundup
συνοψίζομαι *v* boil down to
συνοψίζω *v* epitomize, sum up, summarize
συνταγή *n* prescription; recipe
σύνταγμα *n* constitution; regiment
συνταγματάρχης *n* colonel
συνταγογραφώ *v* prescribe
συντάκτης *n* draftsman
σύνταξη *n* pension
συνταξιοδότηση *n* retirement
συνταξιοδοτούμαι *v* retire
συνταρακτικός *adj* shattering
συνταράσσω *v* convulse

συντάσσω κατάλογο v list
συντελεστής n coefficient
συντεχνία n guild
συντήρηση n maintenance, upkeep
συντηρητικός adj conservative
συντηρούμαι v subsist
συντηρώ v maintain, service
σύντομα adv briefly, soon
συντόμευση n shortcut
συντομεύω v abridge, shorten
συντομία n brevity
συντομογραφία n abbreviation
σύντομος adj short, brief
συντονίζω v tune; coordinate
συντονισμός n coordination
συντονιστής n coordinator
συντρίβω v devastate, crush, shatter
συντρίμμια n debris, wreckage
συντροφιά n companionship; party; gang
σύντροφος n companion, comrade
συνυπάρχω v coexist
συνωμοσία n conspiracy
συνωμότης n conspirator
συνωμοτώ v conspire
συνώνυμο n synonym
συνωστίζομαι v crowd, huddle
συνωστισμός n jam
σύριγγα n syringe

σύρμα n wire
συρραπτικό n staple; stapler
συρράπτω v staple
συρρέω v swarm
συρρικνώνομαι v shrink
συρρικνώνω v downsize
συρτάρι n drawer
σύρω v drag
συσκέπτομαι v meet, confer
συσκευάζω v pack
συσκευή n appliance, device
συσκότιση n blackout
συσπειρώνομαι v crouch
συσπώμαι v convulse
συσσώρευση n buildup
συσσωρεύω v lump together, run up, accumulate, amass, heap, pile
συστάσεις n introduction
σύσταση n composition
συστατικό n component, ingredient
σύστημα n system
συστηματικός adj systematic
συστήνω v acquaint, introduce
συστολή n contraction
συστρατεύομαι v campaign
συστροφή n twist
συσχετίζω v associate, correlate
σύφιλη n syphilis
συχνά adv often
συχνάζω v frequent, hang around
συχνός adj common, frequent

συχνότητα *n* frequency
σφαγή *n* butchery, carnage, massacre, slaughter
σφαδάζω *v* writhe
σφάζω *v* slaughter
σφαίρα *n* bullet; sphere
σφαιρίδιο *n* globule; pellet
σφάλμα *n* error, fault
σφετερίζομαι *v* usurp
σφήκα *n* wasp
σφήνα *n* wedge
σφίγγω *v* clench, tighten
σφιγκτήρας *n* clamp
σφιχταγκαλιάζω *v* clinch
σφιχτός *adj* tight
σφουγγάρι *n* sponge
σφουγγαρίζω *v* mop
σφραγίδα *n* seal, stamp
σφραγίζω *v* stamp
σφραγίσει *v* seal
σφράγισμα *n* filling
σφυγμός *n* pulse
σφύζω *v* pulsate
σφυρηλατώ *v* forge
σφυρί *n* hammer
σφύριγμα *n* whistle
σφυρίζω *v* hiss, whistle
σφυροκοπώ *n* hail
σφυροκοπώ *v* hammer
σχάρα *n* grill
σχεδία *n* raft
σχεδιάζω *v* mastermind, plan

σχέδιο *n* project, plan, scheme; design, drawing
σχεδόν *adv* almost, nearly
σχέση *n* relationship
σχετιζόμενος *adj* related
σχετικά *adv* rather
σχετικά με *pre* concerning, regarding
σχετικός *adj* pertinent, relative, relevant
σχήμα *n* shape, figure
σχηματίζω αριθμό *v* dial
σχηματίζω νοερή εικόνα *v* visualize
σχηματισμός *n* formation
σχίζομαι *v* split
σχίζω *v* slash
σχίσιμο *n* tear
σχίσμα *n* schism
σχισμή *n* cleft, slash, slot
σχισμή *v* slit
σχιστόλιθος *n* slate
σχολαστικός *adj* fussy, pedantic; scrupulous; close
σχολαστικός έλεγχος *n* check up
σχολείο *n* school
σχολή *n* faculty
σχολιάζω *v* annotate, comment
σχολική τάξη *n* class
σχόλιο *n* annotation, comment
σώζω *v* save

σωλήνας n pipe
σώμα n body
σωματίδιο n particle
σωματικά adj physically
σωματικός adj bodily, corporal
σωματώδης adj corpulent
σώος adj unhurt
σωρός n heap, pile
σωστά adv right
σωστός adj right, correct
σωτήρας n savior
σωτηρία n salvation

T

τα βολεύω v get by
τα βρίσκω v make up
τα πάω καλά ή άσχημα με... v get along
ταβέρνα n tavern
τάγμα n battalion
ταγματάρχης n major
ταινία n film, movie, picture; tape; band
ταινία επικάλυψης ματιών n blindfold
ταιριάζω v click; match
τακτικά adv regularly
τακτική n tactics
τακτικός adj tactical
τακτοποιημένος adj tidy
τακτοποιούμαι v settle down
τακτοποιώ v sort out; dispose
ταλαιπωρία n hardship, suffering
ταλαιπωρώ v afflict
ταλανίζω v beset
ταλαντεύομαι v sway, wobble, vacillate
ταλέντο n talent
ταμείο εισιτηρίων n box office
ταμίας n cashier, teller; treasurer
τάξη n order
ταξί n cab
ταξιαρχία n brigade
ταξιδεύω v travel
ταξίδι n journey, trip, voyage
ταξιδιώτης n traveler, voyager
ταξιθέτης n usher
ταξινομώ v order, classify
ταπεινά adv humbly
ταπεινός adj humble, lowly
ταπεινότητα n humility
ταπεινώνω v demean, humiliate
ταπείνωση n snub
ταπεινωτικός adj degrading, demeaning
ταπετσαρία n upholstery
ταπισερί n tapestry
ταράζω v jar
ταρακουνώ v jerk

τάρανδος n reindeer
ταραντούλα n tarantula
ταραξίας n hooligan
ταράτσα n terrace
ταραχοποιός n agitator
ταραχώδης adj tumultuous
ταρίφα n tariff
τάρτα n tart
τασάκι n ashtray
τάση n tendency, trend; voltage
ταυρομαχία n bull fight
ταυρομάχος n bull fighter
ταύρος n bull
ταυτότητα n identity
ταυτόχρονος adj concurrent, simultaneous
ταφή n burial
ταφόπετρα n gravestone
ταφόπλακα n tombstone
τάφος n grave, tomb
ταχυδακτυλουργός n juggler
ταχυδρομείο n mail, post office
ταχυδρομικά τέλη n postage
ταχυδρομική σφραγίδα n postmark
ταχυδρομικό δέμα n parcel post
ταχυδρομικός κώδικας n zip code
ταχυδρόμος n mailman, postman
ταχυδρομώ v post, mail
ταχύτητα n speed, velocity; gear

τεθλιμμένος adj bereaved
τεκμήριο n presumption
τεκμηρίωση n documentation
τεκνοποιώ v procreate
τελεία n dot
τέλειος adj perfect
τελειότητα n perfection
τελειώνω v end
τελεσίγραφο n ultimatum
τελετή n ceremony
τελευταίος adj last, latest, latter
τέλη n dues
τελικά adv eventually
τελικός adj ultimate, final
τέλος n end
τελώ v be
τελωνείο n customs
τεμαχίζω v chop
τεμάχιο n block
τεμπέλης adj lazy
τεμπελιά n laziness
τεμπελιάζω v lounge, loaf
τένις n tennis
τενόρος n tenor
τέντα n awning
τέντωμα n strain; stretch
τεντωμένος adj outstretched
τεντώνω v stretch; strain
τέρας n monster
τεράστιος adj enormous, huge, immense, massive, prodigious, tremendous, vast

τερατώδης adj monstrous
τερματίζω v terminate
τερματοφύλακας n goalkeeper
τερμίτης n termite
τέσσερα adj four
τεστ n test
τεταμένος adj strained, tense
Τετάρτη n Wednesday
τέταρτο n quarter
τέταρτος adj fourth
τέτοιος adj such
τετράγωνο n square
τετράγωνος adj square
τεύτλο n beet
τεύχος n issue
τεφροδόχος n urn
τέχνασμα n gimmick, ploy, ruse
τέχνη n craft, art
τεχνητός adj artificial
τεχνική n technique
τεχνικός adj technical
τεχνικός n technician
τεχνίτης n artisan, craftsman
τεχνογνωσία n know-how
τεχνολογία n technology
τζακ ποτ n jackpot
τζάκι n fireplace
τζαμί n mosque
τζέντλεμαν n gentleman
τζην n jeans
τζίντζερ n ginger
τζογάρω v gamble

τζόκερ n joker
τη βρίσκω v get off
τήβεννος n gown
τηγανητές πατάτες n fries
τηγανητός adj fried
τηγάνι n frying pan, pan
τηγανίζω v fry
τηλεγράφημα n telegram
τηλεόραση n television
τηλεπάθεια n telepathy
τηλεσκόπιο n telescope
τηλεφωνική-συγκοινωνιακή γραμμή n line
τηλέφωνο n phone, telephone
τηλεφωνώ v phone
τήξη n thaw
τήρηση λογιστικών βιβλίων n bookkeeping
τηρώ v adhere, stick to
της διπλανής πόρτας adj next door
της μόδας adj fashionable
τι adj what
τίγρης n tiger
τιθασεύω v master
τιμή n value, price, rate; honor
τίμιος adj honest
τιμιότητα n honesty
τιμολόγιο n invoice
τιμώ v dignify
τιμώ τη μνήμη v commemorate
τιμωρία n chastisement, punishment
τιμωρώ v chastise, penalize, punish

τίναγμα *n* jerk
τινάζω *v* toss
τίποτα *n* nothing
τιράντες *n* suspenders
τίτλος *n* title
τίτλος λόρδου *n* lordship
τμήμα *n* section, department, segment
το σκάω *v* flee, run away
τοις εκατό *n* percent
τοίχος *n* wall
τόκος *n* interest
τόλμη *n* boldness
τολμηρός *adj* bold, daring, dashing
τολμώ *v* dare
τομέας *n* sector
τομείς *n* quarters
τομή *n* section; incision
τον εαυτό *pre* oneself
τον εαυτό σου *pro* yourself
τονίζω *v* emphasize
τόνικ *n* tonic
τόνος *n* tone; ton; tuna
τονώνω *v* boost
τονωτικό *n* tonic
τοξικός *adj* toxic
τοξίνη *n* toxin
τόξο *n* arc, bow
τοπικός *adj* local
τοπίο *n* landscape, scenery
τοποθεσία *n* location, site, whereabouts
τοποθετώ *v* place
τοποθετώ σε τσάντα *v* bag
τόπος *n* lieu
τοστ *n* toast
τότε *adv* then
του *pre* of
του *adj* his
τουαλέτα *n* bathroom, lavatory, rest room, toilet; dresser; gown
τούβλο *n* brick
τουλίπα *n* tulip
τουρισμός *n* tourism
τουρίστας *n* tourist
τουριστικός οδηγός *n* guidebook
Τουρκία *n* Turkey
Τούρκος *adj* Turk
τουρμπίνα *n* turbine
τουρνουά *n* tournament
τουφέκι *n* rifle
τραβώ *v* draw, haul, pull
τραβώ μπροστά *v* pull ahead
τραγανός *adj* crispy, crunchy
τραγικός *adj* tragic
τραγούδι *n* song
τραγουδιστής *n* singer
τραγουδώ *v* sing
τραγωδία *n* tragedy
τρακάρισμα *n* crash
τρακάρω *v* crash
τρακτέρ *n* tractor
τραμ *n* streetcar, tram

τράνταγμα *v* jolt
τραντάζω *n* jolt
τράπεζα *n* bank
τραπεζαρία *n* dining room
τραπέζι *n* table
τραπεζομάντιλο *n* tablecloth
τράπουλα *n* deck
τραυλίζω *v* slur, stammer, stutter
τραύμα *n* injury
τραυματίζω *v* injure, wound, traumatize
τραυματικός *adj* traumatic
τραυματισμός *n* injury
τραχεία *n* windpipe
τραχύς *adj* ragged, coarse, rough
τρεις *adj* three
τρεκλίζω *v* falter, stagger
τρελά *adv* madly
τρέλα *n* escapade; craziness
τρελός *adj* crazy, insane, mad
τρεμοπαίζω *v* flicker
τρεμούλα *n* tremor
τρεμοφέγγω *n* glimmer
τρέμω *v* quiver, shake, shiver, tremble
τρένο *n* train
τρέφομαι *v* feed
τρέφω *v* nourish
τρέφω τρυφερά αισθήματα *v* care for
τρέχω *v* run
τρέχω σε αγώνα *v* race

τρέχων *adj* present, current
τριάντα *adj* thirty
τριαντάφυλλο *n* rose
τριβή *n* friction
τρίβω *v* scrub, rub
τριγυρίζω *v* prowl
τρίγωνο *n* triangle
τρίζω *v* creak, squeak
τρικυμία *n* tempest
τριμηνιαίος *adj* quarterly
τρίμηνο *n* quarter; trimester
τρίξιμο *n* creak
τριπλός *adj* triple
τρίποδο *n* tripod
Τρίτη *n* Tuesday
τρίτος *adj* third
τριχωτός *adj* hairy
τρομάζω *v* daunt, frighten, horrify, scare, terrify
τρομακτικός *adj* daunting, fearful, frightening, scary, spooky, terrifying
τρομάρα *n* fright, scare
τρομερός *adj* formidable, terrible
τρομοκράτης *n* terrorist
τρομοκρατία *n* terrorism
τρομοκρατώ *v* appall, terrorize
τρόμος *n* terror
τρομπέτα *n* trumpet
τρόπαιο *n* trophy
τροπή *n* turn
τροπικός *n* tropic
τροπικός *adj* tropical

τροποποίηση *n* amendment
τροποποιώ *v* amend, modify
τρόπος *n* manner, mode, way
τρόπος ζωής *n* lifestyle
τρόφιμα *n* foodstuff
τροφοδοτώ με καύσιμα *v* fuel
τροχαλία *n* pulley
τροχιά *n* track, trajectory; orbit
τροχός *n* wheel
τροχόσπιτο *n* caravan, trailer
τρύπα *n* hole
τρυπάνι *n* drill
τρύπημα *n* piercing
τρυπώ *v* pierce, prick, punch, perforate; drill
τρυφερός *adj* fond, loving, tender
τρυφερότητα *n* tenderness
τρωκτικό *n* rodent
τρώω *v* ingest, eat
τρώω λαίμαργα *v* guzzle
τσαγιέρα *n* teapot
τσάι *n* tea
τσακάλι *n* jackal
τσακωμός *n* hassle, fallout
τσαλακώνω *v* crease
τσαλαπατώ *v* trample
τσάντα *n* bag
τσαπατσούλης *adj* slob, sloppy
τσάρος *n* czar
τσεκάπ *n* check up
τσεκούρι *n* hatchet, ax
τσεκουριά *n* chop

τσέπη *n* pocket
τσιγάρο *n* cigarette
τσιγκλώ *v* prod
τσιγκούνης *adj* stingy
τσιμέντο *n* cement
τσιμπάω *v* zap
τσίμπημα *n* peck, nip, pinch, sting
τσιμπίδα *n* tongs
τσιμπιδάκι *n* tweezers
τσιμπώ *v* prick, nip, peck, pinch, sting
τσιπ *n* chip
τσιριχτός *adj* squeaky
τσίρκο *n* circus
τσίχλα *n* bubble gum, gum
τσουγκράνα *n* rake
τσουλώ *v* slide
τσουχτερός *adj* stinging
τσόχα *n* felt
τυλιγμένος *adj* shrouded
τυλίγω *v* muffle; envelop, wrap; wind
τύμπανο *n* drum
τύμπανο αυτιού *n* eardrum
τυπικός *adj* typical
τυπικότητα *n* formality
τυπογραφικό λάθος *n* misprint
τυποποιώ *v* standardize
τύπος *n* formula; press; type
τυραννία *n* tyranny
τύραννος *n* tyrant

τυρί *n* cheese
τυφλά *adv* blindly
τυφλοπόντικας *n* mole
τυφλός *adj* blind
τυφλότητα *n* blindness
τυφλώνω *v* blind; dazzle
τύφλωση *n* blindness
τυφώνας *n* hurricane
τυχαία *adv* incidentally, randomly
τυχαίος *adj* accidental
τυχερός *adj* fortunate, lucky
τύχη *n* fortune, luck
τύψεις *n* remorse
τώρα *adv* now

Y

ύαινα *n* hyena
υγεία *n* health
υγιεινή *n* hygiene
υγιεινός *adj* wholesome
υγιής *adj* well, fit, healthy
υγραίνω *v* dampen, moisten
υγρασία *n* humidity, moisture
υγρό *n* fluid, liquid
υγρός *adj* damp, humid, wet
υδατοφράκτης *n* floodgate
υδραγωγείο *n* aqueduct
υδράργυρος *n* mercury
υδραυλικά *n* plumbing
υδραυλικός *adj* hydraulic
υδραυλικός *n* plumber
υδρία *n* urn
υδρόβιος *adj* aquatic
υδρόγειος *n* globe
υδρογόνο *n* hydrogen
υδρορροή *n* gutter
υιοθεσία *n* adoption
υιοθετώ *v* adopt
ύλη *n* matter
υλικό *n* material
υλικό Η/Υ *n* hardware
υλισμός *n* materialism
υλοποιώ *v* implement
ύμνος *n* anthem; hymn
υπαγορεύω *v* dictate
υπαίθριος *adj* country
υπαίθριος *adv* outdoor
υπαίθριος πωλητής *n* pitcher
υπαινιγμός *n* hint, implication, insinuation
υπαινίσσομαι *v* drive at, hint, insinuate
υπακοή *n* docility, obedience
υπάκουος *adj* compliant, docile, obedient
υπακούω *v* obey
υπάλληλος *n* employee
υπάλληλος γραφείου *n* clerk
ύπαρξη *n* being, existence

υπόγεια διάβαση

υπάρχοντα *n* belongings
υπάρχω *v* exist
υπεκφεύγω *n* evasion
υπενθυμίζω *v* remind
υπενθύμιση *n* reminder
υπεραμύνομαι *v* uphold
υπερασπίζομαι *v* defend
υπερβαίνω *v* exceed, transcend; overstep
υπερβαίνω τα εσκαμμένα *v* encroach
υπερβάλλω *v* exaggerate
υπέρβαρος *adj* overweight
υπέρβαση *n* excess
υπερβολή *n* excess, extravagance
υπερβολικά *adv* too; exceedingly
υπερβολικά σχολαστικός *adj* nitpicking
υπερβολική δόση *n* overdose
υπερβολικός *adj* excessive
υπέργηρος *adj* decrepit
υπερδύναμη *n* superpower
υπερεκτιμώ *v* overestimate
υπερήφανα *adv* proudly
υπερηφάνεια *n* pride
υπερήφανος *adj* proud
υπέρηχος *n* ultrasound
υπέρμετρος *adj* exorbitant
υπερόπτης *adj* haughty
υπεροχή *n* ascendancy, excellence, superiority, supremacy

υπέροχος *adj* gorgeous; splendid
υπερπλήρης *adj* overcrowded
υπερποντίως *adv* overseas
υπερτερώ *v* outnumber
υπερτιμώ *v* overrate
υπερφορτίζω *v* overcharge
υπερωρία *adv* overtime
υπεύθυνος *adj* accountable, liable, responsible
υπηρεσία *n* service
υπηρέτης *n* servant
υπηρέτρια *n* maid
υπηρετώ *v* serve
υπνάκος *n* doze, nap
υπνοδωμάτιο *n* bedroom
ύπνος *n* sleep
ύπνωση *n* hypnosis
υπνωτίζω *v* hypnotize
υπό *pre* under
υπό την προϋπόθεση ότι *c* providing that
υποβαθμίζω *v* degrade
υποβάθμιση *n* degradation
υπόβαθρο *n* mount
υποβάλλομαι σε *v* undergo
υποβάλλω *v* file, hand in, submit
υποβάλλω αίτηση για *v* apply for
υποβάλλω προσφορά *v* bid
υποβάλλω σε *v* subject
υποβιβάζω *v* demote, relegate
υπόγεια διάβαση *n* underpass

υπόγειο *n* basement
υπόγειος *adj* underground
υπόγειος σιδηρόδρομος *n* subway
υπογραμμίζω *v* underline
υπογραφή *n* signature
υπογράφω *v* sign
υποδεέστερος *adj* substandard
υποδειγματικός *adj* exemplary
υποδεικνύω *v* indicate
υποδηλώνω *v* imply, denote
υποδηλωτικός *adj* suggestive
υποδοχή *n* reception
υποδύομαι *v* act
υπόθεση *n* story, affair, assumption, guess, hypothesis
υποθέτοντας ότι *n* supposition
υποθέτω *v* presume, assume, guess, suppose
υποθήκη *n* mortgage
υποκαθιστώ *v* substitute
υποκατάστατο *n* substitute
υποκατάστημα *n* branch, branch office
υποκείμενος *adj* underlying
υποκίνηση *n* incitement
υποκινώ *v* incite
υποκλέπτω *v* intercept
υποκλίνομαι *v* bow
υποκρίνομαι *v* act, fake, feign
υποκρισία *n* hypocrisy
υποκριτής *adj* hypocrite

υποκρύπτομαι *v* underlie
υποκύπτω *v* succumb
υπόλειμμα *n* residue; stub
υπολογίζω *v* size up, calculate, compute, estimate, gage
υπολογίζω λαθεμένα *v* miscalculate
υπολογισμός *n* calculation
υπόλοιπο *n* remainder
υπόλοιπος *adj* remaining
υπολοχαγός *n* lieutenant
υπομένω *v* stand, endure
υπομονετικός *adj* patient
υπομονή *n* patience
υπόνοια *n* inkling
υπονομεύω *v* undermine
υπόνομος *v* drain
υπόνομος *n* sewer
υπονοούμενο *n* innuendo
υποπροϊόν *n* by-product
υποπτεύομαι *v* suspect
ύποπτος *adj* shady, fishy
ύποπτος *n* suspect
υποσημείωση *n* footnote
υποσιτισμός *n* malnutrition
υπόστεγο *n* shed
υποστήριγμα *n* bracket
υποστηρίζω *v* contend; back, support
υποστηρικτής *n* supporter
υποστήριξη *n* backing
υπόσχεση *n* promise

υψώνω

υπόσχομαι v pledge
υποταγή n allegiance
υποτακτικός adj submissive
υποτάσσω v subject, subdue
υποτεθεί c supposing
υποτίμηση n depreciation, devaluation
υποτιμώ v belittle; debase, deflate, depreciate, devalue
υπότιτλος n subtitle
υποτονικός adj subdued
υποτροπή n relapse
υποτροφία n fellowship; scholarship
ύπουλος adj sly
υπουργείο n ministry
υπουργικό συμβούλιο n cabinet
υπουργός n minister
υποφερτός adj bearable
υποφέρω v suffer, go through
υποχρεωμένος adj obliged
υποχρεώνω v compel, oblige
υποχρέωση n engagement, obligation
υποχρεωτικός adj compulsory, mandatory, obligatory
υποχώρηση n retreat
υποχωρώ v fall back, back down, move back, recede, retreat, relent
υποψήφιος n candidate

υποψηφιότητα n candidacy
υποψία n suspicion
υστερία n hysteria
υστερικός adj hysterical
υστερώ v limp; fall behind
υφαίνω v weave
ύφαλος n reef
υφαντός adj woven
ύφασμα n fabric
ύφεση adj downturn
ύφεση n recession, slump; remission
υφή n texture
υφίσταμαι συσσωμάτωση v agglomerate
υψηλά adv highly
υψηλός adj high
Υψηλότητα n Highness
υψηλόφρων adj lofty
ύψιστος adj utmost
υψόμετρο n altitude
ύψος n height
υψώνω v heighten, run up

Φ

φαβορίτες *n* sideburns
φαγητό *n* food
φαγούρα *n* itchiness
φαγώσιμα *n* groceries
φαγώσιμος *adj* edible
φαίνομαι να *v* seem
φαινομενικός *adj* apparent
φαινόμενο *n* phenomenon
φάκελος *n* envelope, folder
φακή *n* lentil
φακίδα *n* freckle
φακός *n* flashlight; lens
φάλαινα *n* whale
φαλακρός *adj* bald
φανάρι *n* lantern; streetlight
φανατικός *adj* fanatic
φανέλα *n* jersey
φανοστάτης *n* lamppost
φαντάζομαι *v* imagine, picture
φαντασία *n* fantasy, imagination
φάντασμα *n* ghost, phantom
φανταστικός *adj* fantastic; unreal
φανταχτερός *adj* flashy
φαράγγι *n* canyon, gorge, ravine
φάρμα *n* farm
φαρμακείο *n* drugstore, pharmacy
φάρμακο *n* drug, medication
φαρμακοποιός *n* chemist; pharmacist
φάρος *n* beacon, lighthouse
φάρσα *n* farce, hoax, prank
φάσα *pre* facing
φασαρία *n* fuss
φάση *n* phase
φασιανός *n* pheasant
φάσμα *n* scope
φασολάκι *n* green bean
φασόλι *n* bean
φάτνη *n* manger
Φεβρουάριος *n* February
φεγγάρι *n* moon
φεγγίτης *n* skylight
φελλός *n* cork
φερέγγυος *adj* solvent
φέρετρο *n* casket, coffin
φέριμποτ *n* ferry
φερμουάρ *n* zipper
φέρνω *v* bring
φέρω *v* bear, carry
φέτα *n* slice
φευγαλέος *adj* fleeting
φεύγω *v* go away, fleet, leave
φήμη *n* fame, reputation, rumor; hearsay
φημισμένος *adj* renowned
φθάνω *v* reach
φθαρμένος *adj* shabby, worn-out
φθείρω *v* damage, wear, impair
φθηνός *adj* cheap, inexpensive
φθινόπωρο *n* fall, autumn
φθίνω *v* dwindle, wane

φθορά *r* wear
φιάσκο *n* flop
φίδι *n* serpent, snake
φίλαθλος *n* sportsman
φιλανθρωπία *n* charity
φιλάνθρωπος *adj* benevolent, charitable
φιλαράκι *n* buddy
φιλαράκος *n* pal
φιλάργυρος *n* miser
φιλενάδα *n* girlfriend
φιλί *n* kiss
φιλία *n* friendship
φιλικός *adj* amicable
φιλοδοξία *n* aspiration, ambition
φιλόδοξος *adj* ambitious
φιλοδώρημα *n* tip, gratuity
φιλονικία *n* brawl, quarrel
φιλονικώ *v* quarrel
φιλοξενία *n* hospitality
φιλοξενώ *v* put up, accommodate
φίλος *n* mate, friend, boyfriend
φιλοσοφία *n* philosophy
φιλόσοφος *n* philosopher
φιλοφρόνηση *n* compliment
φιλτράρω *v* filter
φίλτρο *n* filter
φιλώ *v* kiss
φιμώνω *v* silence, gag, muzzle
φίμωτρο *n* gag
φινέτσα *n* class

φινίρισμα *v* finish
Φινλανδία *n* Finland
φινλανδικός *adj* Finnish
φιόρδ *n* fjord
φιστίκι *n* peanut
φλάουτο *n* flute
φλας *n* flash
φλέβα *n* vein
φλεγμονή *n* inflammation
φλεγόμενος *adj* ablaze
φλερτάρω *v* court, flirt
φλόγα *v* blaze, flame
φλογερός *adj* fiery
φλοιός *n* bark
φλούδα *n* hull, peel
φλύαρος *adj* garrulous
φλυαρώ *v* babble
φοβάμαι *v* dread
φοβερός *adj* awesome; dreadful
φοβητσιάρης *adj* sissy
φοβία *n* phobia
φοβίζω *v* scare away
φοβισμένος *adj* afraid
φόβος *n* fear
φόδρα *n* lining
φοιτητής *n* student
φονιάς *n* killer
φόντο *n* background
φοράδα *n* mare
φορείο *n* stretcher
φόρεμα *n* dress
φορές *n* times

φορητή σκάλα *n* stepladder
φορητός *adj* portable
φόρμουλα *n* formula
φόρος *n* tax
φόρος τιμής *n* homage
φορτηγίδα *n* barge
φορτηγό *n* truck
φορτίο *n* shipment, cargo, freight, load
φορτωμένος *adj* laden, loaded
φορτώνομαι *v* burden
φορτώνω *v* load
φορώ *v* wear
φουντούκι *n* hazelnut
φουντώνω *v* flare-up
φούρνος *n* oven
φουσκάλα *n* blister
φούσκωμα *n* bulge
φουσκωμένος *adj* puffy
φουσκώνω *v* bloat, inflate, swell
φούστα *n* skirt
φράγμα *n* dam
φραγμένος *adj* congested
φραγμός *n* block
φράκτης *n* fence
φράντζα *n* fringe; bangs
φράουλα *n* strawberry
φράση *n* phrase
φράσσω *v* clog
φρεγάτα *n* frigate
φρενάρω *v* brake
φρενήρης *adj* frenetic

φρενίτιδα *n* frenzy
φρένο *n* brake
φρεσκάδα *n* freshness
φρεσκάρω *v* brush up, freshen
φρέσκος *adj* fresh
φρίκη *n* horror
φρικιαστικός *adj* horrendous
φρικτός *adj* atrocious, ghastly, gruesome, hideous, horrible
φροντίδα *n* care
φροντίδα *adj* caring
φροντίζω *v* care, fend
φρουρά *n* garrison, guard
φρούριο *n* fort, fortress
φρουρός *n* sentry
φρούτο *n* fruit
φρουτώδης *adj* fruity
φρυγανιά *n* toast
φρυγανιέρα *n* toaster
φρυγανίζω *v* toast
φρύδι *n* brow, eyebrow
φταίξιμο *n* blame
φτάνω *v* get in; arrive
φτάνω σε αξία *v* live up
φταρνίζομαι *v* sneeze
φτάρνισμα *n* sneeze
φτελιά *n* elm
φτέρνα *n* heel
φτερό *n* feather; wing; fender
φτερουγίζω *v* flutter
φτηνιάρικος *adj* shoddy
φτιάχνω *v* fix

φτυάρι *n* shovel, spade
φτυαρίζω *v* shovel
φτύνω *v* spit
φτώχεια *n* poverty
φτωχογειτονιά *n* slum
φτωχός *n* poor
φυγάς *n* fugitive
φυγοπονώ *v* shirk
φυλάγομαι *v* beware
φυλακή *n* jail, prison
φυλακίζω *v* imprison, incarcerate, jail
φυλακισμένος *n* prisoner
φυλή *n* race, clan, tribe
φύλλα *n* leaves
φυλλάδιο *n* brochure, leaflet, pamphlet
φύλλο *n* sheet; leaf
φύλο *n* gender, sex
φυματίωση *n* tuberculosis
φυσαλίδα *n* bubble
φύση *n* nature
φυσίγγιο *n* cartridge
φυσικά *adj* naturally
φυσική *n* physics
φυσική κατάσταση *n* fitness; shape
φυσικός *adj* natural
φυσώ *v* blow
φυτεύω *n* plant
φυτό *v* plant
φυτρώνω *v* germinate, sprout

φυτώριο *n* nursery
φώκια *n* seal
φωλιά *n* den, nest
φωνάζω *v* call out, shout, yell
φωνασκίες *v* clamor
φωνασκώ *v* heckle
φωναχτά *adv* aloud
φωνή *n* voice
φωνήεν *n* vowel
φως *n* light
φώσφορος *n* phosphorus
φωτεινός *adj* light, luminous
φωτιά *n* fire
φωτιά στρατοπέδου ή κατασκήνωσης *n* campfire
φωτίζω *v* light, brighten
φωτισμός *n* lighting
φωτοαντιγραφικό μηχάνημα *n* copier
φωτοβολίδα *n* flare
φωτογραφία *n* photo, photography
φωτογραφίζω *v* photograph
φωτογραφική μηχανή *n* camera
φωτογράφος *n* photographer
φωτοτυπία *n* photocopy

Χ

χάδι *n* caress
χαζογελώ *v* giggle
χαϊδεύω *v* caress, fondle, pet
χαιρετίσματα *n* greetings, regards
χαιρετώ *v* wave, hail, greet
χαίρομαι *v* rejoice
χακάρω *v* hack
χαλάζι *v* hail
χαλάκι *n* mat
χαλαρός *adj* loose, slack
χαλαρώνω *v* let go, unwind, chill out, loosen, relax, slacken
χαλαρωτικός *adj* relaxing
χαλί *n* carpet, rug
χαλίκι *n* gravel, rubble
χαλιναγωγώ *v* rein
χαλινάρι *n* curb, bridle, rein
χαλκευμένος *adj* trumped-up
χαλκός *n* copper
χαλώ *v* spoil
χαμένος *n* loser
χαμηλός *adj* subdued, low
χαμηλωμένος *adj* downcast
χαμηλών τόνων *adj* low-key
χαμηλώνω *v* turn down
χαμηλώνω το βλέμμα *v* look down
χαμόγελο *n* smile

χαμογελώ *v* smile
χαμογελώ ειρωνικά *v* grin
χάμπουργκερ *n* burger, hamburger
χαντάκι *n* dike, ditch
χάνω *v* miss; lose
χάος *n* chaos, mess
χαοτικός *adj* chaotic
χάπενινγκ *n* happening
χάπι *n* pill
χαρά *n* joy
χαράζω *v* engrave
χάρακας *n* ruler
χαρακτήρας *n* character; complexion
χαρακτηριστικό *n* feature, trait
χαρακτηριστικός *adj* distinctive, characteristic
χαρακτική *n* engraving
χαράκωμα *n* trench
χαραμάδα *n* crevice
χαραμίζω *v* squander, waste
χάρη *n* favor, grace
χαρίζομαι *v* spare
χαρίζω *v* give away
χάρισμα *n* charisma
χαρισματικός *adj* charismatic
χαριτολογώντας *adv* jokingly
χαριτωμένος *adj* cute; graceful
χαρούμενος *adj* joyful
χαρταετός *n* kite
χάρτης *n* chart, map

χιμπατζής

χαρτί *n* paper
χαρτικά *n* stationery
χαρτογραφώ *v* map
χαρτομάντιλο *n* tissue
χαρτόνι *n* board, cardboard
χαρτονόμισμα *n* bill, note
χαρτοπετσέτα *n* napkin
χαρτοφύλακας *n* briefcase
χαρωπά *adv* joyfully
χαρωπός *adj* jolly
χασίς *n* hashish
χάσμα *n* chasm, gap
χασμουρητό *n* yawn
χασμουριέμαι *v* yawn
χασομερώ *v* loiter
χαστούκι *n* slap
χαστουκίζω *v* slap
χαυλιόδοντας *n* tusk
χαψιά *n* gulp
χείλος *n* verge, brim, brink, lip, rim
χείμαρρος *n* torrent
χειμώνας *n* winter
χειραγωγώ *v* manipulate
χειράμαξα *n* wheelbarrow
χειραψία *n* handshake
χειρίζομαι *v* handle, operate, wield
χείριστος *adj* worst
χειροβομβίδα *n* grenade
χειρόγραφο *n* manuscript
χειροκίνητο *adj* manual

χειροκρότημα *n* applause
χειροκροτώ *v* applaud, clap
χειρονομία *n* wave, gesture
χειρονομώ *v* gesticulate
χειροπέδες *n* handcuffs, shackle
χειροπιαστός *adj* concrete, palpable
χειροποίητος *adj* handmade
χειροτερεύω *v* worsen
χειρότερος *adj* worse
χειροτονία *n* consecration, ordination
χειροτονώ *v* ordain
χειρουργικός *adv* surgical
χειρουργός *n* surgeon
χελώνα *n* tortoise, turtle
χέρι *n* hand
χερσόνησος *n* peninsula
χημεία *n* chemistry
χημική ένωση *v* compound
χημικός *adj* chemical
χήνα *n* goose
χήνες *n* geese
χήρα *n* widow
χήρος *n* widower
χθες το βράδυ *adv* last night
χιλιετηρίδα *n* millennium
χίλιοι *adj* thousand
χιλιόμετρο *n* kilometer
χιλιοστόγραμμο *n* milligram
χιλιοστόμετρο *n* millimeter
χιμπατζής *n* chimpanzee

χιόνι n snow
χιονίζω v snow
χιονοθύελλα n blizzard
χιονόπτωση n snowfall
χιονοστιβάδα n avalanche
χιούμορ n humor
χιουμοριστικός adj humorous
χιτώνιο n tunic
χλαπακιάζω v gulp down
χλευάζω v deride, scoff
χλιαρός adj lukewarm, tepid
χλιδή n opulence
χλωμός adj pale
χνουδωτός adj fuzzy
χοιρινό n pork
χολέρα n cholera
χολή n bile
χοληδόχος κύστης n gall bladder
χοληστερόλη n cholesterol
χόμπι n pastime, hobby
χονδρική πώληση n wholesale
χονδροειδώς adv grossly
χοντρός adj fat
χορδή n string
χορεύω v dance
χορηγός n sponsor
χορηγώ v administer, grant
χοροεσπερίδα n ball
χοροπηδώ v hop
χορός n dance, dancing
χορτοφάγος v vegetarian

χορωδία n choir, chorus
χουρμάς n date
χούφτα n handful
χρειάζομαι v need
χρεοκοπημένος adj bankrupt
χρεοκοπώ v go under
χρέος n debt
χρεώνω v charge
χρέωση n charge, debit
χρήματα n money
χρηματοδοτώ v finance, fund
χρηματοκιβώτιο n safe
χρηματοοικονομικός adj financial
χρήση n usage, use
χρησιμοποιώ v use, utilize
χρήσιμος adj helpful, useful
χρησιμότητα n usefulness
χρήστης n user
Χριστιανισμός n Christianity
Χριστιανός adj Christian
Χριστούγεννα n Christmas, X-mas
χρονική περίοδος n instance, period
χρονικό n chronicle
χρόνιος adj chronic
χρονοδιάγραμμα n schedule, timetable
χρονολογία n chronology
χρονολογώ v date
χρονομετρώ v time

χρόνος *n* time
χρονοτριβώ *v* procrastinate
χρυσάφι *n* gold
χρυσός *adj* golden
χρώμα *n* color
χρωματίζω *v* color
χταπόδι *n* octopus
χτένα *n* comb
χτενίζω *v* comb
χτες *adv* yesterday
χτίζω *v* build
χτίστης *n* bricklayer
χτύπημα *v* batter
χτύπημα *n* stroke, knock
χτυπηματάκι *n* pat
χτυπημένο *adj* shaken
χτυπημένος *adj* beaten
χτυπώ *v* run over; hit, knock
χτυπώ δυνατά *v* deck
χτυπώ ελαφρά *n* tap
χυδαίος *adj* vulgar
χυδαιότητα *n* vulgarity
χυμός *n* juice
χυμός φρούτου *n* sap
χυμώδης *adj* juicy
χύνω *v* shed, pour, spill
χυτήριο *n* foundry
χύτρα *n* kettle
χωλότητα *n* limp
χώμα *n* soil
χωματερή *v* dump, landfill
χωνευτικός *adj* digestive
χωνεύω *v* digest
χώνω *v* stick
χώρα *n* country
χωράφι *n* acre, field
χωρητικότητα *n* capacity
χώρια *adv* apart
χωριάτικος *adj* rustic
χωρίζω *v* split, break up, part
χωρίζω με κάποιον *v* split up
χωρικός *n* peasant, villager
χωριό *n* village
χωρίο *n* passage
χωριουδάκι *n* hamlet
χωρίς *pre* without
χωρίς έλεγχο της πορείας *adv* adrift
χωρίς νόημα *adj* meaningless
χωρίς σύννεφα *adj* cloudless
χωρισμός *n* split
χωριστά *adv* asunder
χωρίστρα *n* parting
χώρος *n* space
χωρώ *v* fit

ψαλίδι n scissors
ψαλιδίζω v clip, trim
ψαλμωδία n chant
ψαράς n fisherman
ψαρεύω v fish
ψάρι n fish
ψεγάδι n blemish
ψείρα n louse
ψείρες n lice
ψεκάζω v spray
ψέμα n lie
ψευδαίσθηση n illusion
ψευδάργυρος n zinc
ψεύδομαι v lie
ψευδορκία n perjury
ψεύδος n falsehood
ψευδώνυμο n pseudonym
ψεύτης adj liar
ψεύτικος adj fake, phony
ψηλός adj tall
ψήνω v bake, roast
ψήνω στα κάρβουνα v charbroil
ψήνω στη σχάρα v broil, grill
ψησταριά n broiler, barbecue
ψητό n roast
ψηφιδωτό n mosaic
ψηφίζω v vote
ψηφίο n figure, digit
ψήφισμα n resolution
ψήφος n vote
ψηφοφορία n poll, ballot, voting; division
ψιθυρίζω v whisper
ψίθυρος n whisper
ψιλά γράμματα n fine print
ψιλοκόβω v mince
ψιχαλίζω v drizzle
ψιχάλισμα n drizzle
ψίχουλο n crumb
ψυγείο n icebox
ψύλλος n flea
ψύξη adj cooling
ψυχαγωγία n entertainment
ψυχαγωγώ v entertain
ψυχαναγκαστικός adj compulsive
ψυχή n soul
ψυχιατρική n psychiatry
ψυχίατρος n psychiatrist
ψυχικός adj mental
ψυχολογία n psychology
ψυχοπαθής n psychopath
ψύχρα n chill
ψυχρολουσία n disillusion
ψυχρός adj chilly, frigid
ψυχρότητα n coldness, coolness
ψωμάκι n roll
ψωμί n bread
ψώνια n shopping
ψωνίζω v shop

ωχρότητα

ώθηση *n* boost
ωθώ *v* spur
ωκεανός *n* ocean
ωμός *adj* blunt, raw
ώμος *n* shoulder
ωοειδής *adj* oval
ωοθήκη *n* ovary
ώρα *n* time, hour
ωραία *adv* fine

ωραίος *adj* lovely
ωριαία *adv* hourly
ωριμάζω *v* mellow; ripen
ώριμος *adj* mature, ripe; mellow
ωριμότητα *n* maturity
ωρολογοποιός *n* watchmaker
ως *c* as
ως εκ τούτου *adv* hence
ως επί το πλείστον *adv* mostly
ωστόσο *c* however
ωφελώ *v* benefit
ωχρότητα *n* paleness

www.BilingualDictionaries.com

Please visit us online to:

- Download Current Catalogs
- View Samples of Products
- Shop Online
- View Company Information
- Contact Us

Word to Word® Bilingual Dictionary Series

Language - Item #
ISBN #

Albanian - 500X
ISBN - 978-0-933146-49-5

Amharic - 820X
ISBN - 978-0-933146-59-4

Arabic - 650X
ISBN - 978-0-933146-41-9

Bengali - 700X
ISBN - 978-0-933146-30-3

Burmese - 705X
ISBN - 978-0-933146-50-1

Cambodian - 710X
ISBN - 978-0-933146-40-2

Chinese - 715X
ISBN - 978-0-933146-22-8

Czech - 624X
ISBN - 978-0-933146-62-4

Farsi - 660X
ISBN - 978-0-933146-33-4

French - 530X
ISBN - 978-0-933146-36-5

German - 535X
ISBN - 978-0-933146-93-8

Greek - 540X
ISBN - 978-0-933146-60-0

Gujarati - 720X
ISBN - 978-0-933146-98-3

Haitian-Creole - 545X
ISBN - 978-0-933146-23-5

Hebrew - 665X
ISBN - 978-0-933146-58-7

Hindi - 725X
ISBN - 978-0-933146-31-0

Hmong - 728X
ISBN - 978-0-933146-31-0

Italian - 555X
ISBN - 978-0-933146-51-8

Japanese - 730X
ISBN - 978-0-933146-42-6

Korean - 735X
ISBN - 978-0-933146-97-6

Lao - 740X
ISBN - 978-0-933146-54-9

Nepali - 755X
ISBN - 978-0-933146-61-7

Pashto - 760X
ISBN - 978-0-933146-34-1

Polish - 575X
ISBN - 978-0-933146-64-8

Portuguese - 580X
ISBN - 978-0-933146-94-5

Punjabi - 765X
ISBN - 978-0-933146-32-7

Romanian - 585X
ISBN - 978-0-933146-91-4

Russian - 590X
ISBN - 978-0-933146-92-1

Somali - 830X
ISBN- 978-0-933146-52-5

Spanish - 600X
ISBN - 978-0-933146-99-0

Swahili - 835X
ISBN - 978-0-933146-55-6

Tagalog - 770X
ISBN - 978-0-933146-37-2

Thai - 780X
ISBN - 978-0-933146-35-8

Turkish - 615X
ISBN - 978-0-933146-95-2

Ukrainian - 620X
ISBN - 978-0-933146-25-9

Urdu - 790X
ISBN - 978-0-933146-39-6

Vietnamese - 795X
ISBN - 978-0-933146-96-9

All languages are two-way:
English-Language / Language-English.
More languages in planning and production.

Order Information

To order our Word to Word® bilingual dictionaries or any other products from Bilingual Dictionaries, Inc., please contact us at (951) 296-2445 or visit us at **www.BilingualDictionaries.com**. Visit our website to download our current catalog/order form, view our products, and find information regarding Bilingual Dictionaries, Inc.

 **Bilingual Dictionaries, Inc.**

PO Box 1154 • Murrieta, CA 92564 • Tel: (951) 296-2445 • Fax: (951) 296-9911
www.BilingualDictionaries.com

Special Dedication & Thanks

Bilingual Dicitonaries, Inc. would like to thank all the teachers from various districts accross the country for their useful input and great suggestions in creating a Word to Word® standard. We encourage all students and teachers using our bilingual learning materials to give us feedback. Please send your questions or comments via email to **support@bilingualdictionaries.**